Christian Saehrendt

GEFÜHLIGE ZEITEN

Christian Saehrendt
GEFÜHLIGE ZEITEN

Die zwanghafte Sehnsucht
nach dem Echten

DUMONT

Erste Auflage 2015
© 2015 DuMont Buchverlag, Köln
Alle Rechte vorbehalten
Umschlag: Lübbeke Naumann Thoben, Köln
Satz: Fagott, Ffm
Gesetzt aus der Haarlemmer
Druck und Verarbeitung: CPI books GmbH, Leck
Gedruckt auf säurefreiem und chlorfrei gebleichtem Papier
Printed in Germany
ISBN 978-3-8321-9790-2

www.dumont-buchverlag.de

Inhalt

Vorwort

Die Gegenwart ist fad geworden; eine diffuse Sehnsucht macht sich in uns bemerkbar wie ein leise ziehender Schmerz: eine Sehnsucht nach großen Gefühlen, nach dem echten Leben, nach weiter Welt und alter Zeit.

Die einen igeln sich ein, ziehen sich in eine *Schöner-Wohnen*-Beschaulichkeit zurück, andere suchen in Ruhelosigkeit das Glück in der Ferne, in den weniger idyllischen Teilen dieser Welt. Dort kämpfen sie in der Regel in irgendeiner NGO für das Gute, einige allerdings auch für das Böse. Einerseits lauschiges Dahindämmern im Bionade-Biedermeierheim, andererseits Unruhe, Flucht und Ausbruch: Fern- und Weltreisen werden wie noch nie nachgefragt, Outdoor-Abenteuer und Extremsportarten boomen. Man bucht Kreuzfahrten und Pauschalarrangements in Romantik-Hotels. Suhlt sich im literarischen Kitsch, bevölkert von Vampiren und Märchenfiguren. Immer neue Vintage-Moden und Retrowellen jagen einander. Heimatliebe blüht aufs Neue, hier und da auch ein aufgefrischter Nationalismus; es erstaunt die plötzliche Wertschätzung des Dialekts, nicht weniger der grassierende Hochzeitskult ganz in Weiß. Und immer währt die Suche nach der großen Liebe, nunmehr in Tinder-Wischtechnik perfektioniert.

Woher rührt diese Ruhelosigkeit? Wo es uns heute doch eigentlich so gut geht. Leben wir nicht in einer schön googlebunten und sauber durchkalkulierten, in Tariftabellen und Risikoprämien eingepreisten Welt, die uns Unterhaltung und zugleich Sicherheit bietet?

Ganz ohne Zweifel ist das Unbehagen nicht mehr zu unterdrücken, ein Leben wie hinter Glas zu führen: Voll klimatisiert, rundum versichert, eingehüllt im dichten Datensmog und geblendet vom Flimmern der Displays gibt es allenfalls noch schwachen Sichtkontakt zum echten Leben. So steht hinter all diesen paradoxen Fluchtbewegungen und Versteckspielen eine einzige, seltsam altmodisch wirkende Idee: eine neue Welle der Romantik, die wie vor gut zweihundert Jahren Folge einer tiefgreifenden Entfremdung ist.

Welche Erfolgsaussichten haben all unsere neoromantischen Ausbruchsversuche? Sind sie zum Scheitern verurteilt, gefangen in der Falle einer umfassenden Kommerzialisierung? Machen wir uns auf die Suche! Durchstreifen wir die Kontinente der Liebe und der Kunst, des Kitsches und der Idylle. Reisen wir rund um die Welt, zu den romantischsten Plätzen des Planeten. Schauen wir mitfühlend auf die Außenseiter und Eigenbrötler, auf die sympathischen Loser und ehrlichen Eremiten unserer Zeit. Oder lauschen wir den Predigten der radikalen Welterklärer und Weltverschwörer, Aufrührer und Verführer: Weisen sie uns den Weg zu einem intensiveren, wahrhaftigeren Leben?

Die Sehnsucht nach dem Echten macht aber vielleicht auch blind. Kann es sein, dass all diese Ausbruchsversuche, selbst die militantesten, die Heldentod und Paradies verheißen, zum Scheitern verurteilt sind? Mit anderen Worten: Sind wir längst die Maske, die wir uns andauernd herunterreißen wollen?

Romanze

»Wenn ich ganz ehrlich bin: Es hatte schon vor der Hochzeit gekriselt, aber ich mochte mir diesen Tag nicht nehmen lassen. Ich wollte den perfekten Tag und kriegte ihn.«

Emma (heute 35) hatte für ihre Hochzeit ein fünfzehnseitiges Drehbuch geschrieben, sie plante ein ganzes Jahr lang intensiv dafür. Und wirklich: Es wurde wundervoll! Tränen in der Dorfkirche beim selbstgedichteten Ehegelöbnis, blumengeschmückter Autokorso, dann Bootsfahrt auf dem Zürichsee, schließlich mit der Kutsche durch die romantische Altstadt von Rapperswil. »Ich war Regisseurin und Hauptdarstellerin in einem und sah auf jedem Foto perfekt aus – mein großer Traum«, erinnert sich die junge Schweizerin in der Interviewsammlung *Brautschau* von Denis Jeitziner. Bald darauf wurde ihr Gatte arbeitslos. Sein Alkoholproblem bekam er auch nicht in den Griff: »Henrik wurde immer dicker und hässlicher«, klagte Emma. »Ich wusste, dass ich mit einem solchen Mann keine Kinder haben könnte.« Die Scheidung folgte sang- und klanglos. Einerlei, was kommen sollte, einerlei, was es kostete – die Inszenierung des »schönsten Tages im Leben« ging Emma über alles.

Fachfrauen für den schönsten Tag im Leben sind Milena und Katia Zoro. Die Schwestern führen eine Brautmoden-Boutique in der Zürcher City und das Hochzeitsmodeloft

Whitelounge. In einem kühlen Ambiente mit Loungesofas und weißen Möbeln beraten und bekleiden sie die Heiratswütigen. »Wir wollten, dass sich Romantik und Coolness treffen«, steht auf ihrer Website. Wie soll das zusammengehen? Kann man überhaupt cool und romantisch zugleich sein? »Wir fanden das Experiment, in einem coolen, modernen Ambiente romantisch angehauchte Kleider zu präsentieren, äußerst spannend«, erklärt Milena, denn die Wirkung der Romantik werde nicht durch eine verspielte Innendekoration geschmälert. Und wer sind die romantischen Bräute von heute? »Wir erleben bei unserer täglichen Arbeit viele Frauen, die ganz verschiedene Facetten ausleben und ohne Mühe von einer Situation in die nächste umschalten können. So beraten wir z. B. erfolgreiche Businessfrauen, die noch kurz vor Anprobe ein geschäftliches Telefonat erledigen und innerhalb der nächsten fünf Minuten in Tränen ausbrechen, weil sie sich in *ihr* Kleid verlieben – oder die eher nüchterne Braut, die eigentlich nur im engen Kreis heiraten wollte, weil sie das ganze Drumherum total übertrieben findet, aber beim Anblick ihres Spiegelbildes mit passendem Brautkleid sofort all ihre Prinzipien über Bord wirft.

Vielleicht ist das die Romantik der heutigen Bräute, eben dann romantisch zu sein, wenn die Situation es zulässt.«

Die Bräute von heute: Während sie sich in der Öffentlichkeit pragmatisch geben, gestatten sie sich ganz gezielt Privatromantik, in bestimmten Zeitfenstern und am besten von Fachleuten organisiert. Gibt es beim Heiraten einen neuen Trend zur romantischen Inszenierung? »Wir empfinden«, so Friederike Mauritz, erste Vorsitzende des Bundes deutscher Hochzeitsplaner, »die Romantik als ständigen Begleiter und nicht als Trend, der kommt und geht.« Auch Milena Zoro kann hier mit einstimmen: »Egal, wie *modern* geheiratet wird: Nach dem romantischen Antrag kommt das helle Brautkleid, das glücksbringende blaue Strumpfband, der Kuss nach dem Ja-Sagen, der Ring als Symbol der Unendlichkeit, der Wurf des Brautstraußes etc. Romantisch gefeiert wird heute entweder im großen Stil mit obligatem Weddingplanner, vorzugsweise im Park einer Traumvilla und mit einer Schar von *brides-maids* à la Hollywood oder im kleineren Familien- und Freundeskreis mit Trauung im Freien, wobei sämtliche Deko im angesagten Vintage-Stil ist.« Ob man geradezu von einem neuen Hochzeitskult sprechen könnte? »Hochzeiten«, erklärt Frau Mauritz, »werden immer aufwendiger und detaillierter geplant, da die Medien die Brautpaare auf immer mehr Ideen bringen.« Promis und Hollywoodstars geben hier offenbar den Takt vor. Und bei vielen Inszenierungen fällt der Hochzeitsplanerin auf, dass besonders auf romantische Details geachtet werde. Nikola Krasemann von *LoveLi Hoch-zeitsplanung Hamburg* zufolge werden Heirat und Familien-gründung mittlerweile als Gegengewichte zum hektischen, schnell veränderlichen Zeitgeist begriffen und entsprechend inszeniert: »Der Trend ist die individuelle romantische In-szenierung sowohl bei der Programmplanung vom Hoch-zeitstag als auch bei der Dekoration, den Einladungskarten, Gastgeschenken, Styling usw. Vintage, Shabby Chic und Handmade sind die Motto-Themen seit einigen Jahren. Hoch-zeiten im 1920er-Jahre-Chic oder im Wald- und Wiesenlook sind sehr beliebt. Die individuelle Location-Auswahl hat ebenfalls sehr an Bedeutung gewonnen, etwa am Strand, im Flugzeug, urban auf dem Dach eines Hochhauses mitten in

Berlin, auf einem Schiff, auf einer Wiese, im Zirkuszelt oder im Zoo.«

Zum neoromantischen Traumhochzeitstrend scheinen neuere Studien zur Partnerwahl aber nicht so recht zu passen: Frauen sind dabei offenbar weitaus intoleranter als Männer, ergab unlängst eine Studie der Partnervermittlung *Elite-Partner* mit über zehntausend Befragten. Demnach hätten weibliche Singles eine lange Liste mit Dingen, die sie bei Männern nicht mögen, vom mangelnden Sozialprestige bis hin zu abweichenden politischen Auffassungen. Ohne Zweifel sind Frauen in den letzten Jahrzehnten wesentlich anspruchsvoller geworden. Sie setzen voraus, dass ein potenzieller Partner in Sachen beruflicher Erfolg, Status, Bildung und finanzielle Unabhängigkeit mindestens auf gleicher Ebene liegt, am liebsten noch deutlich darüber. Derart hohe Ansprüche sorgen dafür, dass geeignete Kandidaten knapp werden. Können Apps wie Tinder oder Lovoo, können Online-Partnerbörsen die Suche erleichtern? Für Sabrina Berndt, PR-Fachfrau von *ElitePartner,* ist der Fall völlig klar:

>*Die Kundinnen und Kunden von Onlinedating-Anbietern glauben weniger an eine schicksalhafte, romantische Situation à la Hollywood, in der sie ihren Traumpartner finden, sondern suchen aktiv einen Partner, der ähnliche Interessen und Wertvorstellungen hat.«*

Der Verliebtheitszustand kann demnach durch zielorientierte Recherchen im Netz herbeigeführt werden. »Romantik 2.0« zeichnet sich durch das Abgleichen von gewünschten Eigenschaften aus. Tinder-Gründer Sean Rad glaubt, viele Nutzer seien vor allem darauf aus, ihren Status als attraktive

Person immer wieder bestätigt zu sehen. Im Interview mit der *Süddeutschen Zeitung* pries er die segensreiche Auswirkung seiner Erfindung auf die Qualität von Partnerschaften. Nun müsse niemand mehr aus Mangel an Alternativen an einem mittelmäßigen Partner festhalten: »Wenn ich in einer schlechten Beziehung bin, muss ich mich nicht damit abfinden, weil ich jetzt sicher sein kann, jemand anderes zu finden. Die Leute sind glücklicher deswegen. Sie haben mehr Optionen.« Auf die Anregung des Journalisten, man könne durch Bezahlung weiter oben auf der Trefferliste platziert werden, reagierte Rad positiv: »Das ist eine gute Idee!«

Umfragen zeigen: Regelmäßig wünscht sich die große Mehrheit der Singles einen »romantischen« Partner. Doch bleibt es für manche Suchende schwer vorstellbar, wie sich romantische Liebe mit dem Abgleichen von Eigenschaftenlisten vertragen soll. Verliebt man sich in denjenigen, der in der Ergebnisliste von Partnerbörsen-Suchmaschinen oder Flirt-Apps oben steht, weil er die in den Suchkriterien geforderten »Skills« besitzt (oder einen höheren Tarif bezahlt hat)? Die Meinungen sind hier geteilt. Allerdings scheint es unter Nutzern und Nutzerinnen des Onlinedatings erstaunliche Tendenzen zu geben, eine algorithmisch zustande gekommene Beziehung nachträglich als »schicksalhaft« zu romantisieren. Außerdem knüpften das dramatische Hin und Her mit Mails, SMS oder WhatsApp-Nachrichten und das Anschmachten eines entfernten Menschen durchaus an die Brieffreundschaften und Sehnsüchte der romantischen Epoche an, erklären Soziologen, die sogar von einer »Neoromantik des Onlinedatings« sprechen. Ein wichtiger Grund dafür sei, dass gerade die Distanz und der rein virtuell erfolgte Kontakt Gefühle intensivieren könnten.

So weit die Theorie, manche Nutzer mit praktischen Erfahrungen sind hier zurückhaltender. »Der unromantische Weg des Onlinedatings wird noch unpersönlicher gemacht durch hochgestochene, pseudointellektuelle und automatisierte Antworttexte«, klagt etwa ein enttäuschter Kunde von *ElitePartner* in einem Online-Forum von Partnersuchenden. Nun denn – wer sich bei einer Einrichtung anmeldet, die das Wort »Elite« im Namen führt, sollte sich darüber nicht wundern.

Der schreckliche Verdacht, dass Attraktivität vor allem ökonomische Ursachen haben könnte, plagt alle, die an die romantische Liebe glauben möchten. Kann es sein, dass eine willentlich-rationale Entscheidung, sich zu verlieben, durchaus möglich ist? Damit wäre die schicksalhafte Begegnung, von der wir alle träumen, endgültig ad acta gelegt. Eventuell dienen romantische Gefühle und Inszenierungen längst als Aphrodisiakum für eigentlich rein ökonomische und prestigeorientierte Paarungsmotive, denn statt eines einzigartigen Liebesobjektes sucht und heiratet man ja in vielen Fällen eher ein Set attraktiver Eigenschaften, zu denen vor allem Bildung, soziales Prestige und Vermögen zählen. In früheren Jahrhunderten legten Traditionen fest, welche soziale Position ein Mensch einnehmen konnte und welche Partner für ihn infrage kamen, da lagen die ökonomischen oder dynastischen Motive von Beginn an offen. Die romantische Liebesheirat entfaltete ihre volle Wirkung erst in der Moderne. Durch das Verschwinden der traditionellen Zugangsbarrieren zu bestimmten Berufen, Ämtern, sozialen Milieus oder Wohnorten breitete sich die Illusion aus, jeder habe die freie Wahl, was seine Partner und seine Lebensziele anbelangt, dies sei alles eine Frage von Bildung, sozialen Kontakten, Energie und

Selbstbewusstsein – oder eben: eine Frage der Liebe. Gerne greifen Medien ganz unwahrscheinliche, manchmal geradezu märchenhafte Biografien auf, an denen sie allerdings selbst manchmal gehörigen Anteil haben. Etwa diejenige des Offenbachers Mark Medlock: zunächst Ghetto-Kid aus der berüchtigten Lohwald-Siedlung, dann diverse Jobs als Pflegehelfer, Müllmann, Küchenhilfe, später Sänger, schließlich Fernsehstar. Inzwischen ist er schon fast wieder vergessen, doch mittlerweile ist ein neuer Stern über dem tiefblauen Offenbacher Nachthimmel aufgegangen: Es ist Aykut Anhan, der sich vom Schulversager, flüchtigen Betrüger, Kfz-Lehre-Abbrecher und Buchmacher zum allseits hochgeschätzten und selbst im bürgerlichen Feuilleton bejubelten Rapper aufschwang. Unter dem Pseudonym »Haftbefehl« besingt er das harte Leben in seiner Heimatstadt, allerdings nicht ohne Gefühl:

> »... Block Romantik, paar Chayas, paar Girls, laufen vorbei, Chabos pfeifen hinterher | Polizeistreifen machen es uns schwer | (...) | Fick die Straßen, so wie Chaker sagt | die Köpfe gefickt und die Herzen vernarbt | (...) | Sommernacht in Offenbach, Sommernacht in Offenbach...«

Biografien der Medlocks oder Anhans werden einem Publikum vorgesetzt, bei dem statt Ermunterung leider überwiegend Missmut zurückbleibt, denn es gibt einen gravierenden Nachteil dieser freien Wahl der Lebensentwürfe: Es ist der Frust, aus der Freiheit nichts gemacht zu haben; es ist die ständige Angst, die besten Gelegenheiten zu verpassen. Was, du bist kein Star geworden? Du Null! Gleiches trifft auf die Partnersuche und »Beziehungsarbeit« zu. Der Partner wird permanent evaluiert, lassen seine Daten zu wünschen übrig, ist es an der Zeit, sich nach einem neuen, entwicklungsfähigeren Modell umzusehen, das intensiver an sich arbeitet. Es ist diese Art von Ruhelosigkeit, gepaart mit eigensüchtiger Unduldsamkeit, die Partnerschaften so fragil macht und die zugleich die romantische Sehnsucht nach einem Traumpartner in den Himmel wachsen lässt. Ein unguter Rückkopplungseffekt: Das massenmedial noch immer dominierende Ideal einer romantischen Liebe weckt überhöhte emotionale und hedonistische Erwartungen, die von realen Partnern nicht mehr eingelöst werden können, und die Frustration darüber führt rasch zu Trennungen und Scheidungen. Vielleicht besteht der Hauptgrund, überhaupt noch zu heiraten, darin, die Hochzeit ganz bewusst als narzisstisches Fest im romantischen Design zu inszenieren, im wehmütigen Wissen, dass es wahrscheinlich nicht für die Ewigkeit hält. Aber selbst dann scheint manch eine oder manch einer der eigenen romantischen Inszenierung auf den Leim zu gehen. Die Liebesromantik ist vielleicht, um in der Diktion »Haftbefehls« zu bleiben, hinreichend »gefickt«, aber immer noch hoch ansteckend.

> »Liebe auf den ersten Blick ist etwas Irrationales, Unerklärliches. Man könnte eben auch sagen, etwas Wahnhaftes, Wahnsinniges«,

erklärte einmal die Autorin Judith Hermann. Gleichzeitig müsse es für diesen Zustand »eine Bereitschaft geben, so etwas wie ein leeres weißes Blatt Papier, das man füllen will. Bereitschaft klingt unromantisch, sachlich, trotzdem ist es die Bereitschaft zur Selbstaufgabe.« Fällt die Selbstaufgabe leichter, wenn Geld und ein höherer Status winken? Macht eine volle Brieftasche attraktiv? Erregt Geld womöglich die Lust? Vielleicht haben Experten Antworten auf diese schrecklichen Fragen. Der kanadische Psychotherapeut Leslie S. Greenberg etwa ist der Ansicht, dass es ganz zu Beginn eines Flirts, noch bevor Berechnung ins Spiel komme, »eine Grundtendenz der Anziehung zu einer Person« geben müsse, erst danach beginne das Nachdenken über diese Person, das dann aber bereits von wohlwollenden Emotionen verzerrt werde. Das Verlieben kann man sich im Dreistufenmodell veranschaulichen: Zunächst ist es der Körper, mitunter auch seine unbedeutenden Gesten, der romantische Fantasien auslöst. Zweitens löst dies Erinnerungen an vergangene Liebschaften und Empfindungen aus. Und anschließend findet eine Idealisierung, eine Überhöhung der »angebeteten« Person statt – alles auf einer halbbewussten oder unbewussten Ebene. Die Idealisierung der geliebten Person beruht also auf einer Mischung aus Fantasie, Wissen und Nichtwissen – totale Transparenz ist ausgesprochen unromantisch. Nun kommt spätestens der Moment, in dem Vermögensfragen und Statussymbole relevant werden. Doch auch ohne Einblick in die Kontoauszüge lässt sich intuitiv erfassen oder zumindest erahnen, ob eine Person reich ist. Geschickte Heiratsschwindler und Hochstapler täuschen ihre Mitmenschen in diesem Punkt, weil sie den Habitus des Reichen auch trotz leerer Taschen beherrschen. Sympathie, Attraktivität und vermuteter Reichtum scheinen bei der Balz in eins zu fallen.

Jedoch: Die Zweck- oder Geldheirat ist heute noch immer in gewisser Weise schamhaftet, fast niemand bekennt sich offen zu ihr, allenfalls bei Stars liegen solchen Liaisons strategische Erwägungen wie Markenpflege und kommerzielle Synergieeffekte zugrunde. Reichtum und Romantik sind also auf komplexe und widersprüchliche Weise miteinander verbunden. Das Idealbild einer romantischen Liebe, für die Geld keine Rolle zu spielen hat, kontrastiert beispielsweise im Alltag mit den Erfahrungen, die mittellose Männer mit Frauen machen. Die romantischen Charaktere des weltfremden Schwärmers, unsteten Künstlers oder rastlosen Revoluzzers haben ihre großen Auftritte im Stadium trotziger Jugend, kommen für dauerhafte Bindungen aber eher selten infrage. Und paradoxerweise kann sogar das protzige Geldausgeben des spießigen Gutverdieners als besonders *romantisch* gedeutet werden, nämlich als scheinbar irrationale Verschwendung von Ressourcen *nur für die Liebe*. Teure Restaurantbesuche beim Rendezvous, Reisen oder üppige Geschenke gelten dann als »verrückte« Liebesbeweise. Ein weiteres Paradox: Noch in den 1960er-Jahren ergaben Studien, dass Frauen signifikant weniger romantisch waren als Männer. Sie äußerten weit häufiger die Meinung, sie würden auch jemanden heiraten, in den sie zwar nicht verliebt seien, der aber andere günstige Eigenschaften habe. Wer arm und abhängig ist, verzichtet also auch mal auf die Romantik, wenn es dem sozialen Aufstieg dient. Umfragen zwanzig Jahre später zeigten übrigens, dass die Frauen mittlerweile deutlich romantischer, aber auch wählerischer geworden waren. Möglicherweise konnten sie es sich jetzt leisten, da sie aufgrund verbesserter beruflicher Chancen unabhängiger von einem Versorger geworden waren und sich intensiver ihrer Gefühlswelt widmen konnten. Widersprüche über Widersprüche: Die echte romantische Liebe scheint auf Geld und Gold zu pfeifen – aber die Umfragen der Soziologen sagen uns, dass man sich Romantik erst ab einem bestimmten Vermögen leisten könne.

Mussten die Liebenden in der Epoche der Romantik ihre Gefühle oftmals noch gegen eine feindliche Umwelt, gegen Verbote und Konventionen behaupten und durchkämpfen oder blieb eine Liebesbeziehung wegen ungünstiger Umstände nur ein Hirngespinst, eine Fantasie, höchstens eine heimliche Brieffreundschaft, so steht den meisten Liebesbeziehungen heute formal nichts mehr im Wege. Allenfalls wirken die überhöhten Ansprüche der Kandidaten und Kandidatinnen hinderlich. Zumindest in den liberalen, entwickelten Gesellschaften des Westens ist dies der Fall. In den eher autoritär-patriarchal geprägten Gesellschaften Asiens oder Afrikas sind Widerstände gegen eine freie Partnerwahl durchaus noch gegeben. Arrangierte Ehen sind keine Seltenheit oder sogar noch immer die Regel. Hier kämpfen manche Paare unter Einsatz des Lebens um ihre Liebe, müssen sich vor ihren Angehörigen verstecken oder ins Ausland fliehen. Die Anziehungskraft eines Bindungskonzepts, bei dem sich Paare aus Liebe bilden, sich gegenseitig emotional unterstützen und gleichberechtigt zusammenleben, kommt in der Popularität türkischer TV-Seifenopern wie *Gümüş* zum Ausdruck, die im gesamten Nahen Osten hohe Einschaltquoten erzielen. Diese kitschig und klischeehaft erscheinenden Serien bergen für die traditionellen arabischen Gesellschaften zugleich ein großes Konfliktpotenzial. Einige Geistliche verdammten die Serien bereits lautstark. Angeblich sollen immer mehr Frauen gegen arrangierte Ehen aufbegehren, selbst die Scheidungsrate steige durch das neue Ideal der romantischen Liebe an, befürchten die Sittenwächter. Der saudische Geistliche Sheikh Saleh al-Luhaidan sah darin sogar einen »Krieg gegen muslimische

Werte«. Als »gewalttätig romantisch« bezeichnet der staatliche Eheberater Jasem al Maki in Ägypten die Soaps.

In Europa entbrannte der Kampf für die romantische Liebe am Ende des 18. Jahrhunderts. In seinem Verlauf vereinten sich politische Werte wie Freiheit, Gleichheit, Selbstverwirklichung mit der Vorstellung *echter Liebe*. So wurde die Liebe im romantischen Denken mit dem Utopischen und Außergewöhnlichen verknüpft und damit quasi heiliggesprochen. Die zunächst unschickliche und unvorstellbare Anbahnung von Liebesbeziehungen in der Öffentlichkeit wird im 19. und 20. Jahrhundert durch eine Vielzahl von Veranstaltungen und Institutionen wie Restaurants, Tanzclubs, Vergnügungsparks ermöglicht; ein breites Sortiment romantisierter Waren und Dienstleistungen steht bald zur Verfügung: Kleidung, Dessous, Parfüm, Schmuck, Blumen und Reisen. In Interviews, die die israelische Soziologin Eva Illouz für ihr Buch *Der Konsum der Romantik* führte, äußerten Frauen, die dazu befragt wurden, was sie für romantisch hielten: »Ungewöhnliches tun«, »spontan sein«, etwa spontanes Reisen, »außerplanmäßig Geschenke bekommen«, »intensiv kommunizieren« – alles Dinge, für die man genügend Geld und Zeit haben muss. So drängt sich mit Blick auf das Gegensatzpaar »Geld oder Liebe« die Frage auf, ob die Konsumwelt die Fähigkeit der Menschen, authentische romantische Erfahrungen zu machen, verändert hat.

> »Romantische Liebe ist zu einem intimen, unentbehrlichen
> Teil des demokratischen Wohlstandsideals geworden«,

schließt Eva Illouz. Die Idee der romantischen Liebe hat sich demnach in ein erfolgreiches und langfristig wirksames Geschäftsmodell verwandelt. *Geld* und *Liebe* bilden keinen unversöhnlichen Gegensatz, sondern sind vielfach und unentwirrbar miteinander verknüpft. Die Kommerzialisierung der Romantik war vor allem deshalb so erfolgreich, weil romantisierte Produkte romantische Empfindungen hervorrufen und verstärken können. Der Triumph der Romantik und ihr Aufgehen in einer Produkt- und Dienstleistungspalette sind ein- und dasselbe. Dies betrifft auch die Forderung nach einer befreiten Sexualität, die historisch in der Studentenbewegung und anderen linken sexualpolitischen Initiativen eine große Rolle spielte. Heute findet unter dem Vorwand, einer unverklemmten Sexualität freie Bahn zu schaffen, ein flächendeckender Einsatz sexualisierter Bilder in der Werbung und im Selbstmarketing statt. Laut der Literaturwissenschaftlerin Barbara Vinken führt die Gängelung durch sexualisierte Bilder zu einer sterilen »Pflicht zur Lust«, wie sie in einem Artikel über »Das Urschöne« (2013) schreibt. Dies betreffe selbst die Art, wie heute Affären und Seitensprünge gehandhabt würden: »Eine Affäre sollte auf gar keinen Fall Abgründe des Verzehrs, Sehnens und des Schmerzes aufreißen, sondern aufbauend in das ›Feel good about yourself‹-Programm integriert werden. Gesunder Sex wird Teil des Fitness-Pensums: Schließlich werden bei einem Orgasmus so und so viel Kalorien abgebaut und das Herz an seine Höchstgrenze getrieben.« Das ist dann wohl das Ende jeglichen erotischen Zaubers.

Fernweh

Verlieren können sich die romantisch Liebenden heute auf den zahllosen Hochzeitsmessen und Brautmodenschauen, in den Fantasiewelten der »Elite«-Partnervermittlungsagenturen mit all ihren Karteitraumprinzen oder -prinzessinnen. Doch neben der Heiratsbranche gibt es noch geräumigere Ghettos der Gefühligkeit, große Geschäftszweige einer kommerziellen Romantik: die Kunst und den Tourismus. Beide haben in den letzten Jahren enorm an Attraktivität und Umsatzstärke gewonnen, in vielen Ländern und Metropolen sind sie sogar zu den Motoren der Wirtschaft geworden. Kunst und Tourismus haben mittlerweile viele Gebiete regelrecht überformt, machten aus Städten Museen und aus Landschaften Freizeitparks. Kunstmarkt und Tourismussektor profitieren gleichermaßen von der wachsenden Freizeit, Mobilität und Bildung der Weltbevölkerung; und sie bieten maßgeschneiderte Produkte und buchbare Erlebnisse für jedes denkbare Bedürfnis und jede Zielgruppe an. Die Sehnsucht nach Ursprünglichkeit, nach Echtheit und Wahrhaftigkeit wird mittlerweile von einer global verbreiteten Authentizitätsindustrie marktgerecht kanalisiert. Der Tourismus ist eine der wichtigsten Branchen dieser Industrie, in der in Ermangelung authentischer historischer Orte notfalls auch im Zeichen einer *staged authenticity* nachgeholfen wird: Dann erfindet man einfach Traditionen und Erinnerungsorte. An den Marketingkonzepten von *Schweiz Tourismus* und *Deutscher Märchenstraße* lässt sich dies verdeutlichen.

Die Schweiz hat sich sowohl für den Kunstmarkt als auch für den globalen Tourismus zu einem bevorzugten Gastland entwickelt. Dort befinden sich in weltweit einzigartiger Dichte Kunstsammlungen, historische Sehenswürdigkeiten, landschaftliche Attraktionen, aber auch Banken, Luxusgeschäfte und Nobelhotels – fast so konzentriert wie in einem Themenpark. Das global etablierte Luxuslabel *Swissness* wird zum einen durch den Charakter des Landes als Finanzplatz und Hochpreisinsel bestimmt, zum anderen durch die Vermarktung von alten Stadtbildern, Landschaft und Natur. Und hier kommt die Romantik ins Spiel. Denn *Swissness* steht für beides: für Geld und Romantik, für Kapitalismus und Natur. Man reist in die Schweiz, kauft teure Souvenirs und nächtigt in gehobenen Hotels, um ein romantisches Erlebnis zu haben. Dieses besteht oftmals darin, symbolisch am einfachen Bergleben teilzuhaben. Man wandelt auf steinigen Pfaden, betrachtet karge Felsgipfel oder Rinder- und Ziegenherden mit ihren Hirten, verspeist in hölzernen Berghütten deftige Mahlzeiten. Wer es sich leisten kann, kauft sich ein Chalet, eine Luxusberghütte, um dort in den Ferien Landleben zu spielen.

Die meisten Gäste haben bereits eine konkrete Vorstellung von Romantik, wenn sie eine Schweiz-Reise buchen, die überdies in vielen Ländern als Statussymbol gilt und durch den Kauf von weiteren Statussymbolen wie teuren Uhren gegenüber den Zuhausegebliebenen belegt werden muss. Für viele Inder ist die Schweiz beispielsweise ein Sehnsuchtsort, den junge Paare gerne bereisen. Ein wichtiger Aspekt ist hier die Gelegenheit zur romantischen Zweisamkeit – ohne die ständige Überwachung durch Verwandte, der junge Liebende in asiatischen Gesellschaften ausgesetzt sind. Hinzu kommen kulturelle Motive: Bereits 1964 drehte der Regisseur Raj Kapoor in der Schweiz den tragischen Liebesfilm *Sangam*. Yash Chopra, in Indien bekannt als »König der Romantik«, realisierte seit den 1980ern über ein Dutzend Filme in der Schweiz. Zwar haben die Inder schneebedeckte Berge quasi vor ihrer Haustür, konnten diese aber bislang nicht erreichen, denn in Kaschmir herrschte Krieg und der Himalaya ist nicht durch Bergbahnen erschlossen. Ersatzhalber wurde in der Schweiz gedreht, und das Land erlangte in Indien einen Kultstatus als romantisches Reiseziel. Pressesprecherin Daniela Bär von *Schweiz Tourismus* erklärt mit Blick auf ihre Zielgruppen:

> *»Romantik nährt sich stark von Authentizität – beispielsweise bei Ferienerlebnissen, die den Gast durch ihre nachvollziehbare Echtheit in ihren Bann ziehen. In einer Welt, in der eine Einkaufsstraße der anderen gleicht, wächst der Wunsch unserer Gäste genau nach dieser Art der Authentizität.«*

Die Schweizer Landschaften dienten schon seit der Epoche der Romantik als Sehnsuchtsorte für Künstler und Touristen. Die blauen Seen, grünen Almen und schneebedeckten Berggipfel wurden so häufig beschrieben und besungen, dass sie heute fast schon wie Kunstprodukte wirken, wie in einer Modelleisenbahnlandschaft arrangiert. Geschäftstüchtige Schweizer und Ausländer begannen schon im 19. Jahrhundert, besonders eindrucksvolle Plätze, Berggipfel und Seen wie den Pilatus bei Luzern, den Blausee oder die Reichenbachfälle im Berner Oberland, zu erschließen und zu vermarkten. Künstler und Schriftsteller, die als frühe Bildungsreisende ins Land kamen, mehrten bald den Ruhm dieser Orte. Literatur und Landschaftswahrnehmung gingen hier eine enge Verbindung ein. So war etwa Sir Arthur Conan Doyle von den Reichenbachfällen derart beeindruckt, dass er den dramatischen Abgang seines Romanhelden Sherlock Holmes dorthin verlegte. George Gordon Byron, 6. Baron Byron, Sprössling eines alten Adelsgeschlechts schottischer Abstammung und Dichter der Schwarzen Romantik, schrieb 1816 begeistert in seinem *Tagebuch aus den Alpen*: »Fuhren durch Interlaken. Gelangten in ein Gebiet mit einer Szenerie jenseits aller Beschreibungen – oder vorausgehender Vorstellung.« Die Landschaft beflügelte seine Fantasie. Von der benachbarten Wengernalp aus beobachtete er aus Tälern aufsteigende Wolkenformationen: »Sie türmten sich zu lotrechten Felsspitzen. Wie der Schaum des Ozeans der Hölle während einer Springflut, weiß und schwefelfarben und unermesslich tief«. Der Grindelwaldgletscher dünkte ihm gar »wie ein gefrorener Orkan«.

Heutigen Touristen stehen zahlreiche Ziele und Unterkünfte zur Verfügung, die das Verlangen nach authentischen Reiseerlebnissen stillen helfen, vom romantischen Schloss wie dem *Castello Seeschloss* in Ascona, über Traditionshäuser mit dem Label *Typische Schweizer Hotels* bis zu den *Swiss Historic Hotels* wie etwa der Engadiner *Chesa Salis* aus dem Jahr 1590. Außerdem gibt es hinzubuchbare romantische Erlebnisse: winterliche Pferdeschlittenpartien oder frühmorgendliche Bergbahnauffahrten zum Panorama-Sonnenaufgang inklusive Gipfelfrühstück. Für ganz eilige Romantiker haben Schweizer Touristiker auf einer speziellen Website die schönsten Orte für romantische Sonnenuntergänge gesammelt, sodass sie diese gezielt ansteuern können. Eine besondere Form des Romantiktourismus stellt das Heiraten mit anschließenden Flitterwochen dar. Bisher kommen vor allem Japaner zum Heiraten besonders gern in die Schweiz. Aber auch andere Nationalitäten sollen angesprochen werden, so wurden Koreaner unlängst als neue Zielgruppe des Heiratstourismus auserkoren. Die Schweiz bietet unvergesslich fotogene Schauplätze für Hochzeiten, ob in einer winzigen Bergkapelle, auf einem Schiff oder in einer Eisgrotte auf dreitausendfünfhundert Meter Höhe. Warum also nicht im schulterfreien Brautkleid in der Gletschergrotte des Jungfraujochs oder des Titlisgipfels das Ja-Wort in die eisige Luft hauchen? Wie sagte einst Coco Chanel: »In ihrem schönsten Kleid wird keiner Frau zu kalt.« Und das können asiatische Gäste auch noch mit patriotischer musikalischer Untermalung genießen: So wurde in der Eishöhle des Titlisgletschers eine Jukebox installiert, bei der die Gäste diverse asiatische Nationalhymnen anwählen und die romantisch blau beleuchtete Höhle dann mit nationalstolzem Soundtrack durchschreiten können. Eine geniale Idee des Schweizer Tourismus-Marketings!

»Interlaken – I love to be there 100 times in my life!«

wünscht sich Sudipto Mandal aus Kalkutta. »Interlaken – meine Traumstadt«, schwärmt Joyce Ching aus Guangzhou, und für Uttkarsh R. Jein aus Meerut bei Neu-Delhi ist es »der Lieblingsplatz auf Erden überhaupt«. Die begeisterten Kommentare auf den Web- und Facebook-Seiten der Gemeinde zeigen: Interlaken mit seinen sechzig Hotels, den beiden Fernbahnhöfen und den zahllosen Pizzarestaurants, Uhrengeschäften und Edelsouvenirbuden hat Kultstatus bei asiatischen Touristen. Um 1800 war der Ort mit der spektakulären Bergkulisse von den Pionieren des Tourismus entdeckt worden. Der Ruhm Interlakens ist im Reich der Mitte so groß, dass das chinesische Unternehmen *OCT-Group* vor einigen Jahren eine Kopie der Ortschaft errichten ließ. Diese besteht wie das Original aus einer Ansammlung von Hotelbauten, Promenaden und Restaurants im »Schweizer Stil«. Einen See und grüne Hügel gibt es auch, allerdings stehen keine braun-weißen Warmblüter, sondern Plastikkühe in Lebensgröße auf den Wiesen. Ein Theater, eine Holzkirche und eine historische Bimmelbahn komplettieren den Themenpark *Yintelagen* im Yantian-Distrikt von Shenzhen nahe Hongkong. Zielgruppe ist eindeutig das einheimische Publikum, das sich die Reise nach Europa (noch) nicht leisten kann. Umso großartiger wird sicherlich das Erlebnis sein, dann eines Tages die Interlakner Souvenirshops im Original zu besuchen und sich dort eine Uhr kaufen zu dürfen! Bis dahin muss man sich in *Yintelagen* mit einem Vergnügungspark im Mittelalterstil, einer Teeplantage, Golfplätzen, einer großen Buddhastatue und dem höchsten künstlichen Wasserfall der Welt, einem zweiundvierzig Meter hohen Objekt aus koloriertem Beton, begnügen. Alles in allem ist das Areal ein Musterbeispiel chinesisch-europäischer Hybridkultur. Das Hotelrestaurant ist einer gotischen Kirche nachempfunden, mit hohen, bunten Glasfenstern und Tischen in Form von Altären. Schon am Eröffnungstag standen Brautpaare Schlange, um in der *Gothic Bar* wenigstens ein paar Hochzeitsfotos zu machen. Authentizität ist hier kein Thema. Intensiv bearbeitet die Schweizer Organisation *Interlaken Tourismus* die asiatischen Wachstumsmärkte. Marketingleiter Stefan Ryser war bereits in Saudi-Arabien, Kuwait, Katar und den Vereinigten Arabischen Emiraten unterwegs, um die Werbetrommel zu rühren, und kann stolz verkünden: »Interlaken genießt einen extrem guten Ruf in den Staaten des Golf-Kooperationsrates. Neben den Städten Zürich und Genf ist es die gefragteste Destination in der Schweiz.« Vor allem das neue *Honeymoon-Package* sei sehr gut aufgenommen worden; beliebt sei auch die *Halal BBQ Cruise* – Schiffsfahrten auf den Seen mit einer Bordgastronomie, die islamischen Speisevorschriften folgt.

Das Mädchen *Heidi*, eine Schöpfung der Autorin Johanna Spyri aus dem Jahr 1880, wurde zur weltweit bekannten Botschafterin der Schweiz, genauer gesagt: eines zeitlos romantischen Bildes der Schweiz. Von Tuttlingen bis Tokio erfreut man sich an der Illusion des idyllischen Landlebens freier Bergbauern, die sich stoisch der Käseproduktion widmen, umgeben von spektakulären Gipfeln, lieblichen Wiesen und grünen Tannen. Heidi, Geissenpeter und der Alpöhi stehen für eine einfache, naturnahe Lebensweise, für Ehrlichkeit und Authentizität. In Japan war *Heidi* derart populär, dass dort 1974 eine Zeichentrickserie produziert wurde, die sich wiederum weltweit verbreitete und das Heidi-Bild im Manga-Stil überformte. Auch in Deutschland und der Schweiz selbst wurde die japanische Kulleraugenheidi so berühmt, dass viele diese Figur für das Original hielten – nicht zuletzt durch den Titelsong *Heidi, deine Welt sind die Berge* des Schlagerduos Gitti und Erika. Das Lied verkaufte sich als Single mehr als fünfhunderttausend Mal und zählt bis heute quasi zum deutschen Kulturgut. Längst sind auch Heidi und ihre Welt ein Produkt globaler Hybridkultur mit schweizerischen und japanischen Anteilen. Auf eine Umbenennung der Eidgenossenschaft im Sinne der touristischen Markenbildung wurde bislang verzichtet, obschon es *Heidiland* seit 1989 ganz offiziell gibt. So trug erst eine Graubündner Autobahnraststätte diesen Namen, doch bald darauf übernahm ihn die gesamte Ferienregion zwischen dem Walensee und Bad Ragaz. Zunächst als wenig authentische Bezeichnung umstritten, zahlt sich die Werbemaßnahme mittlerweile aus: Die Touristenzahlen steigen. Der Begriff »Heidiland« ging ursprünglich auf den Marketingdirektor von St. Moritz zurück, der ihn auch rechtlich schützen ließ, doch irgendwie passte er doch nicht zum Image des Ortes und wurde freigegeben, schließlich steht St. Moritz ja eher für Botox-to-go, Polosport & Privatjetanreise und weniger für das einfache Hirtenleben. Im bieder-niedlichen Heidi-Kult wurde allerdings verdrängt, dass die Geschichte eigentlich auf erschütternde Weise das historische Bild einer armen Schweiz zeigt, in der hartherzige Erwachsene Kinder nach Belieben herumkommandieren und ausbeuten. Und so geben die Figuren bei Licht betrachtet ein eher klägliches Bild ab: Der Alpöhi ist ein ehemaliger, wegen eines Kapitalverbrechens desertierter Söldner, der Geissenpeter ein Schulverweigerer, um dessen Bildungsdefizite sich niemand kümmert, und Heidi ein herumgeschubstes Waisenkind, das von der überforderten Tante in eine auswärtige Dienstmädchenexistenz gezwungen wird. »Heidi bezahlt für die Frustration der Erwachsenen. Sie ist ihnen ausgeliefert«, kommentiert die Schweizer Filmemacherin Petra Volpe nüchtern, die an einer alternativen Romanverfilmung arbeitet, welche das soziale Elend des Berglebens entromantisieren soll (mit Bruno Ganz in der Rolle des Alpöhi).

Literatur und Landschaft prägen einander. Schriftsteller und Dichter bringen Landschaften zum Sprechen, und Reisende und Bewohner nehmen sie erst durch Erzählungen und Lektüre bewusst wahr. Ein spezieller Literaturtourismus kam bereits in der zweiten Hälfte des 18. Jahrhunderts auf. Besonders intensive Leseerlebnisse weckten den Wunsch, die Schauplätze eines Romans in natura zu sehen. Wenn diese Schauplätze nicht ausdrücklich benannt waren, neigten manche Literaturtouristen dazu, sie in einer bestimmten Landschaft zu suchen und dort hineinzuinterpretieren. Eine gelungene Wiedererkennung oder die Autosuggestion, man habe Originalschauplätze entdeckt, machen es möglich, sowohl Text als auch Landschaft nochmals intensiver zu erleben. Der Schweizer Philosoph und Schriftsteller Jean-Jacques Rousseau hatte großen Anteil daran, dass sich die Schweiz in ein ästhetisches Kontinuum, in eine Fantasiewelt des Schönen und Aufregenden verwandeln konnte. Hier verschwimmen die Grenzen zwischen literarischer Fiktion und wirklichem Erleben, wie das Beispiel Lord Byrons und Percy Bysshe Shelleys zeigt. Beide wandelten 1816 auf den Spuren von Rousseaus Roman *Julie ou la Nouvelle Héloïse*. In jenem düsteren »Jahr ohne Sommer«, in dem das Klima infolge eines Vulkanausbruches verrücktspielte, bestiegen sie ein Segelboot. Doch als sie mitten auf dem Genfer See waren, brach ein Sturm los und sie konnten nur mit Mühe dem Schiffbruch entgehen. Zu Byrons Verblüffung wiederholte sich damit genau das literarische Ereignis aus Rousseaus Roman, in dem das Liebespaar Julie und Saint-Preux ebenfalls in Seenot geraten war. Byron verarbeitete dies später wiederum in seinem Werk *Childe Harold's Pilgrimage*. Diese Verserzählung, ein Schlüsselwerk des romantischen Lebensgefühls jener Zeit, beschreibt die Reisen eines jungen, vermögenden Mannes, der voller Melancholie und Langeweile aus seinem

Luxusleben ausbricht, um Zerstreuung und echte Erlebnisse in fremden Ländern zu suchen.

Die Schweiz ist Heidiland, Deutschland hingegen wäre gerne Märchenland. Ob eine Region mit Mythen und Märchen assoziiert wird, hängt davon ab, wie ihre Landschaft wahrgenommen wird. Manchmal wirkt die Literatur auch direkt auf die Landschaft ein, etwa wenn fiktive Bauten aus Romanen in natura realisiert werden. Der Romantiker Wilhelm Hauff schrieb 1826 den historischen Roman *Lichtenstein*. Ein begüterter Leser namens Herzog Wilhelm von Urach, Angehöriger einer Nebenlinie des regierenden Hauses Württemberg, war so begeistert, dass er den Romanschauplatz nachbauen ließ. Das auf einem steilen Felsen gelegene neugotische Schloss ist eine spektakuläre Attraktion in der Schwäbischen Alb und zählt neben Neuschwanstein zu den herausragenden Schöpfungen des romantischen Historismus. 2009 diente Burg Lichtenstein wiederum als »realistische« Kulisse in einer Verfilmung des Grimmschen Märchens *Dornröschen*. Die Brüder Grimm haben vor gut zweihundert Jahren ihre *Kinder- und Hausmärchen* vorgelegt, und seitdem sind sie in mehr als hundertsechzig Sprachen übersetzt worden. Jacob und Wilhelm Grimm sammelten in Kassel und Umgebung mündlich überlieferte Geschichten, zu ihren wichtigsten Quellen zählten Marie Hassenpflug und Dorothea Viehmann (beide stammten aus französischen Hugenottenfamilien, die einstmals ins protestantische Hessen geflüchtet waren). Für viele ihrer Geschichten gab es scheinbar authentische regionale Schauplätze, etwa die Sababurg als »Dornröschenschloss«, sie war als landgräfliches Jagdschloss im 16. Jahrhundert mit einer drei Meter hohen und fünf Kilometer langen Dornenhecke umgeben. Für Rotkäppchen konnte eine Tradition der Schwalm herangezogen werden – dort trugen unverheiratete Frauen bis zu ihrem dreißigsten Geburtstag eine rote Kappe. Und »Schneewittchens« Zwerge konnten auf die kleinwüchsigen Bergleute zurückgeführt werden, die in den Stollen des Kupferbergbaues im Kellerwald arbeiteten. Typisch für das national-romantische Denken war der Versuch der Grimms und ihrer Leser, diese Märchen als genuin deutsch oder hessisch zu betrachten; dem romantischen Dichter Novalis war aber schon damals klar:

»*Alle Märchen sind nur Träume von jener heimatlichen Welt, die überall und nirgends ist.*«

So sind Aschenputtel, Rapunzel und Dornröschen bereits in der Märchensammlung des neapolitanischen Dichters Giambattista Basile im 17. Jahrhundert nachweisbar, und Rotkäppchen wurde durch Charles Perraults Geschichten und Märchen »aus vergangener Zeit« schon im Jahr 1697 in Frankreich populär. Mit den hugenottischen Einwanderern kamen diese Geschichten nach Deutschland. Es sind letztlich europäische Märchen, die sich nach langer Reise in Hessen niedergelassen haben. Heute schmücken sich viele Gemeinden in Niedersachsen und Hessen mit der Behauptung, Schauplatz eines Grimmschen Märchens gewesen zu sein. Mithilfe des »Vereins Deutsche Märchenstraße« versuchen sie, am Romantiktourismus teilzuhaben. Die sechzig Mitgliedsorte entlang dieser Themenstraße wurden danach ausgewählt, ob sie ein romantisches Stadtbild und eine erzählbare Geschichte bieten. Dabei sind diese Erzählungen Gratwanderungen, wie Benjamin Schäfer, Geschäftsführer des Vereins, erklärt: »Wir sprechen stets im Konjunktiv«, denn Beweise, dass ein Märchen genau in diesem oder jenem Ort seinen Ursprung hat, gibt es ja nicht. In vielen Ländern der Welt, vor allem in Asien, sind Grimms Märchen bekannt, werden aber für Schöpfungen Walt Disneys gehalten. Tatsächlich hat sich der Schöpfer uramerikanischer Ikonen wie Mickey Mouse und Donald Duck immer wieder von europäischer Kunst und Architektur inspirieren lassen. Motive von Salvador Dalí oder Henri Rousseau finden sich bei Walt ebenso wie die Bildwelt eines Franz von Stuck oder Arnold Böcklin, wo sich allerlei Faune, Elfen oder Panfiguren drängelten, sowie Buchillustrationen des Romantikers Ludwig Richter. Der vollständig erhaltene mittelalterliche Stadtkern von Rothenburg ob der Tauber hatte es Disney ebenso angetan wie das neoromantische Schloss Neuschwanstein, der kitschig-geniale Prachtbau des bayrischen Operettenkönigs Ludwig II. Beide Orte werden heute durch die stark besuchte *Romantische Straße* verbunden, auf der Touristenbusse unaufhörlich pendeln; Neuschwanstein gilt im Ausland als schönstes Touristenziel Deutschlands. Die deutsche Romantik lebt also fort – allerdings im grässlich verkitschten Design von Disney.

Neben *Heidi* waren und sind in Japan Grimms Märchen besonders populär. Bereits im 19. Jahrhundert übernahmen und übersetzten die Japaner Grimms romantische Märchen als pädagogisches Bildungsgut, paradoxerweise, um damit die Modernisierung ihres Landes voranzutreiben und ihrer Maxime »Europa erreichen und übertreffen« gerecht zu werden. Bis heute ist das Interesse an Grimms Märchen in Japan lebendig, berichtet der Grimm-Experte Takashi Hashimoto, auch zu Beginn des 21. Jahrhunderts werden noch Neuauflagen und Übersetzungen gedruckt. Gebaut wurden Themen- und Freizeitparks wie das *Grimm-Haus im Grimm-Wald* in

Ishibashi oder der *Grimm-Abenteuer-Wald* in Hino, beliebt ist der Name auch für Kindergärten, Buchläden, Cafés, Bäckereien, es gibt ein *Grimm-Festival für Schwertkunst* und sogar einen *Zahnarzt Grimm*. Ein *Brüder-Grimm-Glückskönigreich* existierte von 1998 bis 2004 in Obihiro. Es war eine in der sogenannten »Schaumzeit« Japans, einer Spekulationsphase der Immobilienwirtschaft, errichtete Illusionskulisse, die für zweihundertfünfzig Millionen Dollar auf der Insel Hokkaido angesiedelt worden war: mit hessischen Fachwerkhäusern, die original wiederaufgebaut wurden, und einer Kopie des Weserrenaissance-Schlosses Bückeburg. Anfänglich gut besucht, war das Königreich für einen erfolgreichen Dauerbetrieb zu abgelegen und brachte seinen Investoren kein Glück. Das touristische Interesse von Japanern an der *Deutschen Märchenstraße* ist nach wie vor lebhaft. Asiatische Reisende besuchen sie aus Sehnsucht nach einer verwunschenen Märchenwelt, die sie an ihre Kindheit, an eine Fantasiewelt, an ursprüngliche Natur erinnert. Die Stille, Leere und Langsamkeit in den deutschen Kleinstädten fasziniert sie, allein in den Gassen wandelnd, fühlen sie sich wie ins Mittelalter versetzt. Selbst das spröde Kassel erscheint ihnen als niedliches Nest, wo die putzigen Straßenbahnen so leise und langsam fahren und die Menschen ein geruhsames Leben führen, wie es der Autor Keiichirō Hirano beschrieb:

> *»Eine solche Landschaft lässt Menschen liebevoll werden und heilt die Müdigkeit der Reisenden.«*

Japanische Märchenstraßen-Touristen hoffen ein altmodisches Deutschland vorzufinden, ohne Industrie und moderne Verkehrsmittel. Und schließlich gehört zur japanischen

Vorstellung einer märchenhaften Reise auch ein gutes Ende, nämlich die glückliche Heimkehr. Neben Japanern erscheinen auch immer mehr chinesische Besucher in Nordhessen. Niederländer, Belgier und Amerikaner gehörten stets zu den wichtigen Zielgruppen, neu ist das Interesse aus Russland und Brasilien. Das romantische Stereotyp einer Märchenlandschaft aus Wäldern und Wiesen, Burgen, Schlössern und Fachwerkstädtchen, das Ausländer so lieben, bietet sich in weiten Teilen Hessens dar – wie die Realfilmversion einer Disney-Animation. Manchmal kommt auch noch eine Prise »Vorsprung durch Technik« hinzu. So empfiehlt etwa das *Singapure Airlines Priority magazine* den Märchenstraßenbesuchern, sich doch zuvor einen flotten BMW bei der Autovermietung am Frankfurter Flughafen zu holen, und ganz schnell (»*just north of Frankfurt zooming down the Autobahn*«) sei man in pittoresken Städtchen wie Marburg angelangt oder könne im lauschigen Dornröschenschloss übernachten.

Kitsch

*»Von der deutschen Romantik ist doch, Hand aufs kalte
Herz, nur das Adjektiv ›romantisch‹ übriggeblieben, (…)
eine Zugabe, eine kleine, verdiente, manchmal verlogene
Lebensqualitätssteigerung (…). Das war's mit der Romantik, die versucht hat, aus der Kunst eine Religion zu machen. Wir haben heute den Kunstmarkt und die Medien,
der Rest ist Esoterik.«*

So lautete eine nüchterne Bestandsaufnahme der *FAZ* anläss-
lich von Rüdiger Safranskis Bestseller *Romantik. Eine deutsche Affäre.* Die Romantik gilt zwar als respektables Kultur-
erbe, besonders in Großbritannien und Deutschland, aber
wer sagt von sich, er sei Romantiker? Und das ganz ohne
Augenzwinkern oder unter dem Einfluss gewisser Hormo-
ne? Romantiker – das sind immer die anderen! Dieser Satz
fällt vor allem in politischen oder ökonomischen Diskussionen. »Romantiker« ist wie »Kitsch« längst ein polemischer
Begriff geworden, eine rhetorische Allzweckwaffe. Das Marketing der Gastronomie, des Tourismus oder der Partnerver-
mittlungsbörsen hat hier hingegen, wie wir gesehen haben,
keine Berührungsängste. Aber wer gern cool und reflektiert
auftritt und trotzdem heimliche romantische Neigungen hat,
wird sich kaum zum offenen Bekenntnis durchringen, weil
jede Art von Neoromantik den Beigeschmack des Kitsches

hat. Trotz seines schlechten Rufs bei den Gebildeten ist Kitsch in der Alltagskultur äußerst populär. Er dient in unseren coolen, neoliberalen Zeiten als Ghetto der Gefühligkeit, und Film, Foto und Musik liefern ununterbrochen die Bilder und Soundtracks dazu. Auch die gegenständliche, illusionistische Malerei leistet hier immer noch gute Dienste, ob in Gestalt dramatischer Airbrush-Fantasy-Motive oder in Landschafts-bildern, Naturszenen, in den Abbildern schöner Menschen, die man sich herbeiträumt. Weithin beliebt ist eine Kunst mit erotischen und surrealen Motiven, produziert in einer effektstarken Technik à la Salvador Dalí oder eines Jack Vet-triano – beide extrem populäre Maler. Vettriano wird von seinen Fans als »*painter of the people*« verehrt, was zweifach zutrifft: Zum einen hat der gelernte schottische Bergarbei-ter und anfängliche Hobbymaler einen märchenhaften Auf-stieg hinter sich und zählt heute zu den umsatzstärksten britischen Künstlern, zum anderen trifft sein Stil den Mas-sengeschmack in optimaler Weise – nostalgische Motive mit einer Prise von Softporno-Ästhetik, gemalt in steriler natu-ralistischer Technik. Der Bekanntheitsgrad seiner Poster- oder Postkarten-Motive wie etwa des *Singenden Butlers* ist exor-bitant. Nicht von ungefähr gilt Vettriano als König der Ho-telzimmerdruckgrafik. Trotz Ehrung durch die Queen, trotz bekennender Sammler wie etwa Hollywoodstar Jack Nichol-son, Musiktexter Sir Tim Rice oder dem Schauspieler Rob-bie Coltrane – der Autodidakt wird von der seriösen Kunst-welt selbstverständlich tief verachtet.

Die Verzweiflung der Intellektuellen über die anhaltende Popularität des Kitsches liegt vor allem in der Unmöglichkeit begründet, »echte« Gefühle zu definieren. Gleichwohl besagt eine immer noch subkutan verbreitete romantische Einstellung, dass »echte« Gefühle nicht verhandelbar seien, sie könnten keinen Marktwert, keinen Mehrwert haben. Kitsch ist also sowohl ein Feindbild kühler Intellektueller, die darin eine sentimentale Volksverdummung sehen, als auch der echten Romantiker, die in ihm einen Verrat, einen Ausverkauf der romantischen Idee erblicken. Letztere denken, dass jede Form des Recyclings oder des Zitats ein großes Gefühl sofort verlöschen lässt. Sowohl Intellektuelle als auch Romantiker denunzierten Kitsch als abgenutzte Formensprache, als seriell und industriell produzierte Nachempfindung, vor allem aber als effektheischerischer und kommerziell motivierter Appell an die Gefühle der Betrachter. Damit wurde der Kitsch zum Gegenbild eines jeden einmaligen, authentischen Kunstwerks gemacht und der technisch vielleicht durchaus virtuose Kitschmeister zum Todfeind eines jeden ernsthaften Künstlers erklärt. Wobei das Definitionsproblem »echter Gefühle« nicht so leicht aus der Welt zu schaffen ist: Handelt es sich noch um Kitsch, wenn die Empfänger und Käufer dieser Produkte dabei echte und große Gefühle empfinden? Wenn die Sentimentalität gar nicht sauer aufstößt, sondern als »großes Gefühlskino« empfunden wird? Wer will definieren, was als authentisches, erhabenes Gefühl gelten darf und was in dieser Hinsicht als »niederer Instinkt« betrachtet werden kann, der überwunden oder erzieherisch gehoben werden muss? Romantiker haben es heute wahrlich schwer, eingeklemmt zwischen Kitschindustrie und der Verachtung durch die Intellektuellen; und so werden romantische Bekenntnisse heute oftmals unter dicken Schichten von Ironie und Sarkasmus versteckt.

Die Entdeckung der Gefühlswelt war ein großer Schritt auf dem Weg zur Emanzipation des Menschen im Zeitalter der Aufklärung. Denn die Beschäftigung mit den eigenen Gefühlen erlaubte es dem Einzelnen, sich als Individuum zu definieren, ganz unabhängig von den bestehenden gesellschaftlichen Hierarchien. Daher wurde die explodierende Gefühlskultur in der Frühromantik vor allem in nichtprivilegierten Milieus angenommen, etwa von den Bürgern, und innerhalb dieser Milieus wiederum von den weniger Etablierten: von Künstlern, Intellektuellen, Frauen. Für den Philosophen Jean-Jacques Rousseau, der als Begründer einer Ethik der Authentizität gilt, war die Bildung eines moralischen Bewusstseins nur möglich, wenn sich der Mensch loyal zu seiner inneren Natur verhalte. Und diese innere Natur sei etwas Individuelles, wie Johann Gottfried Herder feststellte: »Jeder Mensch hat ein eignes Maß, gleichsam eine eigne Stimmung aller sinnlichen Gefühle zueinander (…).« Die Vorstellung, dass jeder Mensch eine unverwechselbare Persönlichkeit hat, die sich in Gefühlen ausdrückt, war revolutionär und bahnbrechend. So wurde in der Romantik der gefühlsorientierte und deshalb individuell-authentischere Bürger zum Gegenspieler des Adligen, der durch starre Konventionen und Statusbehauptungen die Selbstdarstellung zum hohlen Hauptziel seines Handelns machte. Sein versus Schein – das war damals eine Klassenfrage.

Echte Gefühle und authentisches Erleben suchte und fand man im Kunstgenuss. Kunst und Religion wurden etwa von dem romantischen Dichter Friedrich Hölderlin als aus der gleichen Quelle kommend verehrt, die Liebe zur Schönheit sei gleichbedeutend mit einer Verehrung der Schöpfung, also mit Gottesliebe. Wilhelm Heinrich Wackenroder und Ludwig Tieck erzählten 1796 in ihrer Aufsatzsammlung *Herzensergießungen eines kunstliebenden Klosterbruders* die Lebensgeschichten »der großen gebenedeiten Kunstheiligen« im Stile von Hagiografien. Und die langersehnte Begegnung mit berühmten Kunstwerken konnte bei gebildeten Italientouristen zu emotionalen Ausnahmezuständen führen: überschäumende Glücksgefühle, Verwirrung, Halluzinationen. Der französische Schriftsteller Marie-Henri Beyle, der sich aus Verehrung für den deutschen Kunsthistoriker und Archäologen Johann Joachim Winckelmann nach dessen Heimatstadt Stendal in der Altmark benannte, beschrieb 1817 seine Erlebnisse bei der Besichtigung florentinischer Kunstschätze. Schon bei der Ankunft in der Stadt glaubte er sich von einem Wahn befallen, der sich beim Betreten von Santa Croce, wo sich die Grabmäler von Michelangelo, Machiavelli oder Galileo Galilei befinden, zur vollen Wirkung steigerte:

»Ich befand mich bei dem Gedanken, in Florenz zu sein, und durch die Nähe der großen Männer, deren Gräber ich eben gesehen hatte, in einer Art Ekstase. (…) Als ich Santa Croce verließ, hatte ich starkes Herzklopfen; (…) ich war bis zum Äußersten erschöpft und fürchtete umzufallen.«

Stendhal wurde im späten 20. Jahrhundert zum Namensgeber eines diffusen psychosomatischen Syndroms, das die italienische Psychologin Graziella Magherini auf der Basis von gut hundert Kulturtouristen erforschte, die im Florentiner Krankenhaus Santa Maria Nuova behandelt werden mussten. Dabei stellte sie bei den Erkrankten wahnhafte Stimmungen, Allmachtsfantasien und die Empfindung einer tiefen Bedeutungslosigkeit bei der Begegnung mit den prächtigen Kunstschätzen fest, auch Panikattacken, Bauchschmerzen und Krämpfe traten bei den Museums- und Kirchenbesuchern auf. Die Mehrheit der Betroffenen bildeten alleinstehende Touristinnen mittleren Alters, die bereits Erfahrung mit Psychotherapien gemacht hatten. Es verwundert also nicht, dass Magherinis Diagnose in der Fachwelt weithin nicht anerkannt wird, denn es sei offensichtlich, dass sich Reisende, die schon zu Hause psychisch angeschlagen gewesen seien, auf ihren Kulturtrips überforderten. Nicht die Kunst verursache dieses Phänomen, sondern die Vorgeschichte der Patienten, vor allem aber deren Erwartungen an die Reise. Für die Kunstwelt war das Stendhal-Syndrom dagegen eine geradezu schmeichelhafte Angelegenheit. Kunstwerke, die den Betrachter in Ekstase versetzen – das bedeutete nichts anderes, als den romantischen Glauben an die magische Wirksamkeit von Kunst zu erneuern, und dies auch noch bestätigt von der Wissenschaft, von Ärzten, von der Psychologie! Es war also kein Zufall, dass sich Journalisten, Schriftsteller und Dramatiker auf diesen Stoff stürzten. Auch der italienische Horrorfilmregisseur Dario Argento sah hier die Gelegenheit, seine Tochter Asia in Szene zu setzen. In *Das Stendhal-Syndrom – Bilder des Wahnsinns* spielte die dunkle Diva eine Kommissarin, die in Florenz nach einem Serienmörder sucht. In einem Museum wird sie plötzlich vom Stendhal-Syndrom befallen, der Killer nutzt ihre Schwäche gnadenlos aus und die Story nimmt ihren blutigen Lauf.

Ähnliche Syndrome wurden im Zusammenhang mit anderen Touristenzielen beobachtet bzw. erfunden, etwa das »Jerusalem-Syndrom«, bei dem sich die Betroffenen mit einer heiligen Person aus dem Alten oder Neuen Testament identifizieren und sich als diese ausgeben. Und angesichts einer relativ hohen Zahl von Selbstmordversuchen und Selbstmorden deutschsprachiger Touristen in Venedig wurde zeitweilig von einem »Venedig-Syndrom« gesprochen – Ergebnis der überhohen Erwartungen der Reisenden an diesen Ort, der einerseits mit romantischer Zweisamkeit assoziiert wird, andererseits mit einer Aura der Düsternis behaftet ist, auch literarisch im *Tod in Venedig* oder filmisch bei *Wenn die Gondeln Trauer tragen* gespiegelt. Schon im 18. Jahrhundert hatte sich Venedig von einer realen Handels- und Militärmacht in einen Repräsentationsort verwandelt. In den Festivitäten, Kunstsammlungen und Palazzi materialisierte sich der Reichtum, der in den vergangenen Jahrhunderten erwirtschaftet worden war. Venedig wurde zur Kulissenstadt, zum Ziel von Vergnügungssüchtigen, von Karnevalisten und Künstlern und damit zum frühen Ziel eines Massen- und Eventtourismus, der heute mit bis zu dreißig Millionen Jahrestouristen und der im Wechsel abgehaltenen Kunst- und Architekturbiennale seinen Gipfel erreicht. Venedig bleibt bis heute ein »Fluchtort aus der Moderne«, der zu den meistbesuchten Orten der Welt gehört. Man findet dort also genügend Leidensgenossen vor. Einsam ist man in der Masse trotzdem. Als faszinierend wird seit Langem der Verfall der Stadt empfunden. Lord Byron pries sie als einen Tempel der Traurigkeit. Im düsteren November des Jahres 1816 schrieb er, Venedig sei »einer der Orte, die ich schon kenne, bevor ich sie gesehen habe, und die mich immer am meisten gelockt haben. Ich mag die düstere Pracht der Gondeln und die Stille in den Kanälen. Mir missfällt nicht einmal der augenscheinliche Verfall der Stadt, obwohl ich um die Einzigartigkeit ihrer verschwundenen Tracht trauere.« Franz Grillparzer hingegen zeigte sich enttäuscht und beklagte sich einige Jahre später in seinem Tagebuch über »diese morastige Lagune, diese stinkenden Kanäle, den Schmutz und das Geschrei des unverschämten betrügerischen Volkes«. Thomas Mann schrieb: »Das war Venedig, die schmeichlerische und verdächtige Schöne, – diese Stadt, halb Märchen, halb Fremdenfalle, in deren fauliger Luft die Kunst einst schwelgerisch aufwucherte und welche den Musikern Klänge eingab, die wiegen und buhlerisch einlullen.« Der radikale Künstler-Politiker Filippo Tommaso Marinetti hatte hingegen bereits 1910 zum Angriff auf die Stadt geblasen und ließ dort ein Flugblatt verteilen:

> *»Wir lehnen dieses Venedig der Touristen ab, diesen Markt der Antiquitätenfälscher, diesen Magneten des Snobismus und der Dummheit aus aller Welt (…). Beeilen wir uns, die kleinen stinkenden Kanäle mit dem Schutt der alten einstürzenden und aussätzigen Paläste zuzuschütten. Verbrennen wir die Gondeln, diese Schaukelstühle für Idioten (…).«*

Wenn man sich heute das Vernissagenpublikum der Biennale oder den Massentourismus in der Hochsaison Venedigs anschaut, erkennt man: Die Tristesse Venedigs überlebte auch den Futurismus, das Geschrei der Avantgardisten. Dauerhaft dem Untergang geweiht, gilt die Stadt als tragische Schönheit und ist zugleich in diesem Bilde konserviert worden. Heute ist sie in weiten Teilen zu einer Kunstwelt erstarrt, zum Gaudi wohlhabender »Schaukelstuhl-Idioten« oder der Depressiven aus aller Welt. In einer Studie für die Universität Padua untersuchte Diana Stainer das Phänomen der Selbstmordversuche. Dabei resümierte die Psychologin, eine gebürtige Venezianerin: »Venedig steht für Romantik, aber auch für Untergang und Dekadenz.« Venedig bietet nur die Kulisse, nur eine leere Bühne – welches Stück darauf gegeben wird, entscheidet allein derjenige, der sich in diese Stadt begeben hat.

Venedig kann sehr kalt sein, aber auch das scheinbar stets frivole Paris hat seine dunklen Seiten. Vornehmlich bei japanischen Touristen wurde das Auftreten eines »Paris-Syndroms« festgestellt. Auch hier kollidieren offenbar Erwartungen, ein großartiges Kulturerlebnis vor sich zu haben, mit einer enttäuschenden Realität, in der man sich mit Einsamkeit, anonymen Touristenmassen und der Missachtung durch unfreundliche Franzosen abplagen muss. »Japanische Besucher glauben oft, dass sie hier die Romantik wiederfinden, die es in Filmen wie *Die fabelhafte Welt der Amélie* gibt.« Hinzu komme »ein Bild Frankreichs auf sehr hohem Niveau rund um Wein, Feinschmecker-Küche, Parfüm und Luxus-Boutiquen«, erklärt Patricia Barthélemy vom städtischen Tourismusamt. Die Kulisse stimme dann, doch die Menschen seien oft ganz anders als erwartet. Auch Chinesen machen diese Erfahrung, gilt Frankreich doch bei ihnen als das romantischste Land der Welt. »Wenn sie aber ihren Fuß auf französische Erde setzen«, so der Pekinger Kunstgeschichtsprofessor Ding Ning, »findet sehr rasch eine Entzauberung statt.«

Venedig, Jerusalem, Paris: Auf diese Weise lebt das romantische Stendhal-Syndrom noch im Massentourismus der Gegenwart weiter. Und vielleicht kommt bald noch das »Interlaken-Syndrom« hinzu: in den Souvenirshops und Hotellobbys des Ortes kollabierende, »Yintelagen, Yintelagen« stammelnde Asiaten.

Allerdings gab es auch schon zu Zeiten Stendhals Menschen, die einer Verzauberung der Welt durch Kunst und Gefühl skeptisch gegenüberstanden. Heinrich Heine etwa drückte dies durch Ironie aus, wenn er dichtete: »Das Fräulein stand am Meere / Und seufzte lang und bang, / Es rührte sie so sehre / Der Sonnenuntergang.« Auch Byron schwankte zwischen heißer Verzückung und kaltem Sarkasmus:

> »*Er schien sich ein Vergnügen daraus zu machen, romantische Gefühle ins Lächerliche zu wenden, und zeigte doch im nächsten Augenblick Gefühle von solcher Gewalt, dass sich seine Augen mit Tränen füllten.*«

Die Kälteeinbrüche müssen die Persönlichkeit dieses Dichters geprägt haben, womit er seine gefühligen Zeitgenossinnen nicht selten verstörte. Byron-Biografen weisen allerdings auch darauf hin, dass seine Coolness gegenüber Frauen wohl eher als literarische Pose zu verstehen sei, schließlich beichtete der Baron dies in persönlichen Briefen selbst. Auch Wackenroders euphorische *Herzensergießungen* wurden von kühleren Köpfen, etwa von Goethe, als »neukatholische Sentimentalität« abgetan. Schon früh reifte der Kitschverdacht gegen die Romantik heran, er erhärtete sich in der Epoche des Historismus, dessen neuromantisches Design die Gegenwart in Linnen, Harnisch und Kettenhemd hüllte und selbst Bahnhöfe und Industriegebäude mit dorischen Säulen oder gotischen Spitzbögen dekorierte. Der Nachwelt wurden dabei wenigstens wundervolle Traumschlösser wie Neuschwanstein oder Linderhof hinterlassen. Im 20. Jahrhundert intensivierten die Intellektuellen ihren Kampf gegen den Kitsch, teilweise in einer Radikalität, die heute erstaunt. Offensichtlich fühlten sie sich damals vom schlechten Geschmack tödlich bedroht; heute sehen wir das lockerer, vielleicht weil der Trash längst gewonnen hat. Der amerikanische Kunstkritikerpapst Clement Greenberg wetterte in den 1930er-Jahren: »Kitsch ist der Inbegriff alles Unechten«, und der österreichische Schriftsteller Hermann Broch bezichtigte den Kitschier gar als »Verbrecher, der das radikal Böse will«. Große Kunst von großen Künstler-Individuen erzeuge erhabene Zustände beim Betrachter, doch industriell hergestellter Nippes könne nur zu billiger Sentimentalität führen – das war die herrschende Lehrmeinung. Doch der Massengeschmack blieb hartnäckig sentimental und sensationslüstern – und wurde von der Kulturindustrie des 20. Jahrhunderts entsprechend bedient, indem sie den romantischen Bilderfundus plünderte. Deren Bildmotive gerieten deshalb bald unter Kitschverdacht, u. a. der einsam in der Natur sinnierende Mensch, das Kinderporträt, der Akt in der Natur. Das dunkle Spektrum der Kitschpalette bildeten Drachen-, Dämonen-, Vampir- und Gespensterdarstellungen. Auch die Ästhetisierung des Verfalls, die in der Wertschätzung alter Ruinen oder im Bau neuer künstlicher Ruinen zum Ausdruck kam, war im Laufe des 19. Jahrhunderts zu einer Masche geworden, in der Geschichtlichkeit simuliert wurde – Ruinen, so schrieb einmal der Philosoph Ludwig Giesz, seien die Gartenzwerge der Parklandschaften geworden. Von ihm stammt auch die häufig zitierte Definition, nach der Kitsch vor allem ein »Gerührtsein über die eigene Rührung« erzeuge.

Doch ist Selbstbezüglichkeit nicht die Grundlage eines jeden Gefühls? Der Neurowissenschaftler António Damásio von der University of Southern California ist der Ansicht, die Bewusstwerdung von eigenen Gefühlen stelle eine herausragende Errungenschaft der Evolution dar und unterscheide uns von Tieren. Auch könne ein Mensch gar nicht anders, als ein Gefühl zu aktivieren, um andere Gefühle zu erkennen. So wie in der Kunsttheorie eine strikte Trennung herrscht zwischen dem einzigartigen Kunstwerk und seinen Reproduktionen, ist unter den Kämpfern gegen den Kitsch die Vorstellung verbreitet, es gebe ein einmaliges Fühlen, das nicht wiederholbar sei. Was aber, wenn man ein berühmtes Kunstwerk wie *La Gioconda (Mona Lisa)* nach Jahren wieder sieht? Ist das Erlebnis dann nicht auch eine Wiederholung jener Empfindung, die sich bei der ersten Betrachtung des Kunstwerks eingestellt hat? So kann ein Kitschprodukt eine ähnlich intensive emotionale Wirkung entfalten wie die Reproduktion eines berühmten Kunstwerkes. Die Kulturindustrie konnte mit ihren Produkten Gefühle und Sehnsüchte nicht nur bedienen, sondern selbst erzeugen. Im Rückblick erscheinen diese Produkte dann als Ausdruck der eigenen Persönlichkeit, werden quasi personalisiert; was der Mensch als ureigenstes Gefühl, als einzigartige Erinnerung wahrnimmt, war oft nur ein Produkt der Mode, ein Massen- und Generationenphänomen.

»Kitsch – ein unerlaubtes Glück«

titelte die Musikwissenschaftlerin Beate Kutschke im Hinblick auf Adornos Schriften – auch Adorno durfte man seinerzeit zu den Anti-Kitsch-Kämpfern zählen. Verbote reizen stets zur Übertretung. Und sind vielleicht die vielen Ermahnungen, Kitsch zu vermeiden, doch nicht so spurlos an der Mehrheit vorbeigegangen, wenn auch als Negativ? Ist vielleicht das Bekenntnis zum Kitsch mittlerweile auch eine Art der Subversion, des Widerstands gegen die intellektuellen Eliten, eine Revolte des Gefühls gegen Wissenschaft und Vernunft? Das Bekenntnis zur Gefühligkeit, zum Übersüßten und Grellbunten kann etwas Befreiendes haben, kann als Akt des Protests verstanden werden gegen eine als unsinnlich empfundene Leitkultur, möglicherweise sogar als Revanche gegen die Ausweitung und Intellektualisierung des Kunstbegriffs, die die Avantgarden seit über hundert Jahren betreiben. Zugleich bietet sich der Kitsch als erschwingliche Wohlfühlzone an in unserer kalten, verwalteten Welt. Der Genuss eines Liebesfilms im Kino, das Betrachten des Sonnenuntergangs im Urlaub, musikalische Erinnerungen an Kindheit oder verflossene Liebschaften – all das kann man auf dem Kontinent des Sentiments hemmungslos ausleben. Düfte, Gerüche, Lieblingsgerichte: die ganze Weihnachtszubehörindustrie lebt von sehnsüchtigen Erinnerungen an eine glückliche Kindheit. Manchmal dient sogar eine technische Neuerung der Nostalgie, etwa die Smartphone-App *Retrica*, die u. a. Filter namens *Polaroid* oder *80s* enthält. Ähnlich beliebt sind entsprechende Filter wie *1977* bei Nutzern der Fotoplattform *Instagram*. So lassen sich neue digitale Bilder mit einer gelbstichigen Patina versehen oder als 1970er-Polaroids verkleiden. Trotzdem können diese Tricks das vergilbte Fotopapier in der Hand nicht ersetzen. Der Germanist Christos Asteria nannte dieses Phänomen einmal »Instalgia«: In dem Augenblick, in dem die Kamera ein Motiv aufnimmt, erzeugt sie auch automatisch Trauer um seine Unwiederbringlichkeit. Der Veralterungsfilter drückt dieses Dilemma aus.

Zum Fundus der Erinnerungen an eine wohlbehütete Kindheit und Heimat gehören die Märchen. Seit einigen Jahren haben große US-Fernsehsender und Hollywood-Regisseure dieses Genre wiederentdeckt, einerseits, um eine mittlerweile erwachsene Zielgruppe anzusprechen, andererseits, um sogenannte All-Ages-Unterhaltungsprodukte für ein möglichst breites Publikum anzubieten. Der Märchenboom war auch deshalb so erfolgreich, weil sich die Regisseure stark vom ursprünglichen Kontext lösten und Filme präsentierten, die einen wilden Mix aus Märchen, Fantasy-, Action- und Horrorgenre darstellten. 2011 hatten zwei große US-Fernsehsender parallel Serien gestartet, die auf der Basis von Grimms Märchen angelegt waren. Während NBC mit *Grimm* eine Horrorfantasy-Crime-Serie anbot, bediente ABCs *Once Upon a Time* eher das Bedürfnis nach Gefühl und Humor. In *Grimm* hat der Ermittler Nick Burkhardt die Gabe, mörderische grimmsche Märchenfiguren zu erkennen, die sich in menschlicher Gestalt verborgen haben und allerhand Verbrechen verüben. Er besitzt diese Fähigkeit, weil er selbst ein Nachfahre der Gebrüder Grimm ist. *Once Upon a Time* spielt in einem kleinen Ort namens Storybrooke. Alle dortigen Bewohner waren früher einmal Märchenfiguren. Infolge eines Fluchs hatten sie jedoch die Märchenwelt verlassen müssen und waren dazu verurteilt, wie Menschen in einer amerikanischen Kleinstadt weiterzuleben. Eine interessante Verkehrung von Fiktion und Realität: Nicht die Menschen flüchten sich in die Fantasiewelt der Märchen, sondern die Märchenfiguren werden zu ihrem Leidwesen in die Menschenwelt versetzt. Der amerikanische Alltag erscheint hier als Strafkolonie, *Nightmare on Main Street*. Gründlicher kann man den amerikanischen Traum nicht entzaubern. Handelt es sich womöglich um eine Gesellschaftskritik aus romantischer Perspektive? Geäußert von US-Fernsehproduzenten? Man mag es kaum glauben.

Die Renaissance der Märchen hat jedenfalls in den letzten Jahren einer ganzen Reihe von großen Stars wie Julia Roberts, Jeremy Renner, Amanda Seyfried oder Angelina Jolie Hauptrollen als Märchenfiguren verschafft, in technisch aufgemotzten Varianten von Rotkäppchen (*Red Riding Hood – Unter dem Wolfsmond*), Schneewittchen (*Snow White and the Huntsman*), Dornröschen (*Maleficent*) und Hänsel und Gretel (*Hansel & Gretel – Witch Hunters*). Insgesamt bilden Märchen aber nur den kleineren Teil einer Kulturproduktion, die unter dem Oberbegriff »Fantasy« gewaltige Umsätze erwirtschaftet. In der Regel geht es hier um Geschichten, die in spektakulären, naturwüchsigen Landschaften und in einer undefinierbaren vormodernen Epoche spielen. Fantasy-Geschichten geben im Grunde ein intensiviertes Leben wieder, auf allen Ebenen: Liebe, Schicksal, Überlebenskampf, klare Fronten zwischen Gut und Böse. Bücher und ihre Verfilmungen, Comics, Spielzeug, Kostüme und Computerspiele, die um Stoffe wie *Herr der Ringe*, *Harry Potter* oder *Game of Thrones* kreisen, unterhalten (z. T. schon seit Jahrzehnten) ein Millionenpublikum. Landschaften und Orte, die Fantasy-Schauplätzen ähneln, werden zu Touristenzielen. Andere können damit renommieren, Drehort gewesen zu sein, wie etwa das kroatische Dubrovnik und die marokkanische Hafenstadt Essaouira für *Game of Thrones* oder die Neuseeländischen Alpen für *Herr der Ringe*. Ehrfurchtsvoll wird man noch heute auf das Café *The Elephant House* in Edinburgh hingewiesen, wo das einstige Aschenputtel Joanne K. Rowling saß, damals noch Sozialhilfeempfängerin, um an ihrem Roman *Harry Potter und der Stein der Weisen* zu schreiben. Mehrfach lehnten Verlage das Manuskript ab, schließlich erschien das Buch 1997 mit einer Startauflage von fünfhundert Exemplaren – dann begann der kometenhafte Aufstieg der Autorin. Auch dies ist inzwischen eine Märchengeschichte.

Mittlerweile, in der heutigen Epoche der Dauerironie, ist der Kampf zwischen Kitsch und Kunst vorbei, längst gibt es eine Synthese beider Antipoden, doch wer hat in dieser Verbindung Oberwasser? Schlechter Geschmack manifestiert sich heute weithin »ungestraft« als Heimat-, Ethno-, Fantasy- oder Folklorekitsch, als sentimentaler Kitsch, Devotionalienkitsch, im bewusst billigen Design (»Trash«) ebenso wie im bewusst billig wirkenden überteuerten Design (»Bling Bling«) oder in demonstrativer Material- und Ressourcenverschwendung, die in Super-Size-Objekten zum Ausdruck kommt. Mit dem ironischen Bekenntnis zu Kitsch und Trash schlägt der Zeitgenosse zwei Fliegen mit einer Klappe, erfüllt sich zwei Bedürfnisse gleichzeitig: Einerseits ruht er sich im Kitsch von gewissen anstrengenden ästhetischen und intellektuellen Zumutungen der Hochkultur aus, die trotz der Synthese von High und Low noch weiter fortwirken, andererseits kann er sich dabei als hochintelligenter Ironiker tarnen. Die Ironie wird zur puren Geste, dahinter verbirgt sich das Schwelgen im Sentiment. Und dies betrifft die Sphäre der Massenkultur mittlerweile genauso wie die der Hochkultur. Der Kunsthistoriker Jörg Scheller hat unsere Zeit deshalb in die »Epoche des High Trash« umbenannt und präzisiert: »Der Begriff ›High Trash‹ bezeichnet weniger den Sieg des Kitsches als vielmehr die Aufwertung des Abseitigen, Subkulturellen, Provokativen – also grob des Gegenkulturellen – hin zu einer Form der offiziellen, als wichtig, richtig und gehaltvoll erachteten Kultur. Was mich besorgt, ist der Trend zum Trash als Herrschaftsstrategie, etwa bei Berlusconi und Putin.« Als High Trash par excellence darf wohl die Kunst von Jeff Koons gelten, einem der erfolgreichsten Künstler heutzutage. Seine auf Übergröße gebrachten Nippes-Figuren in

Edelmetallausführung mit Hochglanzlackierung sind sehr beliebt bei den Auktionshäusern, Oligarchen und Neureichen dieser Welt. Der österreichische Philosoph Konrad Paul Liessmann erklärt sich die Karriere, die der Kitsch im Kunstdiskurs gemacht hat, damit, dass der verlogene Kitsch den Konsumenten unterschiedlicher Couleur gleichermaßen als »wahrhaftig« erscheine: »Das kann das Massenpublikum genauso sein, das sich daran erfreut, weil es die Strategie der Verlogenheit nicht durchschaut, wie der Intellektuelle oder Sammler, der sich daran erfreut, weil er sie durchschaut.« So gilt laut Liessmann das Paradox:

> »(…) je kitschiger der Kitsch ist, je wahrer er in seiner Verlogenheit in Erscheinung tritt, umso besser.«

Kunst

»Ich mag Kunst nicht mehr, seit Christoph Schlingensief tot ist. Nicht, dass seine Kunst bahnbrechend anders und neu und inhaltlich so stark gewesen wäre. Aber irgendwie hat das spektakuläre Gesamtpaket gestimmt und mich erfreut und berührt. Ich mag die Selbsterfahrung (darin kann ich manche Künstler gut verstehen), nicht die Zweite-Hand-Erfahrung durch ein Kunstwerk, *das mir etwas mitteilen soll. Auch eine inszenierte Abwesenheit soll mir etwas mitteilen. Und das ist alles so nervig ... und vor allem so blutarm.«*

Den Überdruss und die Ermüdungserscheinungen eines urbanen Kunstpublikums bringt hier die Berliner Boxtrainerin und Mediendesignerin Lara Stjepanovic stellvertretend zur Sprache. Wie der Tourismus ist auch der Kunstmarkt eine wichtige Säule der Authentizitätsindustrie. Mittlerweile hat der Kunstmarkt seinen Eventkalender und seine Ausstellungsflächen erheblich erweitert, Kunstbetrieb und Tourismus sind heute eng miteinander verflochten. Am Kunstmarkt wird vornehmlich mit Sozialprestige gehandelt, doch die Kunstsammler und Ausstellungsbesucher treibt vor allem die Sehnsucht nach authentischen Begegnungen mit Kunst und Künstlern um. Wenn es so etwas gibt wie eine Krise der kommerzialisierten Romantik, dann wird sie hier am deutlichsten: Der Kunstmarkt floriert zwar, Kunst ist allgegenwärtig – aber die Produkte dieses Zweiges der Authentizitätsindustrie überzeugen immer seltener. Erschüttert und überwältigt liest und hört man von Millionensummen, die für ein Kunstwerk bezahlt wurden. Doch die Quelle dieses Staunens ist nicht mehr die schöne Kunst, sondern das viele Geld. Auf dem Höhepunkt ihres Wachstums befindet sich die Branche in einer Identitätskrise. In Museumsausstellungen, auf Biennalen, Messen und bei Galerie-Rundgängen wirkt heute vieles in seiner Buntheit, in seinem Glamour, in seiner Provokation flach, fad und belanglos. Ist vielleicht dies der Grund dafür, dass sich auch im künstlerischen Schaffen ein Revival der Romantik abzeichnet? Bereits vor einigen Jahren konstatierte der Museumsdirektor Max Hollein:

>*Die Neue Romantik ist Ausdruck einer ambivalenten Sehnsucht nach Intimität und Geborgenheit bei gleichzeitigem Wissen um die Unerfüllbarkeit derselben (...), die Künstler stellen die Sehnsucht nach der Sehnsucht dar.*«

Die Kunstbetriebsprofis fragen sich, wie man das Kunsterlebnis wieder intensivieren kann. Das Dilemma: Kultur- und Kunstfreunde kommen auf der Suche nach einem authentischen Kunsterlebnis ins Museum oder in die Galerie, doch der Kunstkonsum bietet in den allermeisten Fällen nur Erfahrungen aus zweiter Hand. Das Publikum ist zur Passivität verdammt, nicht einmal die Kunstwerke dürfen angefasst werden. Dennoch hält sich die Vorstellung, gerade die Kunst böte die Chance, gegen die Angriffswellen des Virtuellen und Digitalen eine Kultur der Realpräsenz zu verteidigen: Nur wenn man Kunst in natura sehe, könne man sie wirklich verstehen, meint etwa der Schweizer Kunsthistoriker Beat Wyss. Können neue Mitmachmöglichkeiten das Kunsterlebnis wiederbeleben? Zu den interaktiven Optionen zählt ohne Zweifel die Publikumsbeleidigung, die im Theater schon länger erprobt wird, aber noch immer zuverlässig wirkt: Obwohl ja alle wissen, dass es nicht persönlich gemeint ist, zucken jene Zuschauer doch merklich zusammen, die von den Schauspielern ausgewählt wurden, um von der Bühne herab beschimpft zu werden (in früheren Zeiten konnte so etwas durchaus Schlägereien auslösen, doch heute ist das Publikum vollkommen handzahm). Pionier in dieser Disziplin war zweifellos Peter Handke, dessen Sprechstück *Publikumsbeschimpfung* 1966 in Frankfurt am Main uraufgeführt wurde. Auch Klaus Kinski ist als großer Publikumsbeschimpfer in die Kulturgeschichte eingegangen, wenn auch in seinem Fall eher eine Persönlichkeitsstörung als ein ästhetisches Konzept vorlag. Der mittlerweile vom Kunstbetriebsestablishment heftig heiliggesprochene Christoph Schlingensief bemühte sich zu Lebzeiten redlich, in Handkes und Kinskis Fußstapfen zu treten. Unvergessen ist seine *Hamlet*-Inszenierung am Zürcher Schauspielhaus im Jahr 2001, als er dem murrenden Publikum entgegenschleuderte: »Sie sind hier und haben eine Karte bezahlt, um die Klappe zu halten!« Und einer älteren Theaterbesucherin, die daraufhin empört den Saal verließ, rief St. Christophorus hinterher: »Gehen Sie bitte ins Bett und schlafen Sie durch, bis Sie tot sind, das dauert bei Ihnen ohnehin nicht mehr so lange!« Wenn die Kunst farblos bleibt, sorgt wenigstens die Publikumsbeschimpfung für das ersehnte Quantum Authentizität. Aber es gibt noch eine andere Möglichkeit, ein intensives Kunsterlebnis zu erlangen. Theatergänger werden in den letzten Jahren bemerkt

haben, dass selbst mittelmäßige Darbietungen oder gar miss-
ratene Regie-Theater-Experimente mit inflationärem Applaus
bedacht werden. Doch der Beifall richtet sich weniger an die
Schauspieler als an die Applaudierenden selbst: Durch hefti-
ges Klatschen und laute »Bravo«-Rufe lässt sich die Autosuggestion erzeugen, man habe gerade einer großartigen Veranstaltung beigewohnt.

Authentischeres Erleben in der Kunst schien auch immer
dann garantiert, wenn man seine soziale Rolle wechselte und
»fremde Welten« erkundete – dieser Rollentausch wird heute
unter den Motti »Sehgewohnheiten hinterfragen« und »Publi-
kumspartizipation« quasi serienmäßig angeboten. Kuratoren
suchen stets nach ungewöhnlichen Orten für ihre Kunstaus-
stellungen, Performer und Theaterleute drängen in die Öffentlichkeit, am liebsten in soziale Brennpunkte. Der Tausch
ist bei aller Mühe ein Privileg der Mittel- und Oberschichten
geblieben, aus denen sich das mobile Publikum rekrutiert:
Dreadlock-Träger gehen in die Oper, Reiche rocken inkogni-
to im Punkkonzert, Wohlstandsbürger besuchen Laienthea-
teraufführungen in der Favela – und sind begeistert, weil alles so »echt«, so »krass« wirkt. Letztlich bleibt aber die soziale
Schichtung undurchlässig, man vollzieht hier nur die in den
oberen Milieus ohnehin gängigen Rollenwechsel: heute noch
Alternativer, Punk oder Revoluzzer, morgen schon bürgerlich, großbürgerlich oder Millionenerbe. Romantische Kunst
war immer bemüht, beim Betrachter oder Zuhörer intensive
Stimmungen hervorzurufen – die Performancekunst versucht
dies heute auf ihre Weise. Vielleicht ist sie die letzte Chance,
die Kunst zu revitalisieren? Ihr Aufschwung ist kein Zufall,
erhoffen sich Künstler und Betrachter von ihr doch eine Be-
lebung des Kunsterlebnisses jenseits eines materialistischen

Marktgeschehens und jenseits steril gewordener intellektueller Kunst-Diskurse. Performance verspricht Begegnung mit dem echten Leben. Der Performance-Künstler Tino Sehgal erklärt den Erfolg seiner Kunstgattung mit einer »Krise des Museums«, die vom Umstand herrühre, dass die Museen mit ihren kostbaren Exponaten für die gestrigen, produktorientierten Gesellschaften stünden, die Museumsexponate verkörperten demgemäß gespeicherte Arbeit, gespeicherte Zeit. Heute hingegen, erzählt Sehgal gerne bei Symposien, lebten wir in einer »prozessorientierten Gesellschaft«: In der Dienstleistungs- und Kommunikationsökonomie erfolge die Wertschöpfung vornehmlich über soziale Prozesse, und eben dies spiegele sich in der Wertschätzung der Performance und anderer ritueller Formate. Nebenbei bemerkt: Sehgals Performances kann man auch kaufen – man erwirbt eine Lizenz zur Aufführung bestimmter Stücke. Bei der *Art Basel* 2014 konnten die Besucher wie bei einer Jukebox bestimmte Sehgal-Stücke auswählen, die dann von jungen Honorarkräften aufgeführt wurden. Diese Verbindung mit dem Markt stellt die ursprüngliche Intention von Performance oder Body Art auf den Kopf, denn sie hatte sich in den 1960er-/70er-Jahren ja gerade im Fahrwasser einer marktkritischen Geistesströmung verbreitet – die Einmaligkeit und Flüchtigkeit der Situation, der ausführende Künstler als authentisches Medium, all dies gehörte zum Versuch, die Kunst vor dem Kommerz zu retten. Aber das ist lange her.

Neoromantiker verzweifeln daran, dass es heute schier unmöglich scheint, Kunst zu erschaffen, die über das ästhetisch-kommerziell definierte Feld hinausreicht. Ihnen erscheint das Kunstfeld als hermetisch abgeriegelter Raum. Einerlei, was man tut, um politisch zu intervenieren: Der

Kunstmarkt holt die Aktivisten ein und kommerzialisiert seine Requisiten. Bei der letzten Biennale in Venedig ließ der politisch engagierte Chefkurator Texte von Karl Marx vorlesen – für die reichen Sammler und Vernissagengäste war die Performance *Das Kapital-Oratorium* nichts weiter als ein schräger Scherz. Nicht die Kunst wird politisch, sondern im Gegenteil, Relikte und Accessoires des Politischen werden zur Ware: Im White Cube der Galerien und Kunstmessen finden sich regelmäßig Bilder und Objekte, die dem Straßenkampf diverser Rebellionen entlehnt worden sind: nachgebaute Straßensperren, gestürzte Monumentalfiguren, graffiti-besprühte Monumente, ausgebrannte Autowracks. Das Widerständige, das Kritische, das Sozialengagiert-Dokumentarische – längst ist es zu einem lukrativen Genre geworden, das zeigen die vielen Biennalen rund um den Erdball, die documenta-Ausstellungen und selbst die Kunstmessen Art Basel und Art Dubai. Heute sind Streetart und Graffiti beliebte Kunstmarkt-Assets geworden und reihen sich ein in die Tradition einer kommerzialisierten Revolte, die bereits 1968 begann und nacheinander den Punk und den Hip Hop verdaute. In Diktaturen und Bürgerkriegsländern riskieren Künstler hingegen tatsächlich ihr Leben, wenn sie aufbegehren. Vom Westen, von den Metropolen aus wird das politische Engagement hingegen routiniert gepflegt, was zu einer Zweiteilung der Kunstwelt führte: einerseits L'art pour l'art, andererseits politische Mission; einerseits die wert- und werkorientierte Welt der Auktionshäuser, Messen und Privatsammlungen, andererseits die Welt der intellektuellen Kuratoren, die mit ihren klugen Thesenausstellungen und sozial-, gender- und ideologiekritischen Theoriepostulaten die Biennalen und periodischen Großausstellungen dominieren. Die Performance gilt in diesem Zusammenhang als aktivistische Allzweck- und Wunderwaffe. Joanna Warsza, Kuratorin der *Berlin-Biennale* 2012 sprach etwa davon, dass Demokratie erst dann verwirklicht sei, wenn sie in kollektiven Aktionen erfahrbar werde:

> *»Wir setzen Performativität als Mittel ein und treten der gängigen Ansicht entgegen, alles, was im Kunstraum stattfindet, sei per Definition fake und ohne Wirkung.«*

Mittlerweile hat sich ein regelrechter Biennalenzirkus etabliert. Eine Kunstkaravane gutmeinender sozial Engagierter und politisch Ambitionierter zieht immerfort um den Globus, immer ist irgendwo eine *documenta, Manifesta, Biennale, Triennale* oder *Quadriennale*, stets stehen Symposien und Workshops an, kritische Panels oder *Artists' Residencies* sind zu besetzen. Hinzu kommt ein Phänomen, das unter dem Begriff *»Glomanticism«* bekannt geworden ist, die zeitgemäße Version eines schwärmerischen Exotismus, dem schon die klassische Moderne huldigte: die romantische Vorstellung heutiger Künstler, Kritiker und Kuratoren, es gebe irgendwo auf der Welt noch ursprüngliche, eigenständige Kulturen, die dem westlichen Way of Life Widerstand leisteten. Doch wer soll das sein? Noch unentdeckte Indigene im Amazonasgebiet? Graffiti-Künstler in afrikanischen Townships? Oder etwa all die antiwestlichen, antiamerikanischen Mullahs, Popen und Despoten Asiens? Tatsächlich dominiert im Kunstgeschehen schon längst eine Hybridkultur aus verschiedenen Kulturen und Weltregionen. Selbst die Despotien Russlands, Chinas und des Nahen Ostens nutzen den erweiterten Kunstbegriff auf ihre Weise und schmücken sich mit Museen und

Messen. Die ehemalige westliche Hegemonialkultur hat Stilelemente, einzelne Künstler und Themen der außereuropäischen Welt längst integriert. Noch bestimmt sie dank ihres historischen Vorsprungs mit ihren Institutionen das globale Kunstgeschehen, doch Mächte wie China arbeiten längst daran, einen Kunstbetrieb eigener Prägung zu etablieren, aus dem dann eines Tages der Westen ausgesperrt wird. Die Visionen einer freien außereuropäischen Kunst sind nur noch verblassende Visionen jener »Edlen Wilden«, die einstmals in der Klassischen Moderne verehrt wurden. So ist im postkolonialen Kunstdiskurs die Enttäuschung vorprogrammiert. Und dann geht es manchem wie dem »Guru der Traurigkeit«, dem französischen Autor Michel Houellebecq, der bekennt:

»Die Kunst kann das Leben nicht verändern. Auf jeden Fall nicht mein Leben.«

Einerseits lebt das Erbe der Romantik also in verkitscht-disneyfizierter Form in der kommerziellen Populärkultur fort, andererseits findet man Spuren der Romantik durchaus auch in der zeitgenössischen Kunst, oftmals verborgen hinter einer ironischen oder ideologischen Maskierung. Vor allem aber wirken im Selbstbild der Gegenwartskünstler, in ihrem Ringen um Identität wesentliche Elemente und ungelöste Konflikte des romantischen Denkens fort: Weltschmerz und Weltflucht, Fernweh und Heimweh, Eskapismus und Einkapselung, Selbstzweifel und grandiose Visionen. Und wenn Künstler oder Kuratoren dann demonstrativ eine politische Position beziehen, so ist das oftmals auch ein Ausweichen vor eigenen existenziellen Problemen. Die Angst vor dem Scheitern oder die Einsicht, das Publikum mit dem eigenen künstlerischen Weg nicht erreichen, nicht berühren zu können, lässt manche in die Arme einer großen Ideologie oder Philosophie flüchten. Die Idee vom »Tod des Autors« spendet nun Trost, und mit dem politischen Engagement rettet sich das angeschlagene Ego in einen sicheren Hafen. Alles dies ist ein Aufbegehren gegen die Erkenntnis, dass man als Künstler oder Intellektueller zwar frei, aber auch der Gunst des Publikums vollkommen ausgeliefert ist – eine Lage, in der stolze Souveränität und kleinhaltende Kläglichkeit untrennbar miteinander verbunden sind. So kehrt sich die einstige romantische Frage »Kann die Kunst die Welt retten?« heute in ihr Gegenteil: Kann die Welt die Kunst retten?

Idylle

*»Wenn ich auf Lanai bin, gibt es für mich nur zwei Daseins-
formen: Entweder falle ich in den Tüftler-Modus und denke über die Anlage von Wasserreservoirs und Meerwasser-
entsalzungsanlagen, über das Design meiner neuen Hotels
nach – oder ich bin im Entspannungsmodus am Hulopoe
Beach, gehe schwimmen oder lasse mich auf dem Paddle
Board treiben, umgeben von hundert Delfinen.«*

Wie wäre es, genau wie Larry Ellison jeden Abend nach dem
Wellenreiten mit Delfin-Eskorte am eigenen Strand den Sonnenuntergang beobachten zu können? Und sich danach mit
einem guten Drink ins rundumverglaste Strandhaus zu setzen, wo das Kaminfeuer schon prasselt? Und das alles ganz
ohne Touristen und lästige Nachbarn! Die Superreichen
haben die Mittel, diesen Traum wahr werden zu lassen. Im
Herbst 2014 kaufte Mark Zuckerberg für hundert Millionen
Dollar einige Quadratkilometer der Hawaii-Insel Kauai als
private beach getaway«. Ellison, Mitbegründer des Soft-
warekonzerns Oracle, hatte zwei Jahre zuvor im gleichen
Archipel für etwa eine halbe Milliarde die komplette Insel
Lanai erworben. Bis auf ein paar wenige Grundstücke und
Geschäfte gehört ihm dort alles. Der *New York Times* erzählte er von seinem Plan, aus der ehemaligen Ananas-Mo-
nokultur ein ökologisches Paradies zu machen.

Auf Inselverkäufe spezialisierte Makler und Internetanbieter breiten mittlerweile ein umfangreiches Angebot aus, und so manches Schnäppchen unter einer Viertelmillion Dollar ist auch dabei – allerdings muss man sich die Romantik in vielen Fällen durch Autosuggestion herbeizaubern. Außerdem gibt es höchst unromantische Gefahren zu bedenken: Stürme, Dauerregen, Dürren, Überflutungen, Unruhen und Bürgerkriege können plötzliche Landverluste oder sogar Enteignungen nach sich ziehen. Zudem steigt der Meeresspiegel als Folge des Klimawandels. Die sicherere Alternative zum Eigentumseiland ist die Jacht, die mobile Trauminsel. Russische Oligarchen, arabische und westliche Superreiche haben hier bereits stilbildend gewirkt. Stets in Sichtweite der schönsten und teuersten Orte der Welt und unter den Augen eines bewundernden Publikums ankernd, stets bereit, bei Gefahren unverzüglich abzulegen, und dem Besitzer die Gelegenheit gebend, sich höchstpersönlich nach den eigenen Kontoständen im nächstgelegenen Steuerparadies zu erkundigen. Die Jacht ist nicht nur zum Symbol individuellen Reichtums geworden, sondern auch zum hochmobilen Dauerwohnsitz, zum ständig bereiten Fluchtfahrzeug des notorischen Steuerhinterziehers. Der Oligarch ist immer auf dem Sprung, zur nächsten Party, nächsten Regatta, nächsten Kunstbiennale. Sein Offshore-Lebensstil mit permanentem Sunset rund um den Globus – ist das die Neuauflage des romantischen Piratenwesens vergangener Zeiten?

Postmoderne Piraten mögen »Made in Germany«: Die Bremer Werft Lürssen lieferte kürzlich die *Quantum blue* aus: Vier Decks, ein Dutzend Suiten, integrierter Riesenpool und Hubschrauberlandeplatz überzeugten einen nicht namentlich bekannten Kunden, der sofort unter der Flagge der Cayman Islands die Anker lichten ließ. Im Sommer 2015 hatten die deutschen Schiffbauer zwanzig Superjachten im Wert von dreieinhalb Milliarden Euro in den Auftragsbüchern. »Der Markt wächst, die Perspektiven sind ausgezeichnet«, jubelte der Branchenverband der deutschen Werften. Ob Traumstrand oder Traumschiff – die Idylle als irdisches Paradies, als Traumziel, als künstlerische Gattung ist wesentlich älter und zugleich langlebiger als die Epoche der Romantik, doch das Idyllische gilt geradezu als Verkörperung romantischer Haltungen. Gerade in unseren Zeiten schießt die Nachfrage nach Idyllen aller Art durch die Decke. Die Idylle ermöglicht die Flucht aus der komplexen und oftmals schrecklichen Wirklichkeit. In ihr manifestiert sich die Sehnsucht nach der schönen Natur, nach einer heimatlichen Welt, nach einer anheimelnden Gemeinschaft. Die Sehnsucht nach Vollkommenheit und Geborgenheit kann auch als Ansporn dienen, selbst etwas Idyllisches zu schaffen: ein warmes Nest, einen paradiesischen Garten, einen exklusiven Ort, einen Club nur für ganz bestimmte Mitglieder. So sucht auch der vor der Küste ankernde Oligarch nur eine Heimat für sich und sein Geld. Ob er an Bord glücklich wird? Oder muss er immer weiter, auch wenn es noch so schön ist, weil ihn seine Jacht zum Nomadendasein zwingt? Ankerte er zu lange an einem Ort, entstünden schnell Risiken und Gerüchte, die ihm nicht gefallen würden, und so heißt es wieder Flagge setzen und in See stechen.

Wer sich weder Insel noch Jacht leisten kann, träumt wenigstens vom bodenständigen Eigenheimidyll. In den 1920er-Jahren kam in den USA der Trend auf, vorstädtische Areale für den Bau von Einfamilienhäusern zu erschließen. Einzelgebäude mit Garagen, vor denen samstags Familienväter ihre

Autos waschen, gepflegte Rasenflächen mit spielenden Kindern, ruhige Zufahrtsstraßen, die von Bäumen gesäumt werden – ein Wunschbild, das immer wieder von der Realität überholt wurde, wenn etwa neue, ungebetene Zuzügler in diesen Vororten eintrafen oder wenn deren eingesessene Einwohner ihre Arbeit verloren und ihre Hauskredite nicht mehr abzahlen konnten. Um den Traum von Suburbia weiterträumen zu können, musste man dann wieder umziehen, in andere, neue Vororte. Dieser Lebensstil war durch die Massenmotorisierung möglich geworden und war ursprünglich als Fluchtbewegung aus den chaotischen Städten zu verstehen. Großstadt – das bedeutete soziale Unruhe, politische Konflikte, Heterogenität. Der Vorort, den man abgeschottet im eigenen Pkw ansteuerte, verhieß hingegen Ruhe, Ordnung, homogene Nachbarschaft. Ursprünglich hatten die amerikanischen Architekten sogar im Sinn, für jedes Haus so viel Gartenland einzuplanen, dass sich die Bewohner im Krisenfall daraus selbst ernähren könnten. Bis heute ist das amerikanische Vorbild des *suburban sprawl* weltweit verbreitet, auch in den europäischen Ländern, wo es gar nicht genug Platz dafür gibt. Die Sehnsucht nach dem hübschen Häuschen im Grünen hat überall dazu geführt, dass die Innenstädte verödeten, die Landschaft flächendeckend zersiedelt und von Autostraßen zerstückelt wurde. Für den Traum von der Vorstadtidylle opferte man die Stadt und die Landschaft und machte beide zu Unorten, denn selbst das perfektionierte Vorstadtleben bringt keine Erlösung: Wie oft herrschen dort kulturlose Ödnis, Langeweile, Einsamkeit. Die Reaktionen auf diesen autogerechten Alltag, der sich zwischen Tiefgarage, Büro, Autobahnzubringer, Einkaufszentren und sterilen Vorortsiedlungen abspielt, sind vielfältig. Mancher reagiert mit Flucht, mancher igelt sich völlig ein. Manche müssen ständig verreisen und brechen jedes Wochenende eilig auf, um mit dem Auto ins Grüne zu fahren, oder sie buchen Flugreisen an südliche Küsten – immer auf der Suche nach Natur, Weite, Landschaft, Schönheit, Authentizität. Und gerade durch die verzweifelte Suche zerstört der rastlose Tourist die Ziele seiner Sehnsucht: noch mehr Autoverkehr, noch mehr Fluglärm, Schadstoffausstoß, noch mehr Hotelneubauten, Golfplätze, Appartementblöcke an den Küsten. Auf diese Weise rückt das Paradies in immer weitere Ferne. Parallel sucht man die Idylle im Häuslichen. Allenthalben werden in der Inneneinrichtung, Gartengestaltung und im Design Trends ausgerufen wie: »Die neue Romantik« und »Shabby Chic«, »Modern Country« und »Bohemian Style«.

»Ein Zuhause im Pastellzauber«

verspricht die Firma *Westwing Home & Living* ihren Kunden, und ihre »zum Verlieben schöne« Produktlinie *Neue Romantik* überzieht Möbel und Vorhänge mit einem traumhaften Weiß, mit floralen Mustern und zartem Rosé. All diese Trends sind keineswegs innovativ, sondern kommerzielle Dauerbrenner bzw. endlose Wiederholungen. Zum »Bohemian Style« etwa gehören Flohmarktmöbel, Fundsachen, alte Fotos, bisweilen liebevoll arrangiert »zu Stillleben voller Geschichten, Anmut und Persönlichkeit«, wie die *Schöner-Wohnen*-Presse souffliert – Surrogate für eine Geschichte, die man selbst gar nicht erlebt hat. Landhaus-Romantik oder »Modern Country« kombiniert rustikalen Chic mit modernem Lebensgefühl. So werden Alphütten und verlassene Tessiner Rustici saniert und mit moderner Haustechnik ausgestattet: äußerlich einfachstes Landleben, innerlich »loaded«. Etwa mit neuester Kaminfeuertechnik, wobei der urbane Mensch eine Überdosis Gemütlichkeit vermeidet, indem er ein eher modernistisch-kühles Ofendesign auswählt. Wer sich den echten Kamin nicht leisten kann, wählt elektrisches Feuer, mit ein wenig Autosuggestion lässt sich das vorgetäuschte Glimmen und Flackern für echt halten. Und schließlich sind da noch die preiswerten Kaminfeuer-DVDs in HD-Qualität. Filme von echtem Feuer, das den Romantiker den gesamten Abend über auf dem Flatscreen begleitet. Einige dieser Produkte bieten neben diversen »echten« Feuergeräuschen weitere Tonspuren mit bewegender Musikuntermalung, wahlweise aus den Sparten Country, griechische Gitarrenmusik, Klavier- oder Weihnachtsmusik. Wie schön!

Im Zentrum der häuslichen Idylle stand früher das Sofa, meistens mit Schonbezügen bedeckt und nur hohen Gästen am Sonntagnachmittag vorbehalten. Auf diese Weise hielt ein Sofa locker eine Generation, zumal die Arbeitszeiten derart lang waren, dass man wenig Gelegenheit hatte, die Couch am Feierabend durchzusitzen. Ganz anders heute, wo ausladende Sitz- und Liegelandschaften in Mode gekommen sind, auf denen man nicht nur Nickerchen halten kann, sondern auch seine Social-Media-Profile aktualisiert, Onlineshopping oder Partnersuche betreibt oder gar – man glaubt es kaum – arbeitet! Nach dem sitzenden Lebensstil im Fernsehsessel, Auto und Büro scheint der liegende Lebensstil lässiger Lounge-Logierer im Kommen zu sein. Ist die Couch dabei, zum Epizentrum unseres Lebens zu werden? Das wäre mal eine These für eine soziologische Doktorarbeit oder ein Themenvorschlag für Plasberg, Anne Will o. Ä. Doch bleiben wir auf dem Teppich. Denn Neobiedermeier und Neue Gemütlichkeit finden nicht nur in der Sofalandschaft ihren Ausdruck, sondern eben auch in der Renaissance des traditionsreichen textilen Bodenbelags. Waren jahrelang polierte Holzböden oder gar kühle Estriche en vogue, reift nun das Bedürfnis nach weichen Oberflächen im Eigenheim heran. Auch hier hat der Vintagelook Akzente gesetzt, beispielsweise mit den hochpreisigen Erzeugnissen von Jan Kath. Dem Bochumer gelang es, das verstaubte Image des klassischen Perserteppichs radikal zu verjüngen – in der Produktlinie *Erased Heritage* präsentiert er hochwertige neue Teppiche mit traditionellen Mustern, die gleichzeitig abgenutzt und entfärbt wirken. Am Computer werden fragmentierte Muster entworfen, die von den Knüpfern in Indien dann akribisch umgesetzt werden. *Ausradiertes Erbe*: Es entstehen auf diese Weise neue Teppiche, die aber aussehen, als hätten sie eine lange Geschichte hinter sich – Beschädigungen, starke Nutzungen, Weiterverkäufe, verschiedene Vorbesitzer. Der neue Besitzer kann sich mit dieser Geschichtssimulation schmücken, erkauft sich damit ein authentisches Wohngefühl.

»Dein Heim – dein Ich!«,

erklärt die Branche. Eine ganze Industrie lebt vom Wunsch nach einem komfortablen Zuhause – von Heimwerkermärkten, Innenarchitekten, *Schöner-Wohnen*-Redakteuren bis hin zum Feng-Shui-Experten, der durch die richtige Platzierung der Möbel, die Wahl der Farben und Deko-Objekte positive Energieströme zu erzeugen vermag, die Wohlbefinden (und Wohlstand) derjenigen Bewohner mehren, die fest daran glauben. Die Idee, im völligen Einklang mit seiner Umgebung zu leben, die Wohnung und Inneneinrichtung gar als eine Art erweitertes Selbst zu betrachten, verlangt heutigen Wohnungsbesitzern und Mietern Einiges ab. Erinnerungsstücke, Fetische, selbstfabrizierte Deko-Objekte, Kunst – viele spinnen sich einen Kokon mithilfe gesammelter Gegenstände. Im Extremfall, wenn der Sammeleifer überhandnimmt und nahezu jedem Objekt eine persönliche Bedeutung zugewiesen wird, erweist sich der Kokon als Falle, in der sich eine anfangs noch putzige Raupe zum garstigen Messie verwandelt. Ein anderer, ein traditioneller Kokon ist der Hobbykeller, wo Werkzeuge und Materialien gehortet werden können, oder der Garten, wo es immer etwas zu tun gibt. Der Hobbykeller im Eigenheim, die Bastlergarage im Hof oder der Schuppen im Garten sind traditionelle Fluchtorte des Mannes, Miniaturausgaben von Fabrik und Werkstatt, Idyllen wohlgeordneter Werkzeuge und Materialvorräte, wo er ungestört von Frau und Familie Maschinen bedienen, Lärm und Schmutz erzeugen kann. Letztlich dienen diese Bastlerparadiese dem Training des handwerklichen Könnens und führen u. U. sogar zur Anmeldung neuer Patente. Leider scheint diese Idylle heute vor allem im jungen, urbanen Milieu seltener zu werden, ein mobiler Lebensstil und die Aufweichung traditioneller Geschlechterrollen tragen dazu bei.

Ist die Bastelwut noch immer eine Domäne der Männer, wird das Gärtnern auch von Frauen mit Passion betrieben, vor allem um der bleiernen Langeweile im Vororteigenheim zu entkommen. Auch in der Gartenkunst spiegeln sich der heutige Individualismus und die Vintage-Welle. Waren die deutschen Gärten in den 1970ern noch von konformistischen Rasenflächen, Fichtenbesatz, Koniferenhecken und Waschbetonplatten geprägt, gibt es heute Firmen wie die Hamburger Baumschule Lorenz von Ehren, die sich auf den Verkauf von seltenen Pflanzen und großen, alten Bäumen spezialisiert haben. Dort kann man zweihundertjährige Eiben aus Schlossgärten bestellen oder sich hohe Schwarzkiefern einpflanzen lassen, auf diese Weise kauft man dem eigenen Anwesen eine historische Aura. Im Garten gibt es immer etwas zu tun. Zum Glück! Der Garten verleiht dem Alltag im Vorort oder im Vorruhestand Halt, liefert einen gewichtigen Grund aufzustehen, denn da ist ständig etwas zu mähen, schneiden, pflanzen, umzutopfen, vom Gartenbaumarkt zu holen; da ist ständig ein neuer Anbau, ein Schuppen, eine neue Markise fällig. Vor allem in Krisenzeiten, in Phasen freiwilliger oder unfreiwilliger Abwesenheit vom Arbeitsmarkt scheint der Mensch zu derartigen Aktivitäten zu neigen. Zudem ist die Liebe zum Selbstversorgergarten eine Reaktion auf wirtschaftliche Krisen und unsichere Zukunftsaussichten. Selbst die jüngeren Milieus haben den großstädtischen Gartenbau auf Brachland, Restflächen und in Schrebergartenkolonien wiederentdeckt und pflegen »urban gardening« als sozialen Event, während sich ihre Eltern in Suburbia individuell mit dem Garten befassen müssen. Da hat man dann wenigstens seine Ruhe, könnte man denken – wenn nur die nervigen Nachbarn nicht wären, mit ihren Rasenmähern, Laubbläsern und Motorsensen, von denen immer mindestens ein Gerät im Einsatz ist!

Ob im Haushalt oder im Betrieb – wir werden überall mit industriell produzierten Dingen oder Programmen konfrontiert: mit elektronischen Geräten, Werkzeugen, Bauteilen, die sich nicht selbst reparieren lassen, die rasch veralten und nach immer neuen Updates rufen, weil sie sonst nicht mehr kompatibel mit anderen Elementen sind. Selbst Handwerker und Künstler leiden darunter, Werkzeuge und Materialien nicht mehr selbst verändern, anpassen oder mit ihnen improvisieren zu können. Es dominieren stattdessen Wegwerfprodukte, es herrscht permanenter Entwertungsdruck durch unaufhörliche Innovationen. Nur noch passgenaue, nachzubestellende Produkte werden verkauft, es sind »sterilisierte Objekte«, deren Betriebsgeheimnis beim Hersteller verbleibt. Doch eine Gegenbewegung ist nicht mehr zu übersehen: das Selbermachen und Selbstreparieren. Exzessives Basteln und Frickeln hat längst nicht mehr die Ausstrahlung von Eigenbrötelei und Versponnenheit, sondern wird wieder zur trendigen und sozialen Angelegenheit – befeuert durch unzählige Gebrauchsanweisungen, Blogs und Demonstrationsvideos im Internet. In einigen Städten wurden in letzter Zeit »Reparaturcafés« gegründet, über zweihundert gibt es davon mittlerweile in Deutschland; ehrenamtliche Bastler reparieren dort Haushaltsgegenstände aller Art oder geben Anleitungen dafür. Die Arbeit in heimischen Bastler- und Gärtnerrefugien kann also auch als Reaktion auf die Entkörperlichung in der digitalisierten Arbeits- und Alltagswelt verstanden werden. In diesen Oasen der Handwerklichkeit, des fröhlich-dilettantischen Selbermachens versucht man sich an einer persönlichen Wiederaneignung genormter Massenartikel. Der gleichen Motivation, dem Leiden am sterilen Objekt, entspringt die Liebe zu Flohmarktgegenständen oder natürlichen Fundstücken, wie etwa Schwemmholz, eigentümlichen Wurzeln oder Steinen, mit denen Haus, Hof und Garten gern dekoriert werden.

Zur Konjunktur der häuslichen Idylle trägt auch die Telearbeit bei. Schnelles Internet, Skype, Videokonferenzen und Cloud Computing machen es möglich, viele Arbeiten und

Meetings von zu Hause aus zu erledigen. Einige Unternehmen wie die Deutsche Bank oder die Verwaltung von BMW haben bereits die Erfahrung gemacht, dass Mitarbeiter durchaus motivierter und effektiver arbeiten, wenn sie Ort und Zeit dafür selbst wählen können. Microsoft Deutschland schaffte die Anwesenheitspflicht im Herbst 2014 ab. Viele Mitarbeiter hätten den Wunsch gehabt, so Personalchefin Elke Frank, zu Hause, im Café oder unterwegs zu arbeiten. Daher wurde der »Vertrauensarbeitsort« in einer Betriebsvereinbarung für die rund zweitausendsiebenhundert Mitarbeiter in Deutschland verbindlich festgelegt, und jeder kann ihn frei wählen. Obwohl das mobile und flexible Arbeiten in einer »Easy Economy« allenfalls für Büroarbeiten und Dienstleistungen der digitalen Wirtschaft gilt, beflügelt es den Traum aller Menschen, etwas Lästiges wie »Arbeit« eines Tages komplett von einem schönen Landhaus oder einem coolen Café aus bewältigen zu können. Führende amerikanische Unternehmen der New Economy bemühen sich seit einiger Zeit, für ihre Mitarbeiter Riesenkokons zu spinnen, damit diese nicht mehr zeitaufwendig in die Innenstädte pendeln und sich dort mit Parkplatzproblemen, vollen U-Bahnen oder aggressiven Bettlern abplagen müssen.

In diesem Fall geht man nicht zum Arbeiten nach Hause, hier kommt das Zuhause ins Büro. Besonders gut dafür geeignet sind Kleinstädte im sonnigen Kalifornien, teilweise mit Meerblick und in gehörigem Abstand zu den unübersichtlichen Metropolen. Schon seit 2011 residiert Facebook in Menlo Park in einer burgähnlichen Anlage, von Lagune und Autobahn umgeben. Ein neuer Campus wird derzeit ganz in der Nähe errichtet, bei dem Grünflächen und Gebäude in einer High-Tech-Parklandschaft miteinander verschmelzen: vierhundert Schatten spendende Bäume stehen auf dem Dach, es gibt ein Vogelbrutbiotop und verschlungene Spazierwege für die Mitarbeiter. Nicht weit davon hat Google seinen Firmensitz in Mountain View; auch er wird auf dem schön gelegenen Bayview Campus ausgebaut, wobei blasenähnliche, luftige Gebäudehüllen im Gelände verteilt werden sollen. Die Spezialbusse, die die Mitarbeiter aus San Francisco nach *Googleplex* bringen, sind schon länger ein Ärgernis für die »normalen« Bürger der Stadt. Apple trumpft mit der futuristischen Erweiterung seines Campus in Cupertino auf: 2016 soll ein riesiger Gebäudering in einem Park fertiggestellt werden, der aus der Ferne wie ein gelandetes Raumschiff aussehen soll. Ob das Raumschiff dann die Apple-Family an Bord nehmen wird, wenn es hier auf der Erde zu ungemütlich wird? Ob Google-, Facebook- oder Apple-Mitarbeiter in dieser Idylle harmonisch vereint oder auf besonders perfide Weise manipuliert und ausgebeutet werden, ob sich diese schützenden Kokons eines Tages in Gefängnisse verwandeln werden, wird sich zeigen.

Der Trend zum Einigeln spiegelt sich auch in der Partnerwahl und im Familienleben. Die Neigung, einen Partner im gleichen Milieu zu suchen, ist offenbar stärker geworden. Soziologische Studien zur heutigen Familienbildung haben das Schlagwort aufkommen lassen, die Ehe sei zur »Lebensstilenklave« geworden, die Partner suchten und erwählten einander auf der Basis ähnlicher Haltungen und eines ähnlichen Lebensstils. Das Deutsche Institut für Trend- und Zukunftsforschung konstatiert:

»Es kommt zu einer Gentrifizierung der Gefühle, man bleibt gerne unter sich: Anwalt heiratet Anwältin, Invest-

mentbanker heiratet Investmentbankerin, Chirurg heiratet Chirurgin.«

Romantische Empfindungen kommen also eher auf, wenn man den gleichen Stallgeruch und einen ähnlich hohen Kontostand hat. »Menschen wägen Alternativen ab und sind sich ihres Tauschwertes stets bewusst«, sagt der Familiensoziologe Norbert Schneider, Direktor des Bundesinstituts für Bevölkerungsforschung. Geld, Besitz und Status brächten Partner zusammen und sorgten offenbar auch dafür, dass sie Partner bleiben. Nichts senkte das Scheidungsrisiko so sehr wie gemeinsamer Immobilienbesitz: »Es hat sich immer wieder in Scheidungsstudien gezeigt, dass Ehen mit Kindern und Hauseigentümer seltener geschieden werden als kinderlose Ehen und Ehepaare, die zur Miete wohnen. Und einige Studien zeigen auch, dass das Hauseigentum hier der stärkere Faktor ist«, erläutert der Kölner Soziologieprofessor Michael Wagner. In jedem Fall lässt sich feststellen: Das Modell *Aschenputtel trifft den Prinzen*, der soziale Aufstieg durch Heirat, wird seltener, mittlerweile werden die meisten Ehen und Partnerschaften im gleichen sozialen Milieu geschlossen.

Kinder und Jugendliche fühlen sich laut Umfragen im Kokon der Familie vergleichsweise wohler und sicherer als in der Schule oder Öffentlichkeit. Während es die Jugend in den 1980er-Jahren noch eilig hatte, in die eigene Bude oder in eine Wohngemeinschaft zu ziehen, verlässt die heutige Generation, statistisch betrachtet, das Elternhaus drei bis vier Jahre später. Die neuen Nesthocker ziehen einen verlängerten Aufenthalt im Kinderzimmer dem rauen Leben draußen vor. Vor allem in den krisengeschüttelten südeuropäischen Ländern wächst laut staatlichen Statistiken der Anteil solcherart inaktiver Menschen in der Altersgruppe fünfzehn bis neunundzwanzig. Im Jahr 2013 waren etwa fünf Prozent der jungen Niederländer, aber über zweiundzwanzig Prozent der jungen Italiener bei den Eltern wohnhaft und gingen weder einer Arbeit noch einer Berufsausbildung noch einem Studium nach. Mittlerweile werden sich diese Zahlen kaum verbessert haben. Der Lebensstil der Nesthocker wird als passiv und bildungsfern beschrieben, überdurchschnittlich viel Zeit verbringen die Dauergäste des »Hotels Mama« mit Schlafen, Fernsehen, Computerspiel und Essen. Dieser Trend betrifft aber nicht nur die Länder Süd- und Südosteuropas mit ihren unfassbar hohen Jugendarbeitslosigkeitsquoten, in denen junge Leute sich ohnehin kaum eine eigene Wohnung leisten können, sondern auch reichere Nationen wie die Schweiz. Auch dort stellte das Gottlieb-Duttweiler-Institut in einer Studie fest, dass es Anzeichen für die Ausbreitung eines Nesthocker-Lebensstils in der Altersgruppe der Zwanzig- bis Dreißigjährigen gibt.

»Vom Luxus und Zwang einer verlängerten Jugend«

erzählt diese Studie, vom »Leben im Moratorium«. Während die schnelllebige Arbeitswelt Unsicherheit mit sich bringe und Qualifikationen rasch veralten, biete der Wohlstand und der Immobilienbesitz der Elterngeneration Sicherheit und Kontinuität. Oftmals wirken hier mehrere Faktoren in Kombination: auf der einen Seite überbehütende Eltern oder regelrecht klammernde Alleinerziehende, auf der anderen Seite durch Verwöhnungskultur und Konsumgesellschaft geprägte Kinder, die, statt Miete zu zahlen, ihr Einkommen lieber für ein Auto, Kleidung, Reisen verwenden wollen und sich gerne bekochen lassen. In Japan nennt man diesen Typus wenig schmeichelhaft einen »parasitären Single« (*parasaito shinguru*) und macht ihn für die niedrige Geburtenrate verantwortlich. Manche japanische Stubenhocker ziehen sich völlig in die eigenen vier Wände zurück. Permanent online, führen sie dort eine unkörperliche Existenz in extremis – essen müssen sie allerdings noch immer, ihre Mütter stellen ihnen die Mahlzeiten mit kummervoller Miene vor die geschlossene Kinderzimmertür, ohne je dafür ein Wort des Dankes zu erhalten. Eine andere Spezies, der *otaku,* ist als Massenphänomen schon einige Jahre früher aufgetreten; man kann das Wort sinngemäß mit »irrem Fan« übersetzen, es bezeichnet einen kontaktscheuen Einzelgänger, der sich ausschließlich in einer fiktionalen Welt von Comics, Zeichentrickfiguren und Computerspielen bewegt. Dieser Kult des Infantilismus ist nicht nur eine exotische Erscheinung in der technikbesessenen japanischen Gesellschaft, sondern verbreitet sich mittlerweile auch im Westen, wie man beim Besuch jeder Buchmesse feststellen kann, wo zahllose Elfen, Drachen, Ritter und Superhelden durch die Hallen wandeln: Der japanische Verkleidungstrend Cosplay (*kosupure),* der in den 1990er-Jahren mit dem Manga- und Anime-Boom auch nach Europa kam, erfreut sich wachsender Beliebtheit. Beim Cosplay stellen Teilnehmerinnen und Teilnehmer ausgewählte Charaktere aus Manga, Anime, Computerspiel oder Film durch entsprechende Kostümierungen dar. Dabei ist ihnen völlig egal, ob das in irgendeiner Weise gut aussieht, wie das unbekümmerte Auftreten übergewichtiger »Tonnen-Elfen« bei Buchmessen oder Festivals beweist. Warum auch nicht? Offenbar stellt die schützende Verkleidung für die schüchternen Otakus eine Möglichkeit dar, sich freier in der Öffentlichkeit zu bewegen. Ob Tokio oder Lüneburg: Die Adoleszenzphase in den entwickelten Gesellschaften hat sich deutlich verlängert. Möglichst lange bei den Eltern wohnen zu bleiben mag zwar bequem sein, fördert aber auch Weltflucht und Weltfremdheit der Kinder. Hinzu kommt: Viele Vertreter jener »Generation Y«, der Jahrgänge der 1980er und 1990er, spüren, dass sich Lebensstandard und soziale Stellung auf einem historischen Höchststand befinden; und sie fragen sich lediglich, wann und wie schnell es bergab geht. Die materielle Sicherheit und gradlinige Erwerbsbiografie ihrer Eltern erscheinen ihnen schon jetzt unerreichbar. Warum also nicht den Aufenthalt im idyllischen »Hotel Mama« noch ein wenig verlängern? Es ist doch gerade so schön!

Was passiert eigentlich, wenn sich der amerikanische *suburban sprawl* auch in Good Old Europe verbreitet, wenn sich das amerikanische Konzept der Flächen- und Resourcenverschwendung auf unserem engen und dicht besiedelten Kontinent ausbreitet? Das Ergebnis wäre niederschmetternd, wie man etwa mit Blick auf die Schweiz feststellen kann. Die Verstädterung hat dort in den letzten Jahren und Jahrzehnten riesige Flächen gefressen. Drei Viertel der Schweizer Bevölkerung leben mittlerweile in Städten, die meisten in Vororten oder in auf Kleinstadtgröße angewachsenen Dörfern. Als allgemein angestrebtes Wohnideal dient das Einfamilienhaus mit Abstandsgrün und Thujaheckensichtschutz, Hightech-Grill, Holzständer-Carport mit Satteldach für den Jeep und einem Fahnenmast, an dem die Landesflagge flattert. Paradoxerweise ging die Verstädterung nach dem Modell »L.A.« mit einer Verländlichung der Mentalität einher, mit einer geistigen Rückzugsbewegung, deren Ursache im Un-

behagen an der Globalisierung zu suchen ist, so der Stadt-
geschichtler Bernd Roeck von der Universität Zürich: »Man
hat das Gefühl, dass die Schweiz provinzieller geworden ist,
selbstbezüglicher«, ausgebreitet habe sich »das Miefige«. Seit
den 1970er-Jahren erstellt die Großbank Credit Suisse ihr
Sorgenbarometer, eine repräsentative Umfrage (*Kompass für
die Schweiz*) unter der Schweizer Stimmbevölkerung. 2014
wurde deutlich, dass der Nationalstolz deutlich zugenommen
hat. 38 Prozent sind nun »stolz« und 52 Prozent sogar »sehr
stolz« auf ihr Land. Fahnen und nationale Symbole haben
an Bedeutung gewonnen, Beflaggung sieht man vielerorts
das ganze Jahr über, nicht nur am Nationalfeiertag oder bei
Fußballspielen. Trotzdem geben zwischen 70 und 75 Prozent
der Befragten an, die Schweizer Identität sei durch Einwan-
derung und internationale Öffnung des Landes gefährdet.

Sucht man das Heimatliche in der Sprache, findet man
schnell zum Dialekt. In den 1980er-Jahren kamen in Deutschland im Gefolge der Umwelt- und Alternativbewegungen
die Dialekte wieder zu Ehren. In der Folk Music, bei Lieder-
machern und in der Neuen Deutschen Welle wurde nun auch
in regionaler Mundart gedichtet, beispielsweise hatte die
Kölner Band BAP damit einigen Erfolg – *Verdamp lang her.*
Während in Deutschland Dialekte allenfalls im Süden und
Südosten überlebt haben, blieben sie in der Schweiz flächendeckend erhalten. In den letzten Jahren finden sich Dialekt-
Wendungen auch immer häufiger in der Schriftsprache, in
der bislang Hochdeutsch verwendet wurde, und in den Bi-
bliotheken wachsen die Regale mit »Mundart«-Literatur. »Der
Dialekt ordnet uns ein ins Kleine, ins überschaubar Vertraute ebenso wie ins Begrenzte. Er schließt aus: die Stile, Rede-
weisen, Gedanken und Auditorien, die wir nur in der Hoch-

sprache besitzen und entwickeln können.« Was der Zürcher
Philosoph Georg Kohler hier über die Schweizer Mundart
schreibt, trifft beispielhaft auf viele Dialekte und Regional-
sprachen zu, die in einem Spannungsverhältnis zu den jeweiligen Hochsprachen stehen. Anscheinend ist der Wunsch
nach Abgrenzung gegenüber der Hochsprache ein starkes
Motiv, denn viele Dialektsprecher verbinden mit ihr Ge-
fühlskälte, Bürokratie, Arroganz und einen elitären Habitus – alles fremde, ungemütliche Dinge, die man sich lieber
vom Leibe halten will. Der Dialekt dient hingegen als men-
tale Idylle, als Wärmestube in einer erkaltenden, anonymen
Welt. Der Dualismus zwischen einer Hochsprache, die man
mit Schule, Großunternehmen, Verwaltung, Regierung assoziiert, und den Dialekten, die mit Heimat, Abstammung,
Erinnerung und Gefühl verbunden werden, ist in jeder Sprache angelegt, in manchen Nationen stärker – etwa in Italien,
Großbritannien oder Spanien –, in manchen schwächer, so
z. B. in Deutschland oder Russland.

»Wenn Sklaven Ramsch für Arbeitslose produzieren –
das ist Globalisierung!«

Ein kapitalismuskritischer Satz, den viele Linke ohne Um-
schweife zu unterzeichnen bereit sind, bis sie hören, dass er
von Marine Le Pen stammt. Die französische Rechtspopulis-
tin skizziert die Globalisierung hier als ein Spiel, bei dem alle verlieren. Die Globalisierung hat die ganze Welt erfasst –
sie ist in ihrer Gesamtheit kaum noch zu begreifen, und die
politische Linke hat wenig anzubieten, dieses Phänomen
schlüssig und allgemein verständlich zu erklären. Überhaupt
greifen die alten Ideologien, ob rechts oder links, hier kaum

noch. Die weltweite Arbeitsteilung, der permanente Strukturwandel und die komplexen Kapitalströme bereiten Unbehagen und fördern Verlust- und Abstiegsängste. Es ist kein Wunder, dass bei Versuchen, das gegenwärtige Weltgeschehen zu deuten, Verschwörungstheorien und romantische Vereinfachungskonzepte Konjunktur haben. Der linke amerikanische Kulturtheoretiker Fredric Jameson befasste sich mit der Frage, wie man den Globalisierungsprozess darstellen könnte. Dabei stellte er fest, dass die Handelsbeziehungen, Produktionsverhältnisse und finanziellen Transaktionen nicht nur wegen ihrer großen Zahl völlig unüberschaubar geworden seien, sondern auch deshalb, weil sie simultan und damit in verschiedenen Wirklichkeiten stattfänden. Es handle sich somit um »inkommensurable Parallelwelten«, Vorgänge, die sich ergänzen, parallel ereignen, sich aber auch widersprechen. Man findet keine Gesamtlogik mehr darin. Veranschaulicht wird dies etwa durch Vorgänge auf den Finanzmärkten, wo der Absturz bestimmter Kurse gleichzeitig Gewinner und Verlierer hervorbringt, je nachdem, ob man auf einen Anstieg oder Fall der betreffenden Aktienkurse gesetzt hat. Es scheint eine Welt der Spieler geworden zu sein, die Weltwirtschaft wirkt wie ein Casino, wo am Ende alle verlieren – außer der Bank, bis auch diese sich plötzlich in eine Bad Bank verwandelt. Schuldenberge türmen sich auf und verschwinden wieder im Nichts, Geldströme fluten Märkte und verdunsten in der Mittagshitze eines Börsentages. Jeder noch so renommierte Experte, der hier den Durchblick verspricht, darf als Hochstapler verbucht werden.

Für den einzelnen Bürger erscheint der Finanzmarkt erst recht undurchschaubar und unberechenbar. Einfache Lösungen haben deshalb Konjunktur. Aus diesem Grund ist auch der Nationalstaat noch immer so populär, er lebt von der Sehnsucht nach einer überschaubaren Lebenswelt. Nicht einmal Jameson, im Herbst 2014 zu Gast bei der Berliner Rosa-Luxemburg-Stiftung, hatte eine Antwort auf die Frage, wie man naiv-romantisierenden oder verschwörungstheoretischen Welterklärungsansätzen linker oder rechter Populisten begegnen könne. Aber von der akademischen Linken ist in puncto Allgemeinverständlichkeit und Breitenwirkung ohnehin nicht viel zu erwarten. Der Nationalstaat ist durch Internet, Welthandel und internationale Finanzverflechtungen keineswegs überflüssig geworden, sondern blieb die dominierende politische Organisationsform im Kapitalismus. Gegenüber den Stammes-Kollektiven, den multiethnischen Imperien, Stadtrepubliken und dynastischen Monarchien hat er sich durchgesetzt. Noch immer verfolgen viele Staatsvölker eine Politik der ethnischen und religiösen Homogenisierung, noch immer entstehen durch Abspaltungen neue Nationen wie Eritrea oder Südsudan, gibt es starke Autonomiebewegungen wie in Schottland oder Katalonien. Laut dem französischen Journalisten Luc Rosenzweig sorgen Globalisierung und Wirtschaftskrisen dafür, dass sich viele Bürger von universalen Ideen verabschieden und Ruhe und Wohlstand in kleineren Verwaltungseinheiten vorziehen:

>>*Das Modell ist die Schweiz (…). Dieser Nationalismus ist nicht aggressiv. Er ist spießbürgerlich, leicht egoistisch und für romantische Seelen wenig aufregend.*<<

Stadtstaaten wie Singapur oder kleinere, weltwirtschaftlich gut vernetzte Staaten wie Dänemark, Norwegen oder die Schweiz gelten als Erfolgsmodelle und als Vorbild für manch eine Autonomiebewegung. Anhänger einer schottischen oder katalanischen Sezession argumentieren damit, kleinere Staaten seien demokratischer, ihre Regierungen näher an den Problemen der Region, mehr für den Bürger da. Obwohl das Referendum des Jahres 2014 für die Unabhängigkeit in Schottland scheiterte und jenes in Katalonien nur eine geringe Beteiligung erreichte, werden sie den Druck für mehr Autonomie erhöhen. Europa bietet wenig Gelegenheit, sich mit ihm zu identifizieren, der Staatenbund vermittelt keine emotionale Geborgenheit. Statt eines Europagefühls verbinden die Bürger »Brüssel« immer mit Zahlen, Quoten, bürokratischen Vorschriften. Es fehle ein EU-Esprit, beklagte die slowenische Botschafterin Marta Kos Marko in Berlin. Fredric Jameson stellte fest, dass der Nationalstaat dadurch an Attraktivität gewinne, weil die Kräfte des sozialen Zusammenhaltes gerade in Regionen mit Sezessionstendenzen als besonders stark erlebt werden, so zum Beispiel in Katalonien. Jordi Solé i Ferrando, Mitglied des Parlament de Catalunya, erklärte die Unabhängigkeitsbestrebungen seiner Heimat bei einer Diskussionsveranstaltung im Herbst 2014 in Berlin auch nicht als Abkapselungsversuch, sondern als Bekenntnis zu Europa im Sinne eines föderalen »Europas der Regionen«. Wovon viele Katalanen träumen, das hat Slowenien erreicht: Lange Zeit bestand das kleine Land nur als Kulturnation, erstmals seit Jahrhunderten ist es politisch unabhängig. Doch seltsamerweise, erklärte Frau Marko, sei heute jeder romantische oder pathetische Nationalismus verflogen. Die Sehnsucht nach Patriotismus sei gestillt, man habe jetzt andere Probleme. Selbst der Pflicht zur Beflaggung am Nationalfeiertag komme man in den Ämtern und Rathäusern nur unwillig nach.

Während einerseits der idyllische Kleinstaat als Verniedlichungsform der Nation in Mode kam, gibt es andererseits das Problem unvollendeter Nationen, einen Irredentismus, der nicht an bestehenden Grenzen haltmacht und deshalb für Unfrieden sorgt. Inwieweit dieses Bestreben im Einzelfall historisch berechtigt ist oder nicht, ob man hier von legitimen Befreiungsbewegungen oder von Separatisten oder gar Terroristen spricht, ist von den jeweils aktuellen Machtverhältnissen, den internationalen Bündniskonstellationen und dem Zeitgeist abhängig – so etwa in den Konflikten um Kurdistan, Kosovo oder in der Ukraine. Die Putinsche Politik eines »Sammelns der russischen Erde«, also jener russisch besiedelten Wrackteile der implodierten Sowjetunion, schließt symbolisch an die russische Reichsgründung im Mittelalter an, an die Befreiung russischer Gebiete von der Fremdherrschaft der Tataren. Historische Analogien und ein romantischer Nationalismus werden im Krieg gegen die Ukraine als Legitimation bemüht. Gasan Gusejnov, Professor für Altphilologie und Politische Rhetorik an der Staatlichen Moskauer Universität für Wirtschaft, ist der Ansicht, es gebe viele »Spieler« im Russland Putins, ob Politiker oder Freischärler im Donbass, man spiele mit historischen Masken und mit historischer Rhetorik, man bewege sich wie in einer Traumwelt, einem Rollenspiel, einem Reenactment. Durch Autosuggestion und massive Manipulation der russischen Staatsmedien sei bei vielen Russen der Eindruck entstanden, man wiederhole in der Ostukraine nun den Kampf der Roten Armee gegen die von Westen eingedrungene Wehrmacht. Zudem gehe es darum, den russischen »Brüdern und Schwestern«, die dort hinter künstlichen Grenzen gefangen seien, zur Hilfe zu eilen. Die junge Musikerin und Journalistin Margo Gontar gehört zu den Gründern der Website *stopfake.org* in Kiew, die sich zum Ziel gesetzt hat, Propagandalügen im russisch-ukrainischen Krieg aufzudecken. Gontar sieht auf beiden Seiten eine romantische Grundierung des Nationalismus, hält den ukrainischen aber grundsätzlich für »defensiver und sanfter«. Gleichwohl wurde der historisch sehr umstrittene Nationalistenführer Stepan Bandera zur Identifikationsfigur. In einigen Teilen der ukrainischen Öffentlichkeit wird er heroisiert, in anderen, vor allem auch in Russland, als Kriegsverbrecher verdammt. Der Konflikt machte selbst vor seinem Grab in München nicht halt: Es wurde im Sommer 2014 von Unbekannten verwüstet.

Ein anderes aktuelles Beispiel für einen irredentistischen romantischen Nationalismus liefert Ungarn, das 1920 große ungarisch besiedelte Gebiete an die Nachbarstaaten abtreten musste. Heute gibt es wieder eine starke rechtsorientierte Bewegung in Ungarn, zu deren kulturellem Umfeld auch die Band *Romantikus Eröszak* (»Romantische Gewalt«) gehört, die Mittelalterbegeisterung, Heimatliebe (zu den verlorenen Landesteilen) und rechtsextremes Gedankengut miteinander verbindet. Stichwort »Romantische Gewalt«: Die deutsche Wiedervereinigung, die russische Heim-ins-Reich-Politik, die auf jeweils vier verschiedene Staaten verteilten Ungarn, Albaner oder Kurden – wann ist eine nationale Vereinigungsbewegung gerechtfertigt und wann illegitim? Das Selbstbestimmungsrecht der Völker bleibt leider noch immer eine diffuse Angelegenheit, die keine klare juristische Handhabe bietet und für Propagandazwecke ausgenutzt werden kann. Was Volk und Nation im großen Rahmen bieten, wird im Sport, in den Fanclubs bestimmter Vereine im Kleinen praktiziert: Rituale des Zusammenhaltes, Kampf gegen äußere Feinde, Stärkung der Gruppenidentität durch Traditionen, Behauptung eines Territoriums.

>*Traditionslos. Wertlos. Kommerzhuren: Scheiß Redbull Leipzig!*«

So nennt sich eine Hassseite auf Facebook, die der Zweitligamannschaft von RasenBallsport Leipzig gewidmet ist. Der Verein wird vom österreichischen Getränkeproduzenten Red Bull großzügig finanziert. Auch der TSG Hoffenheim ist eine Schmähseite zugedacht. Mit viel Liebe und Fantasie widmen sich die Betreiber dem Feind, man produziert beleidigende Aufkleber, Schals, Motto-T-Shirts. Hoffenheim-Hasser machten sich sogar die Mühe, ein meterhohes Transparent mit einer blonden Schönheit in blau-weißen Dessous zu malen und im Stadion aufzuspannen, Titel: »Fußballhure 18,99 Euro«. So wie Industriearbeit, Protektionismus und nationale Identität in der gängigen Globalisierungs- und Kapitalismuskritik von Populisten romantisiert werden, so ziehen Profifußballmannschaften, die von privaten Investoren zügig und effektiv aufgebaut werden, als »Retortenvereine« Neid und Hass auf sich. »Fußballfans sind sehr rückwärtsgewandt. Sie sehen sich als letzte ehrenvolle Amateure und hassen es, wenn ein Verein keine Traditionen hat. Die Fans pflegen eine fiktive Sportromantik«, erklärt der Philosoph und Sportwissenschaftler Gunter Gebauer. »Fiktiv« bedeute in diesem Zusammenhang, »dass die Situation, in die sich Fans begeben, keine reale ist, sondern eine von ihnen imaginierte. Sie leben ja nicht in der Zeit der Romantik, sondern fühlen sich rückwärtsgewandt in eine Situation ein, die es heute nicht mehr gibt, die es wahrscheinlich nie gegeben hat.« Die RB- oder Hoffenheim-Hasser – sind sie nur rettungslos romantisch oder einfach naiv, fragt man sich angesichts der offensichtlich engen Verflechtungen zwischen privatem Investment, Sponsoring und öffentlichen Subventionen im Fußball, bis weit in die unteren Amateurligen hinab. Vor dem Duell seines Vereins VfL Bochum gegen Leipzig im Herbst 2014 agitierte Trainer Peter Neururer, der gern zum »Fußballromantiker« unter den Profitrainern stilisiert wird, heftig gegen RB. Neururer hat übrigens auch einmal bei einem Retortenclub gearbeitet, dem damaligen Zweitligaklub LR Ahlen. Während RB offiziell für »RasenBallsport« steht, sollte LR »Leichtathletik Rasensport« bedeuten. Zufällig hieß das als Hauptsponsor auftretende Unternehmen *LR International*. Es gehörte Club-Präsident Helmut Spikker, der den Ahlener Verein in jener Zeit quasi als Hobby und Marketingmaßnahme unterhielt. Im Fall von Leipzig kommt »motivierend« hinzu, dass der Profifußball in der sächsischen Metropole seit 1990 von peinlichen Misserfolgen und Pleiten gezeichnet war – jahrelang gedieh hier nicht mal ein Drittligaverein.

Ob im Profifußball oder in der Wirtschaft: Unübersichtlich, unsicher und doppelbödig ist diese Welt, und dazu weht oftmals noch ein kalter Wind. Da wickelt man sich doch lieber doppelt in die warme Alpaka-Decke ein. Und so lassen sich diese so beliebten Lebensformen der Idyllen wie Hüllen übereinanderlegen, wie russische Matrjoschkapüppchen ineinander verschachteln: Wir stecken im flauschigen Angora-Pyjama oder im trendigen Urban-Classic-Jumpsuit, der Jumpsuit lagert in der Couchlandschaft, die Couchgarnitur füllt die gemütliche Stube aus, die Stube ist im feinen Häuschen,

das Häuschen im grünen Gärtchen, das Gärtchen im schönen Dörfli, das Dorf in Dänemark oder in irgendeinem anderen sauberen, lauschigen Lummerland.

Einsamkeit

»Gab es Außenseiter, Vordenker, Andersgläubige, Anders-
liebende (…) in deiner Familie, an deiner Schule, in der
Straße, dem Haus, dem Ort, in dem du wohnst?«

Bundespräsident Joachim Gauck stellte diese Frage 2014 allen
Schülern und Jugendlichen in Deutschland. Einmal im Jahr
schreibt der Bundespräsident zusammen mit der Körber-Stif-
tung einen offiziellen Geschichtswettbewerb zu gesellschaftlich relevanten Themen aus. 2014 stand er unter dem Motto
»Anders sein. Außenseiter der Geschichte«. Außenseiter, so
Gauck, »mussten für die Akzeptanz ihres Andersseins und
ihrer Lebensmodelle harte Kämpfe ausfechten. Profitieren
konnten davon oft erst spätere Generationen, dafür aber umso stärker. Dass wir heute in einem pluralistischen, offenen
und toleranten Land leben, ist in manchen Bereichen den
Außenseitern von einst zu verdanken, ihrem Eigensinn, ihrer Kreativität und Hartnäckigkeit, oft auch ihrer Opferbe-
reitschaft.« Der Eigenbrötler, der oftmals als Außenseiter,
Streber oder Fachidiot stigmatisiert wurde, erlebte in den
letzten Jahren als »Nerd« eine gewisse positive Umdeutung,
insbesondere im Zusammenhang mit der Bewunderung, die
den Entrepreneurs der Computer- und Internetökonomie
zuteilwurde. »Geniale« und vor allem reich gewordene Nerds
wie Bill Gates, Eric Schmidt oder Mark Zuckerberg wurden

zeitweilig zu gefeierten gesellschaftlichen Vorbildern. Mittlerweile haben sie sich jedoch als konventionell denkende Machtmenschen entpuppt, die sich von herkömmlichen Bossen allenfalls noch äußerlich unterscheiden – zumindest, bis sich Flip-Flops und Hoodies auch im Management als Berufskleidung durchgesetzt haben. Auch gab es Versuche, bedeutende Wissenschaftler und Philosophen wie etwa Einstein, Kant oder Nietzsche rückwirkend zu Nerds zu erklären. Die Ansicht, die Fortschrittlichkeit und Liberalität einer Gesellschaft könne man an ihrem Umgang mit den Nerds messen, hat eine gewisse Plausibilität. Denn der Außenseiter, der sich in sein Forschungsgebiet, in seine Experimente, in seine Eigen- und Innenwelt vertiefen will, braucht Raum zum Rückzug, braucht Distanz zum Alltag. In totalitären Systemen, die auf permanente Massenmobilisierung setzen, die niemanden in Ruhe lassen, geht er zugrunde. Entsprechend wenig innovativ sind politische und religiöse Diktaturen, sie müssen Know-how meistens einkaufen oder erbeuten.

»Nerds sind in der Regel weitaus moralischer als andere Menschen, gerade weil sie sich nicht von zwischenmenschlichen Gefühlen irritieren lassen. Sie halten sich konsequent an ihre einmal gefassten Grundsätze«

und fühlten sich, so der Autor Jörg Zittlau in seiner Ode an den Nerd, »doch im Grunde dem Leistungsideal verpflichtet«. Neben Forschung und IT-Branche gibt es noch zwei weitaus ältere Refugien für Nerds und ihre Vorgänger: die Religion und die Kunst. Der Rückzug in die Eremitage, in die Klausnerzelle, ins Kloster bot sich jahrhundertelang allen an, die sich der profanen Gesellschaft entziehen wollten. Im Zeitalter der Romantik kamen dann Dichterzimmer und Künstleratelier als Fluchtorte für menschenscheue Einzelgänger in Mode. Damals verbreitete sich die Vorstellung, dass erst in Einsamkeit ein wirklich starkes Subjekt heranreifen könne, dass nur der isolierte Mensch in Ruhe über sich nachdenken, sich als Subjekt empfinden könne. Vor allem aber, so glaubte man, werde in der Dunkelheit und durch die Erfahrung des Schreckens dieser Prozess verstärkt. Die Dunkelheit wurde in der Literatur jener Epoche zur Metapher für einen grundsätzlichen Seelenzustand. Der faustische Künstler-Erfinder in seiner Alchemistenhöhle, der Forscher im unterirdischen Labor, der Eremit oder wandernde Bettelmönch, verlacht und verspottet, ausgeschlossen von jeglicher heiterer Geselligkeit, unverstanden und tagtäglich mit ihrer Einsamkeit konfrontiert – allein ihnen billigten die Romantiker zu, große Erfindungen und große Kunst zu erschaffen, tiefe Gefühle zu empfinden, die Nähe Gottes zu spüren.

Damals wie heute gilt: Einem waschechten Eigenbrötler ist der Arbeitsprozess wichtiger als das Buhlen um Lob und Anerkennung. Die Auseinandersetzung mit einem Werk, das in Abgeschiedenheit erschaffen wird und vielleicht das Atelier oder Labor auch nie verlässt, wiegt für ihn schwerer als der Beifall des Publikums. Wer schon in Kindheit und Jugend Gefallen daran findet, in einer reichen Innenwelt zu schwelgen, die man sukzessive ausgestalten und immer weiter ästhetisch veredeln kann, findet später rasch ins Reich der Künste. Man wird so zum Weltenbauer, zum Herrscher über einen eigenen Planeten, man begründet einen neuen Kult, stiftet eine neue Religion – ein Licht, das auch der Pop-Celebrity Lady Gaga aufging. Sie habe von Marina Abramović und Jeff Koons gelernt,

»dass Kunst für manche von uns Gott ist. Man erschafft
sich seinen eigenen Glauben. Man bringt etwas zur Welt,
das mehr bedeutet als alles andere um einen herum.«

Nicht wenige Schriftsteller und Künstler haben in ihrer Kindheit und Jugend viel Zeit im Lande der Fantasie verbracht.
Claes Oldenburg, neben Warhol einer der Hauptvertreter
der amerikanischen Popart, erfand als Kind ein imaginäres
Land namens *Neubern*, für das er zahlreiche Zeichnungen
und Dokumente erstellte, bis hin zu ausführlichen Ex- und
Importlisten. Ein älteres Beispiel bietet Oswald Spengler, der
zwischen 1911 und 1921 einen Bestseller mit dem Titel *Der
Untergang des Abendlandes* (später wird davon noch zu sprechen sein) verfasste. In seiner Jugend erwies er sich als Ner-
venbündel sondergleichen, neigte zu Panikanfällen, Angst-
zuständen und zum Schlafwandeln. Sicherheit fand er als
15-jähriger Weltenschöpfer im Fantasiegebilde zweier Staaten, deren Existenz er sich mit detaillierten Angaben zu Geschichte, Geografie und Verwaltung ausmalte. Die Fantasiewelt bietet manchen Kindern und Jugendlichen Schutz vor
dem Alltagsstress und vor unsicheren Verhältnissen, denn es
ist eine selbstkonstruierte und damit selbstkontrollierbare
Welt – eine Methode, die bei Weitem nicht nur für Autisten
attraktiv ist. Das Schreiben, Komponieren oder Zeichnen
aus der Fantasie, auch das detailgetreue Kopieren von Lini-
en oder das Ausmalen und Schraffieren von Flächen erfordern Zeit, Konzentration und Vorstellungskraft und können
»Flow«-Erlebnisse auslösen – Erlebnisse, die die Erfahrung
der Selbstvergessenheit, des Einswerdens mit dem Arbeitsprozess möglich machen. Der Flow oder Schaffensrausch
speist sich aus einer Erlebnislust und einer Funktionslust,

die wiederum vom ständigen Feedback der praktischen Tätigkeit verstärkt werden. Dazu zählt die Überwindung aller
Schwierigkeiten, die im Laufe des Arbeitsprozesses auftreten, durch Improvisation und Experiment. Wenn man seine
Ursprungsidee während des Arbeitsprozesses spontan vari-
iert, wenn man zulässt, dass die Ratio gelegentlich auch vom
Zufall überrascht wird, stellen sich leichter Glücksgefühle
ein, dann gelingt die Synthese zwischen Sein und Handeln
eher als bei genauer Planung, die sich ohnehin nie 1:1 umset-
zen lässt. Im Flow ist ein Zustand erreicht, in dem man sich
nicht mehr verstellen muss, man agiert in diesem Sinne authentisch. Dies sind kostbare Momente, die als wichtiger
Antrieb für das Schaffen gelten, im Beruf genauso wie bei
Hobbys. Die Möglichkeit, regelmäßig in die eigene Innenwelt abtauchen zu können, ist elementar, gerade auch als Ge-
gengewicht zum herrschenden Zeitgeist, in dem »Selfbran-
ding« und »Networking« den Alltag dominieren. Vielleicht
aber ist der Rückzug bei Menschen, die in ihrer Jugend durchaus extravertiert waren, auch als Alterserscheinung zu interpretieren. So glaubte bereits Goethe, dass sich der alters-
bedingte Rückzug des Künstlers aus der dinglichen Welt in
einer besonderen Art der Vergeistigung des Werkes äußere.
Besonders bei sehr alten Künstlern tritt diese Tendenz ein,
wenn ihre Weggefährten, Bewunderer und Förderer allmäh-
lich sterben und ihr Einfluss auf das Kunstgeschehen schwin-
det. Networking und Machtspielchen werden jetzt peu à peu
irrelevant, und bei manchen Künstlern ergibt sich zum ersten Mal im Laufe ihrer Karriere die Gelegenheit, nach innen zu blicken. Unter Umständen kann das Altern zu intensiven Ergebnissen führen, zu Werken, in denen sich die
Subjektivität des Künstlers noch einmal oder erstmalig in

dem Augenblick zu erkennen gibt, in dem sie nach innen gewandt ist und damit unverstellt authentisch wird.

Die Steigerungsform des Eigenbrötlers oder Nerds ist der Autist – jedenfalls in seiner milden Variante. Bereits im 20. Jahrhundert wurde ein gewisses Quantum Autismus als Erfolgsbedingung für künstlerisches Schaffen angesehen. Hans Asperger, der in den 1940er-Jahren Studien über Kinder mit autistischen Störungen publizierte, stellte bei einigen von ihnen eine erstaunliche »Reife des Kunstverständnisses« fest, ein überraschend differenziertes »Stilgefühl«. Diese Beobachtungsgabe, die beim Betrachten von Bildern zutage trat, sei auch bei der Einschätzung von sich und von den Mitmenschen höchst wirksam. Derartige Erscheinungen eines frühkindlichen Autismus gingen später als »Asperger-Syndrom« in die Medizingeschichte ein. Der österreichische Kinderarzt notierte damals:

> »Es hat den Anschein, dass man, um in der Wissenschaft oder in der Kunst Erfolg zu haben, einen Schuss Autismus haben muss. Zum Erfolg gehört notwendigerweise die Fähigkeit, sich von der Alltagswelt (…) abzuwenden, die Fähigkeit, ein Thema mit Originalität zu überdenken (…).«

Diese Meinung ist auch heute noch durchaus populär unter Kulturschaffenden, so verkündete beispielsweise Matthias Hartmann, damals Intendant des Wiener Burgtheaters, 2012 apodiktisch in der Zeitung *Die Welt*: »Kunst ist Autismus«. Allerdings besitzen nur einige wenige Autisten sogenannte »Inselbegabungen« in den Bereichen Musik, Mathematik und Zeichenkunst. Ausdruck der gesellschaftlichen Faszination für die Asperger-Diagnose ist auch die Prominenz des deutschen Geophysikers Peter Schmidt oder des Briten Daniel Tammet. Letzterer soll in der Lage sein, eine ihm völlig unbekannte Sprache innerhalb weniger Tage zu lernen. 2004 stellte er einen neuen Europarekord auf, als er innerhalb von fünf Stunden bei einem Gedächtniswettbewerb 22.514 Nachkommastellen der Zahl Pi referierte. Außergewöhnliche Fähigkeiten sind nicht nur auf Mathe-Olympiaden oder in TV-Quizshows erwünscht, sondern lassen auch Unternehmen hellhörig werden. Die Softwarefirma *SAP* plant laut Mediensprecherin Dana Rösiger bis 2020 ein Prozent ihrer Stellen mit Mitarbeitern aus dem autistischen Spektrum zu besetzen: »Das Programm ist 2013 sehr gut angelaufen. Bisher wurden an den Standorten Deutschland, Indien, Irland, USA, Kanada Mitarbeiter eingestellt. Pilotprojekte in Brasilien starten und sind für China 2015 geplant. Geeignete Bewerber werden mit einem speziell entwickelten Onboarding-Programm auf ihre Tätigkeit bei *SAP* vorbereitet.«

Rekrutieren Unternehmen und Behörden nun Armeen von Supernerds, um ihre Effektivität zu steigern und die Konkurrenz zu besiegen? Oder geht es dabei eher um ein Fußvolk von Bildschirmsklaven, die ohne Murren stupide Controllarbeiten übernehmen, weil sie von Zahlenkolonnen so begeistert sind? Die Personalmanagerin der Deutschen Bahn, Ursula Schütze-Kreilkamp, sagte bei einer Schulung dem *Spiegel* zufolge, dass sie in den Bereichen Finanzen und Controlling »gerne Zwanghafte« einstelle, »gerne mit einer schönen Angststörung«, denn die seien »superpedantisch« und garantierten korrekt aufgestellte Budgets. Inwieweit dies ein Scherz oder ernst gemeint war – dazu wollte sich die DB anschließend lieber nicht äußern. Die Fähigkeiten von Autisten sind sagenumwoben – manche unterschätzen sie, andere erwarten Wunder von ihnen. Wie kommt man dabei zu einer realistischen Einschätzung? Seit einigen Jahren betreiben *Specialisterne* und *SAP* das Projekt »Autism at Work«. Die internationale Unternehmensberatung, die es sich zur Aufgabe gemacht hat, weltweit eine Million Jobs für Autisten zu finden, sucht für *SAP* nach geeigneten Kandidaten. Für Matthias Prössl, Geschäftsführer von *Specialisterne Deutschland*, ist die Entdeckung des Außenseitertums durch die Arbeitswelt keineswegs ein modisches Massenphänomen, sondern eher noch eine Ausnahmeerscheinung und eine Notmaßnahme, um dem Fachkräftemangel im MINT-Bereich auf unorthodoxem Wege zu begegnen. Allein die Notwendigkeit dieser Maßnahme zeige, »wie weit wir uns in den letzten dreißig bis vierzig Jahren von einer eher heterogenen Zusammensetzung von Belegschaften zu einer leichter steuerbaren Monokultur entwickelt haben«. Die nun vereinzelt stattfindende Integration von Außenseitern sei also eher eine Rückkehr zur Normalität früherer Epochen, als es noch eine größere Bandbreite von Beschäftigungsmöglichkeiten für Menschen mit besonderen Fähigkeiten gegeben habe. Allerdings sei »die unbekannte Masse derer, die aber v. a. aufgrund ihrer sozialen Inkompatibilität ausgegrenzt wurden und noch werden, ungleich höher«. Das deutsche Unternehmen *Auticon* hingegen, spezialisiert auf Softwaretests, arbeitet ausschließlich mit Autisten, eine entsprechende psychiatrische Diagnose ist hier Einstellungsvoraussetzung. Dann können die Mitarbeiter optimal von speziell dafür qualifizierten Trainern betreut werden. Die IT-Consultants werden direkt bei den Kunden eingesetzt, und die klare und direkte Kommunikation, die sie benötigen, färbe oftmals auch positiv auf den Gastbetrieb ab, berichtet *Auticon*-Pressesprecher Tilman Höffken. Gefragt, ob es mittlerweile Bewerber gebe, die Autismus oder eine Nähe zum Autismus nur vortäuschten, antwortet er, dass er wohl von derartigen Fällen im Silicon Valley gehört habe, in Deutschland bislang noch nicht. Das Kernsymptom autistischer Störungen besteht in einem Mangel an sozio-emotionaler Reziprozität, d. h. die Betroffenen können nicht auf einer emotionalen Ebene kommunizieren, ihnen fehlt die Fähigkeit, zwischen den Zeilen lesen zu können, Metaphern und Ironie zu verstehen, Lügen zu erkennen.

Eine ganze Reihe von historischen Geistesgrößen wird heute in Verbindung mit dem Asperger-Syndrom gebracht, so etwa Isaac Newton, Albert Einstein, Ludwig Wittgenstein oder auch Künstler wie Adolph von Menzel, Vincent van Gogh, Andy Warhol. Bei Warhol, der bereits in Schulzeiten als künstlerisch begabter Außenseiter von sich reden machte, fielen später seine Distanziertheit, die emotionale Kälte und Humorlosigkeit auf. Obwohl er sich immer wieder porträtieren ließ, versteckte er seine Persönlichkeit dabei hinter einem maskenhaften Äußeren, den uniformartig getragenen schwarzen Rollkragenpullovern und seiner Perücke. »Ursache autistischer Erkrankungen ist eine Entwicklungsstörung, eine angeborene veränderte Wahrnehmungs- und Informationsverarbeitung des Gehirns und daraus resultierende schwere Beeinträchtigungen der Interaktion, Intelligenz und Fantasie. Die Betroffenen leiden unter einem Mangel an »zentraler Kohärenz«, d. h. sie können nicht zwischen wichtigen und unwichtigen Informationen unterscheiden und versuchen über die Fixierung auf bestimmte Details und Abläufe ihr Weltbild zu ordnen, wobei sie andere wichtige Informationsquellen ausblenden oder nicht wahrnehmen können« – so die österreichische Psychologin Brigitte Rollett. Wenn Kindern und Jugendlichen ihr Anderssein bewusst wird, beginnen manche damit, sich eine Wunschwelt auszumalen, die völlig ihren Bedürfnissen entspricht, etwa eine Welt von Automaten, in der alles nach Plan läuft und jedes Ereignis exakt vorhersagbar ist. Inzwischen ist das Asperger-Syndrom unter Psychiatern umstritten. Es wurde offenbar in den letzten Jahren zur Modediagnose, denn die Assoziation mit Hochbegabung hat bei Betroffenen und Angehörigen zu einem zweifelhaften Krankheitsgewinn geführt. Möglicherweise trugen auch populäre fiktive Figuren wie der moderne Sherlock Holmes aus der gleichnamigen BBC-Fernsehserie oder der genial-verschrobene, jungenhafte Physikprofessor Sheldon Cooper aus der amerikanischen TV-Serie *Big Bang Theory* zur Popularisierung des Asperger-Syndroms bei, wenn etwa Prof. Dr. Cooper über sich selbst sagt: »Clever? Ich müsste sechzig IQ-Punkte weniger haben, um *clever* genannt zu werden.« Wer würde da nicht gerne miteinstimmen? Selbst die Weltgesundheitsorganisation WHO befasste sich auf ihrer Tagung im Frühjahr 2014 in Genf mit dem Thema, das nicht mehr nur Einzelfälle aus westlichen Gesellschaften betrifft, sondern offenbar zum weltweiten Trend geworden ist. In der 2013 aktualisierten Ausgabe des diagnostischen Handbuchs der American Psychiatric Society ging das Asperger-Syndrom im Begriff »Autismus-Störungen-Spektrum« auf. Es sollen künftig genauere Kriterien für dieses Krankheitsbild angewendet werden. Nicht nur Autismus, auch andere psychische Erkrankungen wurden und werden bisweilen romantisiert. Dabei geht es über einen primären (Schonung) oder sekundären (Aufmerksamkeit) Krankheitsgewinn weit hinaus. Vielmehr handelt es sich um eine Glorifizierung und literarische Überhöhung bestimmter Krankheiten wie Depression (»Weltschmerz«, »Melancholie«), Schizophrenie oder bipolare Störungen. Den Betroffenen werden dann Sensibilität, Tiefgründigkeit sowie besonders kreative Energien zugeschrieben.

»Wahrhaft große Leute müssen in dieser Welt immer eine große Traurigkeit empfinden«,

schrieb Dostojewski in *Verbrechen und Strafe*. Dabei galt die Melancholie, das Versinken in Schwermut, schon in der Antike als Zustand, den man vermeiden müsse. In christlicher Zeit wurden melancholische Anwandlungen gar als Versuchungen des Teufels interpretiert, die es durch Gebet und Gesang abzuwehren galt. Luther soll selbst gelegentlich an der als »Mönchskrankheit« bezeichneten Schwermut gelitten haben, weswegen er sich auch in Briefen und in seinen *Deutschen Schriften* damit auseinandersetzte: »Wer mit dem Geist der Traurigkeit geplagt wird, der soll aufs höchste sich hüten und vorsehen, daß er nicht allein sei.« Seine katholischen Gegner nutzten Luthers Schwäche (man könnte auch sagen: Ehrlichkeit), um die Melancholie als typische Krankheit der Protestanten darzustellen: Wer an Gott zweifele, werde eben mit Trübsinn bestraft. Die Romantik kultivierte die Melancholie dann regelrecht, man kostete die Schwermut aus, sie galt geradezu als Beweis für eine besondere Sensibilität und, zusammen mit künstlerischem Talent, als Zeichen für Genialität. Die Kunst, Dichtung und Musik verdanken melancholischen Stimmungen ungeheuer viel – Trauer und Schönheit ergänzen sich viel wirksamer als Schönheit und Humor, vielleicht kann man sogar sagen: Schönheit und Humor schließen sich aus. Die Umbenennung der Melancholie in der Moderne, ihre Pathologisierung als »endogene Depression«, nahm ihr den ästhetischen Reiz, die tragische Aura. Ab nun galt der Melancholiker als träge und selbstmitleidig, als Störfall im Betriebsablauf. Das Innehalten, das Sich-Absondern, das Nicht-mitmachen-Wollen wurde verdächtigt, bloße Ausrede für Faulheit zu sein, für unproduktives Simulantentum. Heute bietet eine romantische Überhöhung manchen Depressiven vielleicht auch einen Ausweg aus dem Dilemma, an einer Krankheit zu leiden, die weithin nicht ernst genommen wird und die zum Teil von dem ungeschriebenen Gesetz verursacht wird, in dieser freien, reichen Gesellschaft mit ihren unendlichen Möglichkeiten der Selbstverwirklichung und des Konsums gefälligst glücklich zu sein: Immer schön lächeln, präsentieren, sich in Szene setzen, genießen, konsumieren, netzwerken und Karriere machen! Gefühle der Trauer, Einsamkeit und Leere haben in diesem System keinen Platz. Dennoch gibt es sie – und nicht wenige Zeitgenossen bemühen sich, dies durch forcierte gute Laune, durch den hektischen Bau immer höherer Erfolgsfassaden zu verdecken. Die Angst, aus dem System zu fallen, wenn der Fassadenbau nicht mehr gelingt, die Furcht, dass dann die eigene Einsamkeit und Leere für alle anderen sichtbar werden, sind der Motor dieses Verhaltens. Eigenbrötler sind oftmals deshalb so ungesellig, weil sie unter Schüchternheit leiden. Laut wissenschaftlichen Statistiken ist die Zahl der Schüchternen in den letzten Jahren deutlich gestiegen – was mit der Zunahme virtueller Beziehungen und dem Nesthockerphänomen einhergeht. Erstaunlicherweise halten sich auch nicht wenige Stars und Medienmenschen für sehr schüchtern, von Julia Roberts bis hin zu den neoromantischen Vampiren

Robert Pattinson und Kristen Stewart. Pattinson sagte einmal über sich: »Ich war wahnsinnig scheu und hatte kaum Selbstbewusstsein«, während Stewart zu wissen glaubte, ihre Zurückhaltung sei der Grund dafür, dass viele sie irrtümlich für arrogant hielten. Wenn man diese Bekenntnisse liest, mag man sie kaum glauben – sie erscheinen wie Versuche, auf diese Weise authentisch zu wirken. Diese Taktik wirft die Frage auf: Sind die Schüchternen die ehrlicheren und authentischeren Zeitgenossen? Lohnt es sich deshalb, Schüchternheit notfalls zu simulieren?

Eigenbrötler sind bisweilen penible Chronisten der eigenen Stimmungen (gerade ihren trüben und miesen, den galligen und bitteren Launen verdanken wir literarische und schwarzhumorige Höchstleistungen), sie neigen nicht nur zur detaillierten Selbstbeobachtung, sondern auch zur scharfen Beobachtung anderer (aus der Außenseiterposition heraus), verlieren sich mitunter in Verschwörungstheorien, und gelegentlich ist hier ein fließender Übergang zu den Wahnwelten psychisch Kranker feststellbar. Besonders in der Schwarzen Romantik reifte die Vorstellung heran, dass psychische Gefährdung und geistige Produktivität eng beieinander lägen und einander sogar bedingten. Im Klartext: Was das Subjekt bedrohe und ängstige, nutze dem Denken und Dichten; gute Kunst und große Ideen wurzelten am Rande des Wahnsinns. Der Dichter Friedrich Hölderlin, der seine zweite Lebenshälfte entmündigt und geistig verwirrt in einer Pflegefamilie in Tübingen verbrachte, wurde in den 1830er-Jahren zur intellektuellen Touristenattraktion. In einer Mischung aus schamloser Neugierde und Ehrfurcht pilgerte man zum Wohnort des »gefallenen Titans«, einem Turmzimmer oberhalb des Neckars, wo der Genius nun melancholisch dichtete:

»Das Angenehme dieser Welt hab ich genossen,
Die Jugendstunden sind, wie lang! wie lang! verflossen,
April und Mai und Julius sind ferne,
Ich bin nichts mehr; ich lebe nicht mehr gerne!«

Den Touristen und Gaffern gegenüber soll sich Hölderlin demonstrativ »verrückt« benommen haben – möglicherweise eine Art Schauspiel, eine Maske zum Selbstschutz. Dieses letzte Mittel der Autonomie stand Friedrich Nietzsche nicht mehr zur Verfügung. »Starke Wasser reißen viel Gestein und Gestrüpp mit sich fort, starke Geister viel dumme und verworrene Köpfe«, hatte der Philosoph erkannt, deshalb sei eine dringliche Aufgabe: »Man muss sich zu verdunkeln verstehen, um die Mückenschwärme allzu lästiger Bewunderer loszuwerden.« Nach seiner Erkrankung war das nicht mehr möglich. Dement und gelähmt, saß Nietzsche auf dem Präsentierteller, war in seinen letzten Lebensjahren schutzlos neugierigen Nachbarn, Journalisten, Künstlern und Scharlatanen ausgesetzt – der berüchtigte Privatgelehrte Julius Langbehn beanspruchte gar die Vormundschaft über Nietzsche, weil nur er ihn zu heilen imstande sei. Und wenn der Kranke, begleitet von seiner Mutter, beim Spaziergang im heimatlichen Naumburg mal wieder einen Brüllanfall bekam, sagten sich die Leute: »Der Professor schreit, das Wetter ändert sich!« Der Philosoph endete als Wetterfrosch. Elisabeth Förster-Nietzsche vermarktete das Schicksal ihres immer apathischer werdenden Bruders gnadenlos. Die Intellektuellen der Jahrhundertwende verehrten den Kranken als Übermenschen, als überlastetes Genie, dessen enorme Fähigkeiten seinen Verstand gesprengt hätten, die frommbiederen Bürger hingegen sahen hier die Rache Gottes am Werk: So springt Gott mit einem um, der behauptet hatte, Gott sei tot! Das Denken, Schreiben und Gestalten aus der ständigen Gefahr heraus, vom Rande des Abgrunds her, wurde zum modernen Mythos, personifiziert von tragischen Helden wie Friedrich Nietzsche oder Vincent van Gogh. Aus Sicht der bürgerlichen Gesellschaft war Wahnsinn eine Krankheit, die behandelt werden musste, aber aus der Innenperspektive eines romantischen Weltbildes stand Wahnsinn lediglich für die Steigerungsform individueller Autonomie. Die heutige Forschung erklärt das Phänomen des labilen Kreativen u. a. mit einer »niedrigen latenten Inhibition«, einer mangelnden Reizhemmung. Laut Shelley Carson, Psychologie-Professorin in Harvard, können die Betroffenen die auf sie einstürzenden Informationen schlecht filtern, was Vorteile in puncto Sensibilität und Kreativität einbringe, aber das Risiko erhöhe, an Depression oder Schizophrenie zu erkranken. Auch wenn man nicht gleich dramatisierend von »Wahnsinn« sprechen will, scheint doch ein gewisser Zusammenhang von Kreativität und psychischer Labilität gegeben zu sein, wie der Heidelberger Psychotherapeut Rainer Holm-Hadulla feststellte:

»Schöpferische Arbeit gründet auf einem Wechselspiel von Destruktion und Konstruktion.«

Künstler wünschten und produzierten einerseits das Chaos, andererseits bräuchten sie feste Strukturen, um diese Labilisierung zu verkraften: Freundschaften, Liebschaften und oftmals auch regelmäßige Auszeiten, Phasen selbstgewählter Isolation. In mehreren aktuellen medizinischen Studien wurden Phänomene untersucht wie etwa die gesteigerte künstlerische Kreativität von Parkinson-Patienten unter Medikamenteneinfluss, oder es wurde die überproportionale Häufung von bipolaren Störungen oder Schizophrenie bei erfolgreichen Autoren, Tänzern, Künstlern und Wissenschaftlern festgestellt bzw. bestritten. Ob diese Erkrankungen unter Künstlern, Musikern und Wissenschaftlern tatsächlich häufiger verbreitet sind als in der sonstigen Bevölkerung, ist umstritten – allerdings verweisen viele Fachleute darauf, dass es bei künstlerischen Berufen ein wesentlich höheres Risiko gebe, depressiv zu werden. Dies hängt offenbar mit dem grassierenden Narzissmus und Erfolgsdruck im Kulturbetrieb zusammen, mit dem Zwang, sich ständig mit erfolgreicheren Konkurrenten vergleichen zu müssen.

Krankheit adelt die Kunst – bestätigt wird diese romantische Faszination für den Wahnsinn bis heute durch die Intensität, die manche Kunstwerke von Psychiatriepatienten ausstrahlen. Die Erkrankung erzeugt in einzelnen Fällen eine enorme Kreativitätssteigerung, besonders bei latent Begabten, wobei zwanghafte Wiederholungen, Fixierungen auf bestimmte Farben und Formen, Verzerrungen von Motiven und Proportionen für starke expressive Effekte sorgen. Angstattacken und störende Halluzinationen wirken als treibende Kräfte bei den manchmal rastlosen Bildfindungsprozessen oder dem Schreiben von Texten, mit deren Hilfe sich die Patienten zu stabilisieren versuchen, manchmal auch durch Therapeuten dazu ermuntert. In manchen Kunstwerken von Schizophrenen kommt ein unmittelbares, bildhaftes Denken zum Vorschein, das nicht von kognitiven Prozessen überlagert und gezähmt wird und deshalb auf die Betrachter faszinierend wirkt. Letztlich ist diese Faszination auch ein Grund für die Popularität Vincent van Goghs. Technisch limitiert und unbeholfen, scheint in seinen Bildern das unbedingte Wollen auf, sich künstlerisch auszudrücken, der innige Wunsch, Wahrheit und Reinheit in der Malerei zu repräsentieren. In manchen Werken oder Biografien psychisch Kranker manifestiert sich der Glaube an eine magische, heilende Wirkung der Kunst.

So bei Vanda Vieira-Schmidts Friedensrettungsmission. Die an Schizophrenie erkrankte Berlinerin füllte allein zwischen 1995 und 2005 in ihrer betreuten Wohngruppe über eine halbe Million DIN-A4-Blätter mit magischen Mustern und Zeichen. Frau Vieira-Schmidt hatte eine Mission: das Böse in der Welt durch selbst ausgearbeitete Bannsprüche in Form von Zahlenfolgen zu bekämpfen. Sie entmachtete auf diese Weise den Teufel, wehrte Flüche mit Gegenflüchen ab und sicherte so täglich den zukünftigen Weltfrieden, ihr Werk nannte sie *Die Friedensbatterie*. Fünfhunderttausend Blätter Papier, jeden Tag kam eines dazu, Sedimente der Sorge um die Welt. Wenn also jemand meint, er müsse jeden Tag eine Zeichnung machen, dürfe niemals aussetzen, denn nur so könne der Weltfrieden bewahrt werden – dann ist das ein romantisches Glaubensbekenntnis an die Kunst, wie man es im professionellen Kunstbetrieb schon lange nicht mehr abzulegen wagt. Eindrucksvoll ist in der Sammlung Prinzhorn des Psychiatrischen Universitätsklinikums Heidelberg dokumentiert, wie psychisch Kranke im künstlerischen Gestalten Halt suchten. Sie umfasst heute ca. vierzehntausend Arbeiten und geht auf einen Aufruf des Kunsthistorikers und Mediziners Hans Prinzhorn zurück, der nach dem Ersten Weltkrieg Kliniken und Sanatorien in den deutschsprachigen Ländern aufforderte, ihm zum Aufbau einer Lehrsammlung künstlerische Werke von Patienten zuzusenden. Die »Phantastik« und »Unsinnigkeit« in diesen Bildern betrachtete er als eine wichtige, bislang unbeachtete Quelle psychiatrischer Erkenntnis. Prinzhorns Buch *Bildnerei der Geisteskranken* war unter Medizinern umstritten, machte in der Kunstwelt hingegen großen Eindruck. Prinzhorn selbst durfte man zu den akademischen Außenseitern seiner Zeit zählen, wenn nicht gar zu den Sonderlingen. Im Beruf blieb ihm anhaltender Erfolg versagt, drei Ehen scheiterten, er lebte schließlich alleinstehend bei einer Tante. In den letzten Lebensjahren neigte er dem Nationalsozialismus zu.

Betrachtet man die Wirkungsgeschichte der Kunst von psychisch Kranken, ergibt sich ein Wellenmuster: In gesellschaftlichen Krisen wächst regelmäßig das Interesse an Outsider-Kunst, Künstler und Intellektuelle erhoffen sich dann eine Inspiration, wenn nicht gar eine Erneuerung der Kunst aus der gesellschaftlichen Peripherie heraus – so geschehen nach dem Ersten und Zweiten Weltkrieg, aber auch im Rahmen der Modernismus-Kritik der 1970er-Jahre, die sich in Harald Szeemanns wegweisender Begrifflichkeit der »Individuellen Mythologien« kunsthistorisch niederschlug, mit der die Wahnwelten, Zeichensysteme und Materialsammlungen der Eigenbrötler, Paranoiden und Messies in den Adelsstand einer neuen Kunstgattung erhoben wurden. Zuletzt setzte die Biennale von Venedig im Jahr 2013 einen starken Akzent auf die Kunst von Außenseitern. In den letzten hundert Jahren befassten sich viele Künstler, darunter Klee, Dubuffet, Jorn oder Beuys, mit der Kunst der Patienten, versuchten sie zu »verstehen«. Man könnte aber auch sagen, sie kopierten und benutzten sie, enteigneten letztlich die psychisch kranken Urheber. »Sie verarbeiteten die zwanghaften Motive zu frei kombinierten, oft artifiziellen Wahn- und Leidensbildern und nutzten sie in entspannten Simulationen für ihre kulturrevolutionären Praktiken«, merkte der Kunstkritiker Eduard Beaucamp dazu an. Die Kunst von Psychiatrieerfahrenen dient auch heute wieder als beliebter Ideenpool für »normale« Kunstschaffende. Gerade die Kunst, die doch authentische Zeugnisse ihrer Schöpfer ablegen, die den Betrachtern authentische Erlebnisse bieten will, versucht von der Aura der Outsider zu profitieren, borgt sich deren Authentizität. Heute gelten persönliche Macken und (moderate) Phobien als durchaus ehrenhafte Belege für Individualität, als Beweise für eine authentische Wesensart. Man kokettiert damit, und Therapien haben in manchen Kreisen nichts Anrüchiges mehr. Psychisch Kranke werden heute in der Regel auch nicht mehr lebenslang in Anstalten eingeschlossen, sondern so weit wie möglich in den Alltag integriert. Ein gemäßigtes Irresein hat scheinbar Konjunktur, besonders in den kreativen Branchen. Laut dem Leiter des Prinzhorn-Museums, Thomas Röske, gibt es mittlerweile häufig Anfragen von Künstlern oder ihren Vermittlern, die sich um Ausstellungsgelegenheiten in seinem Hause bewerben, oftmals zusammen mit einem ärztlichen Attest, das quasi als Referenzschreiben dient. In Zeiten der allgegenwärtigen Emotionskontrolle, aufgesetzter Kompetenz-Masken und aufgeblendeter *social skills* wirkt die unfreiwillige Kompromisslosigkeit und mangelnde Sozialkompetenz der Eigenbrötler und Melancholiker, der künstlerisch begabten Asperger-Patienten, der autistischen und schizophrenen Künstler nicht nur erfrischend, sondern geradezu bewundernswert echt. Ein größerer Gegensatz zu den berechnend eloquenten und elegant netzwerkenden Erfolgsmenschen unserer Gegenwart scheint kaum denkbar zu sein. Und doch wurde mittlerweile selbst die Simulation von Außenseitertum und psychischer Labilität zum wohlkalkulierten Selbstdesign. Galeristen und Manager etwa raten ihren Künstlern, sich rar zu machen. Auf Vernissagen werden sie nicht mehr gesichtet, Interviewtermine lassen sie plötzlich platzen, Einblicke ins Atelier oder Studio werden Presse und Sammlern nur noch sehr selektiv gewährt. Der New Yorker Stargalerist David Zwirner skizzierte in der *ZEIT* dieses neue Idealbild eines unbequemen Künstlers, der »es sich selbst, den Kunden und den Institutionen schwer macht. Und der wichtige Fragen stellt«. Händler wie Zwirner sind stets auf der Suche nach originellen Typen auf einem chronisch übersättigten Markt:

> *»Für mich ist das Authentische das Entscheidende. Wir haben auch öfter Künstler in die Galerie gebracht, die schon ein Leben gelebt haben und älter sind (...).«*

Michel Houellebecq verkörpert diesen Typus in idealer Weise. Zeitungen und Verlage charakterisieren ihn gerne als »romantischen Pessimisten«, als »letzten Romantiker«, als einen tief verletzten, sensiblen Autor, der seine Sehnsucht hinter Zynismus versteckt. Bisweilen verschwindet er spurlos, lässt Interviewtermine und Lesungen sausen, erscheint ungepflegt und desorientiert in der Öffentlichkeit. Im Frühjahr 2015 wirkte er wie einer Bildergalerie »*Faces of Meth*« entsprungen: eingefallene Gesichtszüge, struppiges langes Haar; einige munkelten, dies sei pure Performancekunst, andere, wie eine *FAZ*-Journalistin, hielten ihn für »vollkommen unbekümmert, was seine Wirkung auf andere angeht, zerbrechlich, emotionslos und tatsächlich ein bisschen autistisch«.

Die demonstrative Vermeidung jeglichen Selbstdesigns zählt heute ebenfalls zu den Optionen des Selbstdesigns. In einer Kultur der allgegenwärtigen Inszenierungen wird auch die Authentizität zur Inszenierung – besonders bei Medienmenschen wie etwa dem Nachwuchsmoderator Jan Böhmermann. Der quirlige, manchmal etwas rüpelhafte Journalist kokettiert mit dem Image des Autisten und erzählte dem *Spiegel*, er sei privat sehr gehemmt, vermeide geradezu persönliche Gespräche: »Auf der Bühne zu stehen ist für mich einfacher, weil es kontrollierbar ist.« Der Eigenbrötler an der Grenze zum Autismus, der scheinbar keine Fassade nötig hat – er ist selbst reine Fassade, ist selbst Produkt umfangreicher Maßnahmen eines Impressionsmanagements durch interessierte Händler, Sammler, Agenten und Journalisten geworden. Gibt es kein Entkommen aus diesem hermetischen System? Vielleicht paradoxerweise nur dann, wenn man sich völlig in ein eigenes, selbstgezimmertes hermetisches Gedankengebäude zurückzieht.

Echte Außenseiter und ihre Verschwörungstheorien lieferten der Kunst immer wieder reichhaltiges Material. Der renommierte amerikanische Filmemacher James Benning, der sich als Chronist des *American Way of Life* einen Namen gemacht hat, erwarb durch einige Künstlerfreunde via Ebay Texte – hauptsächlich verschlüsselte Tagebucheintragungen – aus dem Besitz des Mathematikers Theodore Kaczynski. Jener hatte 1969 seine wissenschaftliche Karriere jäh beendet und anschließend zwanzig Jahre lang als Einsiedler eine Berghütte bewohnt. In der Einsamkeit radikalisierten sich seine Verschwörungstheorien und er begann, mit Briefbomben Forschungseinrichtungen und Unternehmen zu bekämpfen, bis ihm das FBI auf die Spur kam. Benning, den einerseits eine Liebe zur Mathematik, andererseits Interesse an zivilisationskritischen und linken Widerstandsformen bewegt, baute die Hütte Kaczynskis im Originalmaßstab in einer Waldlandschaft nach, filmte sie in vier verschiedenen Jahreszeiten und konfrontierte die idyllischen Landschaftsbilder mit einer höchst beunruhigenden Tonspur: Man hört Auszüge aus Kaczynskis Tagebüchern und Briefen, in denen er über seine Lage räsoniert – bis hin zu technischen Schwierigkeiten, die ihm der Bombenbau bereitet. Im Kunsthaus Graz wurde 2014 eine Replik der Bombenbauerhütte aufgebaut. Betritt man sie, stellt sich sofort ein klaustrophobisches Gefühl ein. Nun taucht man in die Wahnwelt des Eremiten ein, in der sich hohe Intelligenz, notorisches Querulantentum, berechtigte Technologiekritik und Realitätsverzerrung zu einem dichten Netz verwoben. Benning setzte die heutige Angst vor der umfassenden digitalen Überwachungsmaschinerie mit den historischen Bedenken in Zusammenhang, die den Bau des Eisenbahnnetzes im 19. Jahrhundert begleiteten. Diese waren damals u. a. von dem Philosophen Henry D. Thoreau artikuliert worden – er sah im Eisenbahnbau eine völlig neuartige und bedrohliche Kontrollmöglichkeit für Zeit und Raum: Der Fahrplan zwang den Menschen von nun an ein striktes Zeitmanagement auf, auch jenen, die gar nicht mit dem Zug fuhren. Thoreau rief seinerzeit zum zivilen Ungehorsam gegen die neuen Technologien auf und bezog eine einsame Waldhütte – allerdings nur für wenige Jahre und in Rufweite der Zivilisation. Sein später Schüler Ted Kaczynski begnügte sich nicht mit der Pose des Widerstands, er glaubte töten zu müssen, um seiner Freiheitsbotschaft die notwendige Beachtung zu verschaffen. Noch erschreckender ist allerdings, dass Kaczynskis – aus den 1980er- und 1990er-Jahren stammende – wahnhafte Visionen einer alles überwachenden digitalen und internetbasierten Technik heute durch das rasant wachsende Google-Imperium, den boomenden Drohneneinsatz und die NSA-Aktivitäten real geworden zu sein scheinen.

»Jene, die denken, all dies klinge nach Science-Fiction, möchten wir daran erinnern, dass die Science-Fiction von gestern die Tatsache von heute ist. (…) es ist zu erwarten, dass, je stärker die Technologie auf den menschlichen Körper und Geist angewendet wird, der Mensch selbst ebenso radikal verändert werden wird, wie es mit seiner Umwelt und Lebensweise bereits geschehen ist«,

warnte Kaczynski in seinem Manuskript *Control of Human Behavior*. Bewahrheiten sich heute die paranoid anmutenden Prognosen der frühen Romantiker, die eine zunehmende Entfremdung des Menschen, eine fortgesetzte Zerstörung der Natur durch den entfesselten Kapitalismus und eine demoralisierende Wirkung einer Kultur vorhersagten, die zu einer reinen Unterhaltungsindustrie verkomme? Waren diese düsteren Ahnungen realistischer als all die Utopien von Vernunft und Fortschritt, die die Neuzeit hervorbrachte? Auch all die Schauergeschichten der Schwarzen Romantik von Geistern und Monstern hatten ihren realen Kern – schließlich ist das Monster Dr. Frankensteins ein Symbol für eine Wissenschaft und Technik, die zum Selbstzweck, zum richtungslosen Machtmittel wurde, ganz ohne humanistisches Ziel und Moral. Damals war es der Schock über die Industrialisierung, die in eine noch weitgehend agrarische und feudale Welt einbrach. Heute ist es die digitale Revolution, die im Verbund mit den Biowissenschaften und einem hochgradig individualisierten Kapitalismus den gläsernen Menschen schafft. Dessen Bewegungen, Bedürfnisse – und möglicherweise auch bald Gedanken und Träume – werden von Mächten gesteuert, die wir noch gar nicht so genau kennen und die uns daher in ähnliches Unbehagen versetzen wie jene Menschen, denen damals vor der Einführung der Eisenbahn graute. Unheimlich erscheinen uns beispielsweise schon die vielen kleinen nützlichen Helfer, die die Industrie anbietet, um unser Leben zu erleichtern – ob im Auto, in der Wohnung oder direkt am Körper. Drohnen, Eye-Tracker, Haut-Sensoren und kleine Kameras werden bald überall sein, Daten über uns sammeln und unsere Aufmerksamkeit kanalisieren. »Es muss ja nicht gleich bewusstes Denken sein, es reicht, von unbewussten Software-Gehirnen umgeben zu sein. Diese werden Sie nicht nur überwachen, sie werden auch über Sie nachdenken – und mit anderen Software-Spionen über Sie diskutieren. Und dann ist es eine Frage der Zeit, bis Sie irgendwann feststellen, dass die Software Sie besser kennt als Sie sich selbst.« Ein erschreckendes Zitat des Computerpioniers, Künstlers und Essayisten David Gelernter, der 1993 selbst als angeblicher Protagonist einer totalitären Internetherrschaft ins Visier Kaczynskis geriet. Zu Gelernters 60. Geburtstag schrieb die *FAZ*, es sei »schlechte Ironie«, dass Kaczynski einen Mann verletzte, »der die dem Attentäter verhasste technologische Revolution zwar vorantrieb, in seiner Publizistik inzwischen aber zu einem ihrer wortmächtigsten Gegner geworden ist«. Und der renommierte Astrophysiker Stephen Hawking warnte Ende 2014 sogar vor einer Herrschaft der künstlichen Intelligenz, die die Menschheit eines Tages von der Erde vertreiben könnte. Hawking prognostizierte, dass innerhalb von hundert Jahren Computer intelligenter als Menschen sein werden:

»Das wird das größte Ereignis in der Geschichte der Menschheit werden – und möglicherweise auch das letzte.«

Wenn künstliche Intelligenz in die Lage versetzt werde, sich selbst ohne menschliche Steuerung optimieren zu können, sei ein kritischer Punkt erreicht. Der Mensch könne dann in vielerlei Hinsicht übergangen werden und sich in einer neuen Abhängigkeit wiederfinden. Im Szenario der Machtergreifung der Maschinen würden zunächst die Nerds die Herrschaft übernehmen. Die Menschheit zerfiele bald darauf in zwei Gruppen: diejenigen, die programmieren können, und diejenigen, die sich den Programmen fügen müssen – wobei innerhalb der »Nerd«-Gruppe verschiedene Hierarchie-Ebenen des Wissens existierten. Reichtum und Macht wären noch ungleicher verteilt als heute, automatisierte Roboterkriege ohne menschliche Interventionsmöglichkeiten drohten dann bereits in naher Zukunft: gestern noch ein Plot für das Science-Fiction-Kino, heute Diskussionsstoff ernsthafter Wissenschaftler. Fantasie und Wirklichkeit lassen sich immer schwerer auseinanderhalten. Auch deshalb gedeihen Verschwörungsideen aller Art. Die Massen an halbgaren Theorien, Vereinfachungen und Gerüchten, die sich binnen Minuten zusammengoogeln lassen, relativieren die Wirkung empirisch ermittelter wissenschaftlicher Erkenntnisse. Die Wissenschaftsfeindlichkeit der Romantik findet im Internetzeitalter einen späten Widerhall. Für jede noch so irrsinnige Idee gibt es in den Weiten des Internets Bestätigungen und Mitstreiter. Unangenehme und komplexe Erscheinungen und Vorgänge werden dort als Ergebnisse finsterer Mächte erklärt, und derartig erlösende Simplifizierungen verbreiten sich dann in Gestalt einer sozialen Epidemie. Häufig müssen die Pharma-, Chemie- und Rüstungsindustrie, die Gentechnik, die Schulmedizin, die CIA, das FBI oder Israel in diesen Wahngebilden die Hauptrollen spielen. Oftmals handelt es sich hier um undurchdringbare Fantasiewelten, Kritik an einer Verschwörungstheorie wird mit der nächsten Verschwörungstheorie erklärt, wissenschaftliche Erkenntnisse und Versuchsergebnisse werden als Manipulationen abgetan. Eine ganze Branche lebt inzwischen davon. Wo also endet die Realität, wo beginnt die Wahnwelt? Umso wichtiger ist es, die wirklichen Gefahren zu erkennen und zu definieren, wo Widerstand dringend geboten ist.

Niederlage

»Sind Sie ein desillusionierter Banker? Warum unterrichten Sie am Wochenende nicht ein paar Stunden Yoga oder gestalten freiberuflich Webseiten?«

Das schlägt der Soziologe und Hobbygärtner Roman Krznaric frustrierten Finanzexperten vor. In der Londoner City würde er mittlerweile reichlich Resonanz finden. Im Eldorado der Erfolgsmenschen sind Ermüdungserscheinungen unübersehbar. Neuerdings befindet sich in Sichtweite zur Bank of England das »Priory Wellbeing Centre«. Die ambulante Psychoklinik in der Fenchurch Street wird diskret von Patienten in Maßanzügen angesteuert, deren Kollegen und Ehefrauen bloß nicht mitkriegen dürfen, dass sie kurz davor sind, durchzudrehen. Um Langeweile (»Bore-out«) und Burn-out-Erscheinungen zu bekämpfen, raten viele Coaches zu *»temporary assignments«*, zu sinnstiftenden Nebenbeschäftigungen (man könnte sie weniger hochtrabend auch »Hobbys« nennen). Der Spezialist, das Arbeitstier, der Fachidiot – all diese Lebensmodelle scheinen in die Krise geraten zu sein. Während das Bildungsideal in früheren Jahrhunderten noch im Studium generale in Kombination mit ausgedehnten Reisen bestand, etwa in Gestalt einer Sentimental Journey oder der obligatorischen Grand Tour durch Europa, verbreitete sich in der Moderne die Vorstellung, jeder solle sich möglichst auf ein Fachgebiet spezialisieren – eine Anpassung an die arbeitsteilige Industriegesellschaft, in der man sein Auskommen am besten in einer Nische suche und auf diese Weise gleichzeitig zum ökonomischen Gesamterfolg beitragen könne. Mittlerweile wird die Spezialisierung aber als eine Einschränkung empfunden, die weite Teile der Persönlichkeit brach liegen lässt. Die Kulturindustrie erfand zwar Hobbys, um dem Dilemma zu begegnen, doch das reichte nicht, denn bei den meisten Angeboten der Freizeit- und Unterhaltungsindustrie fehlt die Sinnstiftung, es ist eine schablonenhafte Selbstverwirklichung ohne wirkliche Verbindung zum Selbst, eine Subjektivierung ohne Inhalt. In der Arbeitswelt haben netzwerkende Allrounder und sogenannte Portfolioarbeiter bereits wieder eine größere Bandbreite von Kenntnissen und Fähigkeiten anzubieten, allerdings trifft das bislang nur auf wenige Branchen und Berufe zu, vor allem im Dienstleistungssektor und in der Kulturwirtschaft. Das individuelle Bedürfnis nach vielseitigen Tätigkeiten und Wissensfeldern ist ohne Zweifel groß. Und selbst die Personalmanager achten bei Bewerbern mittlerweile darauf, ob diese auch genug Hobbys und ehrenamtliche Tätigkeiten vorzuweisen haben, die einem Burn-out oder anderen kostentreibenden Störungen vorbeugen. Deutet sich hier eine Trendwende an, ein neues Zeitalter des fröhlichen Dilettantismus?

Das Wort hatte (lateinisch delectare = ergötzen, erfreuen) in der Zeit der Romantik durchaus noch einen guten Klang. Um 1800 galt der Dilettant als leidenschaftlicher Fan, als jemand, der sich intensiv an den Künsten oder Wissenschaften erfreute, der dichtete oder musizierte, sich mit Künstlern umgab. Der Begriff wurde aber im Laufe des 19. Jahrhunderts immer stärker in ausgrenzender Absicht verwendet, als Wertungskategorie problematischer oder gescheiterter Künstler, Wissenschaftler oder Experten, als Synonym für lächerlich übersteigerte Ambitionen bei mangelndem Können. Nun herrschten die Profis, Spezialisten und wahren Experten. Ein gutes Jahrhundert später, im Gefolge der Umwelt- und Alternativbewegung der späten 1970er, feierte der Dilettantismus überraschend Auferstehung: in Gestalt des Selbstgestrickten, Selbstgebastelten und Selbstgebackenen. Es blühte eine Ästhetik, die sich in ihrer handgemachten Fehlerhaftigkeit bewusst gegen industrielle Massenware und technische Perfektion richtete: Schafswolle statt Polyester, selbstgebranntes Steingut statt Plastik, Holzhütten statt Betonfertigteilbau, persönliche Handschrift statt Maschinentypografie. Im Internetzeitalter erhielt der Dilettantismus dank der Neuen Medien einen weiteren Schub. Ob YouTube, SoundCloud, Instagram oder Books on Demand – heute findet jeder, der malt, singt, tanzt, dichtet oder seine Memoiren verlegen möchte, eine Bühne. Zugangsbarrieren und Qualitätskontrollen gibt es nicht, allein die Klick- und Downloadzahlen definieren Erfolg oder Scheitern, auch ein Laie kann hier unter glücklichen Umständen ein Riesenpublikum erreichen. Trotzdem sehnt sich der Dilettant noch immer nach Anerkennung durch die Fachwelt – und wird in seiner Sehnsucht zum Spielobjekt der Hochkultur, etwa bei der documenta. Diese alle fünf Jahre in Kassel stattfindende internationale Kunstausstellung gilt als Mekka ernst zu nehmender (und sich selbst ernst nehmender) Künstler und Kuratoren. Die amerikanische Kunstkritikerin Lori Waxman saß dort im Jahr 2012 in einer eigens für sie gezimmerten Hütte und kritisierte »live« alles, was ihr als Kunstwerk hineingereicht wurde. Die Warteliste war lang. Schließlich waren unter Hunderten von Bewerbern zweihundertfünfzig Künstler und Künstlerinnen ausgewählt worden, die allermeisten Hobbykünstler mit regionalem Radius. Die Künstler und die Ausstellungsbesucher konnten auf einem Monitor und durch die großen Glasscheiben verfolgen, wie die Kritik Form annahm. Hier wurden die Dilettanten selbst zum Ausstellungsstück. Ihnen aber ging es vor allem um eines: Jemand möge sie als kreative Zeitgenossen ernst nehmen. Sie wollten eigentlich nicht sich, sondern ihre Kunst auf der documenta sehen, wurden aber zugleich vorgeführt. Der Unterschied von Hobby und Hochkultur wurde mit dieser scheinbar »volksnahen« Aktion zementiert. Ob als Gast auf der documenta oder bei der Castingshow im Fernsehen: Der Dilettant strebt nach Anerkennung durch die Fachwelt, erntet aber meistens nur Spott und Ablehnung. Subkutan hat das Dilettantische die Sphäre der Hochkultur aber bereits infiltriert, und zwar nicht nur als Objekt elitärer Belustigung. Ohne es zuzugeben, hat man sich in diesen lichten Höhen nur allzu gern und ausgiebig aus dem Fundus der Amateure bedient. Das von ihnen ausgeborgte Handschriftliche, Improvisierte, Fehlerhafte hat sich als Stilelement im Design und in der Kunst längst etabliert. Man goutiert dort den Charme des Ungeschickten als authentischen Ausdruck. Denn: Wer sein Metier nicht beherrscht, sondern in ihm dilettiert – ist der dann nicht entwaffnend ehrlich? Dieses Scheitern an zu großen Aufgaben, die Häufung von Fehlern, die behelfsmäßigen Reparaturversuche, die falschen Antworten, die Ratlosigkeit – das alles lässt sich nicht mehr hinter Erfolgsfassaden verstecken. Sind Dilettanten, Scheiternde und Gescheiterte die letzten authentischen Figuren?

Vielleicht in der Theorie. Denn in der Alltagspraxis gibt niemand gerne zu, ein Dilettant zu sein, weder im Beruf noch in der Freizeit. Selbst Hobbys werden heute mit verbissener Professionalität ausgeübt – mit einer teuren Ausrüstung, durch ein großes Trainingspensum, durch Kurse und Workshops. Möglicherweise vermeidet man jeden Anflug von Dilettantismus im Wissen, durch die permanent anwachsende Informationsmenge und die unaufhörliche Weiterbildungspflicht längst selbst in seinem Beruf, in seinem Fachgebiet nicht mehr auf dem neuesten Stand zu sein. Ob Pharmakologe, Anwalt, Elektrotechniker oder Softwareentwickler – alle laufen den neuesten Forschungsergebnissen, Gesetzesänderungen, technischen Innovationen, Apps und Updates hinterher. Jeder dilettiert ohnehin bereits und fühlt sich mitunter schon als Hochstapler, aber niemand soll das mitkriegen! Deshalb haftet am Dilettantismus noch immer das Odium der Peinlichkeit. Selbst Prominente, die sich auf dem Gipfel ihres Ruhms oder im Ruhestand beherzt neuen Hobbys zuwenden, sind vor Spott nicht sicher, wenn etwa der Schauspieler in die Politik drängt (seinerzeit Ronald Reagan), der Actionkinoheld zu malen beginnt (Sylvester Stallone); wenn der Berufsfußballer Kunstmessen besucht (Michael Ballack) bzw. sich in einen muskelbepackten Wrestler verwandelt (Tim Wiese).

Die ambivalente Haltung zum Dilettantismus, der scheinbar verachtet, doch insgeheim immer wieder als Quelle der Authentizität angezapft wird, ist ein neues Phänomen. So wie das Dilettieren wurde auch das Scheitern im bürgerlichen Zeitalter lange tabuisiert. Wirtschaftliche Fehlschläge, militärische Niederlagen oder technische Fehlentwicklungen galten als wenig ehrenhaft und fanden selten bzw. ungern Eingang in die Geschichtsbücher. Doch seit einigen Jahren, vor dem Hintergrund der digitalen Revolution und einer fortschreitenden Lockerung sozialer Bindungen, gilt das Scheitern als salonfähig: Technologie, Karriere, Partnerschaft – alles scheint unaufhörlich im Wandel zu sein, was heute gilt, kann sich morgen schon als Fehler oder Sackgasse erwiesen haben. Wissenschaftler begannen das Thema von verschiedenen Seiten zu beleuchten, Publikationen und Konferenzen häuften sich, wie etwa die Tagung *Pleitiers und Bankrotteure. Zur Geschichte ökonomischen Scheiterns* an der Universität Zürich. Diese Veranstaltung im Jahr 2009 kämpfte noch mit der Schwierigkeit, Sponsoren zu gewinnen. Kein Unternehmen war bereit, mit einer *Geschichte des ökonomischen Scheiterns* in Verbindung gebracht zu werden. Doch mittlerweile ist das Scheitern in aller Munde, vor allem in der Kreativ-, IT- und Medienbranche, wo sich beispielsweise die Fernsehmoderatorin Katrin Bauerfeind mit fröhlichen *Geschichten vom schönen Scheitern* hervortut:

> »*Scheitern kann ich! Es ist das Thema, mit dem ich mich am besten auskenne*«,

behauptete sie munter. Die Publizistin Miriam Meckel hatte bereits vor einigen Jahren ihren Burn-out-Zusammenbruch gebeichtet und vermarktete ihn zugleich höchst effektiv mit dem Buch *Brief an mein Leben,* das zudem kürzlich verfilmt wurde. Streberinnen wie die Damen Bauerfeind oder Meckel haben erkannt, dass das Scheitern mittlerweile zum Leistungskatalog der Gegenwart gehört, man kann es sich nicht mehr leisten, beim Scheitern zu scheitern. Und gerade Deutschland scheint hier großen Nachholbedarf zu haben. Beim »Fehlermanagement« stehe das Land an vorletzter Stelle des entsprechenden internationalen Rankings

(Platz 61 von 62 gelisteten Nationen), wird warnend der Lüneburger Wirtschaftspsychologe Michael Frese im Unimagazin *Karriereführer Hochschulen* zitiert. Fehler, heißt es, führten oftmals zu Innovationen, deshalb solle man eine neue Fehlerkultur etablieren, die amerikanische Mentalität sei hier vorbildhaft. Einigen Wirbel verursachte im Frühjahr 2015 der FDP-Politiker Christian Lindner, den ein Zwischenrufer im Düsseldorfer Landtag auf die Palme brachte. Der Sozialdemokrat erinnerte Lindner beim Debattenthema »Gründungskultur« daran, dass dieser in jungen Jahren selbst als Unternehmer gescheitert war, was Lindner zu einer Philippika veranlasste, in der er klagte, die sozialdemokratische Umverteilungs- und Neidkultur entmutige Gründungspioniere systematisch. In gewisser Weise hatte Lindner recht, sich gegen eine lebenslange Stigmatisierung von Pleitiers zu verwahren. Andererseits steht der Parteikarrierist und Berufspolitiker, der seit seinem einundzwanzigsten Lebensjahr Parlamentsdiäten bezieht, eben nicht für den risikobereiten Unternehmertyp, er simuliert ihn nur: Das von ihm ehedem mitgeführte Internetunternehmen Moomax wurde überwiegend mit öffentlichen Mitteln finanziert, die nach der Insolvenz nicht zurückgezahlt werden mussten. Seriöse Journalisten recherchierten nach und kamen zu dem Ergebnis, dass ein großer Teil der investierten Summe von zwei Millionen Euro als Gehälter an die drei Moomax-Geschäftsführer geflossen sein müsse. Unser Held ist also ziemlich gefahrlos gescheitert.

Vergleichbar mit dem im 19. Jahrhundert verehrten Künstlergenie wurde in den letzten Jahren der IT-Tüftler zur fantasieumwobenen Figur, die man einerseits für ihre versponnenen Experimente bemitleidete, die andererseits aber wundersame Überraschungen bieten konnte: Manch einer, der im Silicon Valley in seiner düsteren Bastelgarage verschwand, kam einige Jahre später als gefeierter Milliardär wieder heraus. Dieses Märchen des 21. Jahrhunderts erzählt von einem Spinner, der weder Spott noch Rückschläge fürchtete und am Ende eine geniale Geschäftsidee, eine bahnbrechende Innovation hervorbrachte. Auch wenn die Wahrscheinlichkeit noch so gering ist: Jeder Nerd könnte ein Genie sein! Damit kein Talent verloren geht, schreibt die Privathochschule Zeppelin Universität in Friedrichshafen ein *Anti-Streber-Stipendium* aus:

> *»Die ›Stipendien fürs Anderssein‹ möchten Personen fördern, die eine besondere Lebensgeschichte aufweisen und nach konventionellen Kriterien kaum eine Aussicht auf ein Stipendium hätten. (…) Junge Menschen eben, die einfach anders sind, die Erfahrungen jenseits des Erfolgs gemacht und diese reflektiert haben (…).«*

Ausdrücklich zur Bewerbung aufgefordert werden »Ausbildungsabbrecher, (…) Nerds, Gründungspleitiers, Studienabbrecher, Sitzenbleiber, Legastheniker, Dyskalkuliker«, denn gerade diese seien höchst wertvoll für die Arbeitswelt: »Teams mit strategischer Diversität sind selbstkritischer und selbstbewusster, wachsamer und achtsamer.« Pressesprecher Rainer Böhme bilanzierte nach dem dritten Stipendiaten-Jahrgang: »Die Erfahrungen sind durch die Bank positiv.« Gleichzeitig versichert die Universität auf ihrer Website: »Natürlich: Wir lieben auch klassische ›Streber‹. 13 Prozent unserer Studierenden sind Stipendiaten der dreizehn Begabtenförderungswerke der Bundesrepublik Deutschland, 20 Prozent gründen erfolgreich Unternehmen, Dutzende haben ein 1,0-Abitur und viele kommen bereits mit herausragenden Praktika-Erfahrungen zu uns.« Na, dann ist ja alles in Ordnung: Die Herrschaft der Streber, Ja-Sager und Karrieristen bleibt unangetastet, und ein paar Pleitiers und Querköpfe werden hier kaum stören.

Von den USA aus verbreitete sich die Mode sogenannter »Scheiterkonferenzen«. Doch eigentlich treten dort erfolgreiche Entrepreneure auf, die nach einigen Turbulenzen umso höher aufstiegen. Bei sogenannten »*FuckUp Nights*« berichten coole Loser gemeinsam mit Business-Coaches bei Freibier über ihre ökonomischen Rückschläge und verblüffenden Comebacks. Etwa bei jener Veranstaltung, die im März 2015 in den Räumen einer Berliner Managementberatung stattfand. »Gescheiterte« Erfolgsmenschen referierten vor Hunderten von Zuhörern, aber keiner im Publikum kam der Aufforderung des Moderators nach, über seine Fehlschläge zu berichten. Da wurde es auf einmal ganz still im Auditorium. Diese desinfizierte Variante des Scheiterns hat natürlich wenig gemein mit dem echten, persönlichen, schmerzhaften Scheitern, wenn eine Ehe oder Familie in die Brüche geht, ein Lebenswerk ruiniert wird, sich eine große Liebe entzweit. Sicher ist jedenfalls: Am schönsten ist das Scheitern hinterher, wenn sich herausgestellt hat, dass doch alles gut gegangen ist.

Auffällig viele Prominente kokettieren rückwirkend mit dem Scheitern, wie beispielsweise Hollywoodstar Dustin Hoffman: »Ich bin Schauspieler geworden, weil ich ein totaler Versager war.« Und er beschreibt Journalisten, wie er nacheinander als Pianist, Jazzmusiker und College-Student scheiterte. Ebenso prekär habe sich die Karriere als Jungschauspieler angelassen: »Wir vegetierten am Rande des Existenzminimums dahin, doch wir hatten das Gefühl, in Würde zu scheitern (...). Noch immer habe ich Angst davor, dass ich eines Tages aufwache und ein Arzt mir erklärt, ich sei ein arbeitsloser Schauspieler, der fünfzig Jahre lang im Koma gelegen habe.«

Je häufiger und drastischer man scheiterte, umso heller strahlt der dennoch errungene Erfolg. Der aus einer wohlhabenden Familie stammende Südafrikaner William Kentridge, ein renommierter Gegenwartskünstler, beichtete: »Ich versagte zunächst als Künstler, dann als Schauspieler und schließlich als Filmemacher. Erst danach konnte ich zur Kunst zurückkehren. (...) Ich wurde also letztlich darauf reduziert, Künstler zu sein.«

Hoffman und Kentridge zählen heute zu den Gewinnern. Das kapitalistische Wirtschaftssystem produziert aber zwangsläufig viele Verlierer bzw. eine große Anzahl kleiner Player und eine kleine Anzahl von Hauptgewinnern. Dies gilt in extremer Weise bei freien, kreativen Berufen, in denen bestimmte Nischen schnell besetzt sind. Der Erfolg des einen und das Scheitern des anderen sind miteinander verzahnt und bedingen einander. Und die Erfolglosen bekommen den Triumph ihrer Konkurrenten jeden Tag auf allen Kanälen präsentiert. Folgt man dem Heidelberger Psychotherapeuten Arnold Retzer, leben wir heute in einer »depressiven Erfolgsgesellschaft«, die dem Einzelnen unerreichbare Ziele suggeriert. Künstler könnten in dieser Hinsicht als Pioniere gelten: Nach Retzer ist die starke Verbreitung von Depressionen eine Folge des übersteigerten Autonomieanspruchs des Einzelnen, der von Künstlern vorgelebt wurde, wobei das Erbe der Romantik hier eine fatale Wirkung zeige:

»Depression ist der Sieg der Romantik über die Vernunft. Das romantische Selbst muss am Widerstand der Wirklichkeit scheitern.«

Der New Yorker Psychiatrieprofessor und Psychotherapeut Jeffrey E. Young berichtet über die Stadt am Hudson, die einerseits viele erfolgshungrige Menschen anziehe, andererseits sie leiden lasse, weil das Leben in dieser Erfolgsmetropole sie jeden Tag und jede Stunde ihren geringen Status spüren lasse: »In New York sind die Menschen nach wie vor sehr leistungsorientiert. Allerdings sind Künstler wie Fotografen oder Schauspieler, auch wenn sie nicht so viel verdienen, bis zu einem bestimmten Alter hier immer noch sehr anerkannt. Danach gelten sie als gescheiterte Künstler.« Einer seiner Patienten versuchte es lange als Schauspieler, sprach immer wieder vor, bekam aber kaum Rollen und musste von seinen Eltern unterstützt werden. Er wechselte in die PR-Branche, litt aber weiterhin hartnäckig darunter, dass er es als Schauspieler nicht geschafft hatte. Solche Fälle sind dann hochlukrative Klienten für Therapeuten und Coaches, die – bei Licht betrachtet – ebenfalls als Gescheiterte sichtbar werden. Denn: Wer in keinem Unternehmen seinen Platz findet, wird Unternehmensberater. Wer freigestellt wird, wird Freiberufler. Tausende Coaches bieten ihre Dienste an, die Berufsbezeichnung ist nicht geschützt, jeder ist ein Künstler, jeder ist ein Coach, jeder ist ein Klient, jeder kann ein Star werden – *If I can make it there | I'll make it anywhere | It's up to you | New York, New York.* Das Coaching-Angebot übersteigt die Nachfrage um ein Vielfaches, im Internet kann man zahllose Motivationsvideos diverser Anbieter anschauen, und bei ihrem Vokabular und Habitus wird man dabei

den Eindruck nicht los, dass hier Heerscharen von Hoch-
staplern um Opfer werben. Diese kleine Auslese ihrer gängigen Parolen spricht für sich:

Den Erfolg bestimmst allein du!
Du hast alle Antworten in dir!
Finde deine inneren Kraftquellen!
Du musst deine persönlichen Motivationsknöpfe
finden!

Arbeite an deinem Leben!
Beschleunige die Kurve der Veränderung!
Design your life!
Bring dein Powerzeichen zum Leuchten!

Wachstum findet nicht in der Komfortzone statt!
Wahres Glück gibt es nur in der Wachstumszone!
Just do it!
Weck den Sieger in dir!

Du willst es? Du kriegst es!
Die Vision ist der Schlüssel!
Wünsche sind die Vorboten unserer Fähigkeiten!
Visionen schaffen Fakten!

Unlimited You!
Smile or die!

So klingt die Poesie der depressiven Erfolgsgesellschaft. Den
Klienten und den Coach verbindet ihre verzweifelte Erfolgsanbetung, und wer von beiden panischer ist, das ist keines-

wegs ausgemacht. Der Coach muss jedenfalls den Eindruck erwecken, er könnte auch außerhalb seiner Lehrtätigkeit jederzeit erfolgreicher sein als der zu ihm aufblickende und fürstliche Honorare zahlende Klient. Scheitern und Bluffen vereinen sich in diesem Berufsbild, mancher bietet eine patentierte Methode oder Geheimlehre an, um sein Geheimnis zu verbergen: Coach zu werden ist die letzte Chance des Gescheiterten, Aussortierten, Frühpensionierten, doch noch zum Erfolg zu kommen oder wenigstens sein Gesicht zu wahren. Das gleiche Bild an den Kunstakademien: Erfolglose oder mäßig erfolgreiche Künstler streben nach Lehraufträgen und Professuren, doch was wollen sie ihren Studenten eigentlich beibringen? Der wichtigste Lehrstoff wäre: Wie man sich von narzisstischen Exzessen verabschiedet. Wie man würdevoll scheitert. Vor allem aber: Demut! Eigentlich kein schlechtes Programm, wenn es denn angeboten würde. »Die meisten Menschen leben im Treibsand zwischen Erfolg und Überflüssigkeit«, schrieb einmal treffend der Schriftsteller Ilija Trojanow. Künstler lernen früh, was es heißt, überflüssig zu sein, sich aufdrängen zu müssen, die Nachfrage nach ihrer Leistung mühsam erzeugen zu müssen. Und dabei stets gut gelaunt zu netzwerken! Insofern sind sie Vorreiter für viele andere Branchen, vielleicht sogar für die gesamte Ökonomie.

Hat die Figur des Künstlers, der ständig (an seinen überwiegend selbst auferlegten Aufgaben und Ansprüchen) zu scheitern droht und seine Handlungs- und Identitätskonzepte revidieren muss, ein pragmatischeres Verhältnis zum Scheitern entstehen lassen? Scheitern bedeutet hier nicht mehr, tragisch unterzugehen, an übermenschlichen Aufgaben zu scheitern, an einer unerfüllten Liebe zugrunde zu gehen – wie das existenzielle, heroische Scheitern der Romantiker. Scheitern bedeutet heute auch nicht mehr nur ein peinliches ökonomisches Versagen. Vielmehr wird es als Prinzip, als eine notwendige Bedingung für Innovation und Anpassung an veränderliche Umweltbedingungen anerkannt. Eigentlich trifft dies nicht nur auf die Kunst zu, sondern auch auf die Forschung und das Unternehmertum: Überall geht es um Selektionsverfahren und unbeständige Gegebenheiten, um Anpassungsfähigkeit, um den Kampf um Ressourcen und Nischen. Doch im Vergleich zu anderen Branchen scheint das Verhältnis von erfolgreichen und gescheiterten Marktteilnehmern in der Kunst besonders ungünstig zu sein. Die extrem hohe Quote erfolgloser Künstler bedeutet aber nicht, dass andere Player des Kunstmarktes ebenso häufig scheitern. Allerdings tendiert das romantische Charisma eines gescheiterten Galeristen oder insolventen Auktionshauses gegen null.

Wie aber ist Erfolg als Künstler, als Forscher, Unternehmer überhaupt messbar? Rein ökonomischer Erfolg (hier werden Unternehmer ihren Schwerpunkt setzen) beinhaltet erstens, für seine Produkte den optimalen Marktpreis zu erzielen, Gewinne zu machen, einen hohen Lebensstandard zu erreichen und wichtige Statussymbole anzuhäufen. Zweitens – und das scheint Künstlern und Wissenschaftlern weit wichtiger zu sein, auch wenn man es nicht so gern ausspricht – geht es um Ruhm: gesellschaftliche Anerkennung, Preise, Ämter, die Mitgliedschaft in Jurys und Akademien, ein Expertenstatus in den Medien. Drittens (das gilt für alle, doch werden hier vor allem die ökonomisch erfolglosen Künstler energisch zustimmen) sind innere Motive zu nennen, das heißt ein selbstbestimmtes Leben, Autonomie, Freude am Gestalten und daraus resultierend: Glück. Wer einen starken inneren Antrieb besitzt, wer sich vom Mangel an Geld und gesellschaftlicher Anerkennung nicht beschädigen lässt, hat die besten Voraussetzungen zu einem erfolgreichen Künstler- oder Forscherleben, also ist hier der Eigenbrötler, der Nerd, ganz klar im Vorteil.

Beim Nachdenken über Künstlerglück, Scheitern und Selbststilisierung kommt die bekannte mythologische Szene ins Gedächtnis, in der sich Narziss im Wasserspiegel betrachtet. Der sich zurückziehende und mit Selbsterforschung befasste Mensch hatte in der Frühromantik noch einen guten Ruf. Der gedankenversunkene Romantiker galt als kreativer Träumer, noch nicht als selbstverliebter »Narzisst« oder gar gesellschaftlicher »Parasit«, als der er später in der Moderne, im Zeitalter extremer und utilitaristischer Ideologien, so oft beschrieben wurde. Das Ideal romantischer Dichter bestand darin, die Welt durch ihre Kunst zu verbessern und zu heilen. Darin war ein Hang zum Größenwahn angelegt – und das Scheitern an einer widrigen Welt zugleich vorprogrammiert. Auch diente (und dient bis heute) die Überhöhung dem Selbstschutz. Die Abgrenzung von zeitgenössischen »Banausen« und »Philistern«, die den Wert des Werkes nicht erkennen, die Verachtung bürgerlichen Wohlstandes und der Glaube an geheime oder visionäre Fähigkeiten stabilisieren die gefährdete Identität. Heute befinden sich viele Künstler in einem Dilemma. Sie müssen egoistisch agieren, um im Kulturmarkt Erfolg zu haben, dürfen dies jedoch nicht zu offen zeigen, denn das gilt als unfein. Ein Künstler, der zu offensichtlich mit Selbstbespiegelungen und Selbstliebe beschäftigt ist, der zu erkennen gibt, dass er sich für den Mittelpunkt des Kosmos (und wenn auch nur seines persönlichen Künstlerkosmos) hält, wird nicht ernst genommen. Stattdessen muss man die großen politischen oder ideologischen Ansprüche bemühen, um sich zu legitimieren. Der Hannoveraner Künstler Timm Ulrichs (geb. 1940) erkannte dieses Problem bereits zu Beginn seiner Laufbahn (bevor er berühmt wurde):

>»Der, wie ich meine, legitime Wunsch, berühmt zu sein, wird noch heute allgemein als lächerlich, ungebührlich, unanständig, als peinlich infantil betrachtet. Man glaubt, sich schämen zu müssen, ihn sich einzugestehen. Statt ihn offen auszusprechen, untertreibt man lieber, gibt sich bescheiden, übt sich ängstlich in Verbergung, Understatement oder Sublimierung.«

Auch wenn der ökonomische Erfolg dann doch eingetreten ist, wird dies im Gegensatz zu anderen Branchen nicht herausposaunt. Selbst Stars werden in der Öffentlichkeit kaum mit Umsatzzahlen, Tantiemen, Downloadziffern protzen, sondern lieber ihre künstlerische Mission oder emotional-intellektuelle Seite betonen. Jeder möchte berühmt (und reich) werden, darf es aber nicht zu laut feiern, wenn es ihm gelungen ist – ein stressiger Zielkonflikt. Dies erträgt nur, wer sich selbst ausgiebig und ausdauernd liebt. Nur dann ist er oder sie kompatibel mit der Kulturindustrie, wo ihnen allerlei Menschen begegnen, die eine hohe Meinung von sich selbst haben. Der gegenwärtige Kulturbetrieb, wie andere Branchen auch, erfordert den Typus eines Erfolgsmenschen, auf den fast schon die Diagnose einer Narzisstischen Persönlichkeitsstörung zutrifft – einen im Grunde sehr instabilen, auf ständige Außenbestätigung angewiesenen Angeber. Muss man also krank sein (oder werden), um unter diesen gesellschaftlichen Bedingungen Erfolg zu haben? Und vor allem, was heißt hier »krank«?

Interessanterweise ist die Diagnose des Narzissmus und der Narzisstischen Persönlichkeitsstörung unter Psychiatern ins Gerede gekommen – sie gilt als unscharf und eigentlich überflüssig, vor allem, weil hier ein inzwischen gesellschaftlich weithin erwünschtes Verhalten vorliegt. In der aktualisierten Ausgabe des international gültigen diagnostischen Handbuches *Diagnostic and Statistical Manual of Mental Disorders* wäre der Begriff des Narzissmus beinahe aus der Liste der Krankheitsbilder gestrichen worden. Die Berliner Psychologin Aline Vater sieht die »Erfolgs«-Geschichte des Narzissmus, der sich von einer Krankheit zur erwünschten Eigenschaft wandelte, differenzierter. Auf der Basis von zweihundert untersuchten Patienten kam sie zu dem Ergebnis, dass Narzissten auch häufig durchaus erfolglos und depressiv sein können und dass sich dem Narzissten durch sein mitreißendes Auftreten im Berufs- und Alltagsleben zwar oftmals Anfangserfolge bieten, er sie aber langfristig durch sein destruktives und rücksichtsloses Verhalten nicht aufrecht erhalten kann – sein Mangel an Empathie, seine Renommier- und Profilierungssucht führen zwangsläufig zu schweren Konflikten. Es ist zudem nicht beweisbar, dass gegenwärtige gesellschaftliche Trends zu einem signifikanten Anstieg der Fallzahlen narzisstisch Gestörter beigetragen haben. Schließlich war die bürgerliche Welt des 19. Jahrhunderts mit ihren als »genial« verehrten Unternehmern, Erfindern und Künstlern letztlich ebenso narzisstisch geprägt. Zudem resümiert die Wissenschaftlerin das Paradox, dass der Begriff des Narzissmus zwar umgangssprachlich weit verbreitet sei, im engeren Sinne aber nur selten zum Gegenstand wissenschaftlicher

Publikationen geworden sei. Die Befundlage, ob Narzissmus heute eine nützliche Eigenschaft im Alltags- und Berufsleben darstellt, sei also entschieden »unentschieden«.

Sicher ist allerdings, dass der Kultur- und Medienbetrieb mit seinem Star-System viel mehr Verlierer hervorbringt als Gewinner und sich selbst die Gewinner oft wie Verlierer fühlen, da nach oben noch Spielraum zu sein scheint. Deshalb ist eine Art »Verliererstolz« weit verbreitet. Dieser verdeckte Narzissmus existiert in verschiedenen Formen und Schweregraden, im Extremfall sind es galoppierende Größenfantasien, die mühsam von den Tarnnetzen falscher Bescheidenheit gebändigt werden müssen, im leichteren Fall ergeben Larmoyanz und Neid mit Hochmut eine ungute Mischung, und manchmal kippt die Selbsterhöhung vollends in giftige Selbsterniedrigung um. Zur Lebensform als Künstler gehört seit jeher auch das lustvolle Leiden am Scheitern, wie Timm Ulrichs demonstrierte, als er seine Karriere rückblickend zusammenfasste:

> »Fünfzig Jahre Zweite Liga. Immer spielte ich auf matschigen Plätzen, für wenig Geld und vor wenig Publikum.«

Zweite Liga? Das wäre doch schon mal was! Viele Spieler aus den Bezirksligen und Kreisklassen des Kulturbetriebes würden alles geben, um einmal in der Zweiten Liga mitspielen zu dürfen. Bis heute glauben viele Kreative, sie seien für »normale« Berufe nicht geeignet, weil sie sich selbst als zu »schräg« empfinden und weil die Arbeitswelt »zu pervers« sei, eben geprägt von Ausbeutung, Hierarchien, Intrigen oder öder Routine. Einige mögen sich im tiefsten Inneren auch für zu gut halten für diese böse Welt, zu wertvoll für diesen

Stumpfsinn. Die Welt der Künste hingegen dient manchem als Fluchtort, als eine Art Kinderzimmer, das sich auch als Erwachsener weiter bewohnen lässt, wenn man mit der Welt da draußen möglichst wenig zu tun haben will. »Ein Kunststudium ist tatsächlich wie eine Insel«, blickte der renommierte Bildhauer Gregor Schneider (geb. 1969) auf seine Jugend zurück, »vorher galt ich als arbeitslos und faul oder für manche als verrückt, dann war ich stattdessen Kunststudent.« Der erfolgreiche Maler Daniel Richter (geb. 1962) erklärte, nur in der Kunst habe er als damals dreißigjähriger Berufsloser und ohne höhere Schulbildung noch eine Karrierechance gehabt. Wer im bürgerlichen Leben scheitert, scheint sich ins Reich der Kunst retten zu können, und selbst wer dann auch auf dem Feld der Kunst leidet und »untergeht«, fällt nicht mehr negativ auf, sondern bestätigt alle Klischees – und wird zugleich durch das doppelte Scheitern ehrenhaft authentisch.

So zeigt sich auch im Kult des Scheiterns das Erbe der Romantik. Trotz aller Tendenzen, das Scheitern quasi zu säkularisieren, es als notwendiges wissenschaftliches oder marktwirtschaftliches Verfahren pragmatisch zu betrachten, bleibt ein Rest von Heroisierung. Der Gescheiterte erscheint in neoromantischer Perspektive als Dissident in einer Welt, die sich vollkommen der Anbetung von Rankings, Umsatzzahlen und Erfolgsstatistiken verschrieben hat. Für den Philosophen Robert Pfaller wird die Faszination für den Gescheiterten verständlich, wenn man sie als »Würdigung einer dem Ich gewidmeten Größenfantasie« versteht, denn nur der Gescheiterte bleibe in einer bösen Welt unschuldig und gut. Da verwundert es nicht, dass hin und wieder Künstler, manchmal schon Kunststudenten, das Scheitern selbst zum erfolgreichen Lebensthema machen. Der Kunsthistoriker Christian Janecke bezeichnete dies als »Prekariatsfolklore«, eine Masche, durch das penetrante Thematisieren des Scheiterns doch noch zum Erfolg zu kommen.

Wirklich konsequent ist hingegen das finale Scheitern, ja sogar: das Verschwinden als künstlerisches Konzept. Da wäre der von der Fachwelt gern als »romantischer Konzeptionalist« betitelte Bas Jan Ader zu nennen. 1975 machte sich der niederländische Performancekünstler auf, den Atlantik in west-östlicher Richtung in einem winzigen Segelboot zu überqueren. Die Kunstaktion trug den Titel *In search of the miraculous (songs for north Atlantic)*. Etwa zehn Monate nach dem Ablegen wurde das leere Boot vor der Küste Irlands angetrieben. Eine Leiche wurde nie gefunden, auch fand man keine Hinweise darauf, dass Ader überlebt, und eine neue Identität angenommen hatte – wenngleich diese Möglichkeit bis heute nicht ausgeschlossen werden konnte, ebenso wenig seine Absicht, mit dieser Aktion den Tod herauszufordern. In jedem Fall wurde er nach seinem Verschwinden zur Kultfigur vieler Ausstellungshäuser, Kunstwissenschaftler und Kunsthändler, als Wiedergänger des romantisch-tragischen Helden, der auf der Suche nach dem Erhabenen scheitert.

Der romantische Kult der Niederlage ist auch beim Blick auf die Geschichte relevant. Erfolglose, zum Teil auch aussichtslose und letztlich sinnlose Aufstände gehören beispielsweise zur polnischen Identität. Der romantisch inspirierte Novemberaufstand 1830 gegen die russische Fremdherrschaft war in ganz Europa äußerst populär, besonders in Deutschland, wo eine regelrechte Polenbegeisterung in Gestalt von Solidaritätskomitees und »Polenliedern« einsetzte, die auch nach dem Scheitern des Aufstandes und dem Einsetzen von Flüchtlingswellen noch anhielt. Die dramatischste fehlgeschlagene Rebellion der jüngeren polnischen Geschichte war der Warschauer Aufstand gegen die deutschen Besatzer im Jahr 1944, die erfolgreichste die friedliche Streikbewegung *Solidarność*, die in den 1980er-Jahren das Ende des sozialistischen Regimes ankündigte. Die Besetzungen und Aufteilungen des Landes durch benachbarte Mächte, die ebenso heldenhaften wie erfolglosen Aufstände – im Mix mit katholischen Ideen hat sich in Polen die Selbstglorifizierung der Nation als »Christus unter den Völkern« verbreitet. Vor einigen Jahren wurde dieses schmeichelhafte Selbstbild auf dramatische Weise erneuert: Am 10. April 2010 stürzte die polnische Regierungsmaschine mit Staatspräsident Lech Kaczyński auf dem Weg zu einer Gedenkfeier in Russland ab. In Katyn wollte Kaczyński mit zahlreichen Abgeordneten des Parlaments, Regierungsmitgliedern, hochrangigen Offizieren und Kirchenvertretern an den 70. Jahrestag des Massakers an polnischen Offizieren durch die Sowjetunion erinnern. Es war ein tragischer Unfall ohne Überlebende: Das Gedenken an historische Opfer hatte hier neue »Märtyrer« nach sich gezogen. Trotzdem – oder deswegen – wucherten die Verschwörungstheorien im national-konservativen Milieu Polens.

Abgesehen von den »gelungenen« Revolutionen in Russland, Kuba und China (die, langfristig betrachtet, in die Kleptokratien reicher Funktionäre und Oligarchen mündeten) war die Geschichte der kommunistischen Bewegung von Niederlagen geprägt. Die der deutschen Kommunisten bestand sogar ausschließlich aus Niederlagen. Waren es zunächst die erfolglosen Aufstände in Mitteldeutschland und Hamburg zur Zeit der Weimarer Republik, folgten bald die gescheiterten antifaschistischen Abwehrkämpfe in Deutschland und der ebenso heldenhafte wie vergebliche Einsatz der Internationalen Brigaden gegen Franco in Spanien. Nach 1945 wurden die deutschen Kommunisten dann Werkzeuge der stalinistischen Gewaltherrschaft in Ostdeutschland bzw. in der DDR. Zur Herrschaftslegitimation versuchten sie ihre Niederlage im Kampf gegen den Faschismus zu nutzen, das Leiden der Parteimitglieder in den Konzentrationslagern wurde zum Mittelpunkt eines nunmehr offiziellen Kultes der Niederlage, der rituellen Verbeugung vor den »Opfern des Faschismus« in eigens dafür hergerichteten Gedenkstätten. Noch heute ersteht dieser Kult einmal jährlich wieder auf, wenn Tausende deutscher und internationaler Kommunisten auf dem Friedhof Berlin-Friedrichsfelde der 1919 ermordeten deutsch-polnischen Politikerin Rosa Luxemburg gedenken. Der Zusammenbruch der DDR komplettierte dann die Reihe der Niederlagen des deutschen Kommunismus, da half auch das *Lied der Partei* nicht mehr:

> *Sie hat uns alles gegeben,*
> *Sonne und Wind und sie geizte nie.*
> *Wo sie war, war das Leben,*
> *Was wir sind, sind wir durch sie.*
> *Sie hat uns niemals verlassen,*
> *Fror auch die Welt, uns war warm.*
> *Uns schützt die Mutter der Massen,*
> *Uns trägt ihr mächtiger Arm.*
>
> *Die Partei, die Partei,*
> *Die hat immer recht ...*

Das Lied hat eine tragische Entstehungsgeschichte: Der tschechische Kommunist Louis Fürnberg dichtete es 1949 in einem Klima akuter stalinistischer Verfolgungen zur Selbsttröstung und Selbstberuhigung. Später wurde es zum Propagandaschlager der SED. Nostalgische, geschönte Erinnerungen an die Zeit des Realsozialismus gibt es in ganz Osteuropa, in manchen Ländern schwächer und vereinzelter (etwa Polen), in anderen stärker (Russland) – je nach Milieu, Konfession und Altersgruppe.

In den USA hingegen hat sich ein merkwürdiger Kult um die untergegangenen Südstaaten erhalten – oftmals von einem starken Regionalpatriotismus und einer diffusen Nostalgie inspiriert; eine Sehnsucht nach dem »alten Südstaaten-Charme«, die vom Tourismus und der Kulturindustrie gleichermaßen erzeugt und bedient wird, sinnbildlich dargestellt in der Figur der *Southern Belle*, jener jungen, ebenso gebildeten wie schönen weißen Frau, und in ihrer tragischen Variante der alternden, deklassierten, verblassenden *faded Southern Belle*. Gegenpart zur *Southern Belle* war der im schlossartigen Herrenhaus residierende Pflanzer, der ebenso fürsorgliche wie strenge Herr über Familie, Land und Sklaven. Ein überkommenes agrarisch-feudales Gesellschaftsmodell wurde hier romantisiert, ein Paternalismus, der allen ihren Platz zuwies, wenn sie nur fleißig arbeiteten und beteten. Das Kirchenmassaker von Charleston, bei dem ein junger Südstaaten-Anhänger im Juni 2015 neun Afroamerikaner erschoss, ließ den latenten Rassismus der Südstaaten-Nostalgie mit einem Schlag hervortreten – nun wächst der Druck, die Konföderiertenflagge ganz aus der Öffentlichkeit zu verbannen.

Interessanterweise gibt es Parallelen zwischen der Bewältigung der Niederlage der DDR und jener der Konföderierten Staaten von Amerika, wie der Historiker Stefan Zahlmann dargelegt hat – wenngleich der Kommunismus keinen vergleichbar romantischen Frauentyp einer »Socialist Belle« hervorbrachte: Von einzelnen bezaubernden Eisprinzessinnen wie Kati Witt abgesehen, dominierten im Realsozialismus robustere Rollenmodelle, etwa der Typus der patenten Traktoristin oder der Brigadeleiterin im Textilkombinat. Auch gab es in der DDR keine rassistische Sklavenökonomie, letztlich waren dort alle Sklaven: Staatssklaven, die durch Mauern und Wachposten am Weglaufen gehindert wurden. Die Parallelen liegen eher darin, wie die Eliten beider untergegangener Staaten bei der Bewältigung der Niederlage klarstellten, dass der eigentliche Konflikt, der eigentliche Kampf auch nach dem staatlichen Zusammenbruch weitergehe – die militärische bzw. politische Niederlage sei nur eine äußerliche Zäsur. Die eigenen Werte und die entscheidenden Konflikte mit einem Gegner, dessen Ende ohnehin schon voraussehbar sei, würden weiterbestehen, wie ein Zitat des Konföderierten-Präsidenten Jefferson F. Davis zeigt:

»*The contest is not over, the strife is not ended.*«

Während in den ehemaligen Südstaaten eine Verklärung des Vorkriegslebens einsetzte, die man sich als Traumwelt ausmalte im Stile von *Vom Winde verweht* – als eine Welt, in der es noch Ritterlichkeit, weibliche Grazie, Ehre, Schönheit und Gottgefälligkeit gegeben habe, in der jeder, ob weiß oder schwarz, gewusst habe, wo sein Platz war –, schwärmen Anhänger der DDR noch heute von der sozialen Sicherheit, vom hohen Bildungsstandard, von solidarischem Zusammenleben und gelebter internationaler Solidarität. In jedem Fall lässt sich ein untergegangenes System (oder eine verhinderte Utopie) nach Herzenslust glorifizieren und romantisieren, während man die Sieger für alles Negative verantwortlich machen kann, was danach kam.

Auch in der Welt des Sports ist dem gescheiterten Helden oder dem gescheiterten Verein, der sich wieder aufgerappelt hat, die Sympathie sicher. Respekt wird Boxern zuteil, die nach schweren Niederlagen ein Comeback versuchen. Verachtung ziehen die Schönwetterfans der reichen Erfolgsvereine und deren VIP-Lounge-Pöbel aus Politik und Prominenz auf sich. Echte Loyalität kennt keine Abstiegsangst. So erzählt die Sporthistorie nicht nur Aufstiegsgeschichten, sondern berichtet auch von dramatischen Abstürzen. Ein solcher spielte sich in Leipzig ab: Der beliebte DDR-Spitzenverein und einstige Europapokalfinalist Lokomotive Leipzig musste 2003 ganz unten, in der 3. Kreisklasse Leipzig (elfte Liga), wieder anfangen und arbeitete sich durch mehrere direkt aufeinanderfolgende Aufstiege immerhin wieder in die fünftklassige Oberliga vor – umso mehr verbittert die Lokfans der kometenhafte Aufstieg von RB Leipzig. Besonders dramatisch wirkt ein sportlicher Absturz, wenn er mit einem politischen Systemwechsel zusammenfällt – so geriet der ehemalige Lieblingsverein der Staatssicherheit und zehnfache DDR-Meister, der Berliner FC Dynamo, nach 1989 in heftige Turbulenzen, die nicht nur auf die Rasenfläche beschränkt blieben. Sowohl bei Spielern und Offiziellen als auch bei den Fans staute sich erhebliches Frustpotenzial auf, verbunden mit einer trotzig-nostalgischen Grundhaltung. Heute spielt der mühsam konsolidierte Verein in der Regionalliga (vierte Liga). In vielen Städten gibt es zudem im Sportgeschehen den ewigen Underdog, den Verein, der es mit dem Spitzenkonkurrenten aus der gleichen Stadt niemals aufnehmen kann, deren Derbys man dennoch entgegenfiebert, in der Hoffnung auf ein Wunder. So war es in der Hauptstadt der DDR mit Dynamo und Union, so ist es bis heute in München mit dem FC Bayern und 1860, in Hamburg mit dem HSV und St. Pauli. In diesen Fällen ist die Niederlage quasi institutionalisiert, und der Underdog-Status gibt trotzdem Halt und Identität.

Eine wichtige Ursache für den Kult der Niederlage liegt darin, dass das Scheitern im Gegensatz zu den glatten Erfolgsstorys von Stars, Unternehmen, Erfindungen oder Geschäftsideen authentisch wirkt. Lange Zeit funktionierte sowohl die Geschichtsschreibung als auch die Art, Biografien zu verfassen, nach dem Muster gradliniger Heldensagas, es waren stets Geschichten großer Persönlichkeiten, meistens von Männern, die Schlachten schlugen, Erfindungen machten, Nationen gründeten, Produkte entwickelten oder Kunstwerke schufen. Dieses Prinzip hat zwar in der Geschichtsschreibung abgewirtschaftet, sich aber in den Bereichen der Wirtschaft, Werbung und politischen Propaganda weitgehend erhalten. Vor diesem Hintergrund wirken die Niederlage, das Scheitern, die Durststrecke, der Karriereknick als scheinbar letzte Bastionen von Authentizität in einer perfekt inszenierten und vollkommen verlogenen Welt. Deshalb kokettieren auch Erfolgsmenschen immer häufiger mit dem Scheitern. Einmal »gescheitert« zu sein, und dies treuherzig zu beichten, erhöht das Prestige eines Politikers, Stars oder Unternehmers und die Authentizität der Marke. Der ehemalige politische Überflieger Karl-Theodor zu Guttenberg wählte für seine 2011 erschienene Autobiografie wohl auch deshalb den Titel *Vorerst gescheitert*, weil er genau diesen Effekt im Blick hatte. Den Karriereknick, den er aufgrund einer plagiierten Doktorarbeit erlitt, begriff zu Guttenberg nur als Intermezzo, als Zwischenstopp im Basislager, bevor der nächste Gipfel erobert würde. Doch muss er dabei einen längeren Atem als erwartet haben, denn bis dato lässt sein Wiederaufstieg auf sich warten, wenngleich er in Amerika neue Freunde gefunden hat. So wirkten seine Tätigkeiten als Consulting-Firmengründer (»Spitzberg Partners«), als Berater (*Distinguished Statesman*«) für den amerikanischen Thinktank CSIS oder für die Europäische Kommission ein wenig verzweifelt. »Dr. Dotcom« sucht offenbar die Nähe zu jungen Internetentrepreneuren, zu einem Milieu, wo Scheitern kein Makel ist, sondern als Leistungsnachweis gilt. Vielleicht sollte zu Guttenberg einmal bei der Zeppelin Universität anklopfen? Die Chancen, dort ein Anti-Streber-Stipendium zu bekommen, stehen für ihn – vorerst – nicht schlecht.

Tod

»*Das Fieber, die Auszehrungen waren nur der körperliche Ausdruck eines Feuers, das bald die Glut der Sehnsucht, bald des Genies war, und die Blässe des Kranken belebte. Die glänzenden Augen, roten Wangen waren Ausdruck eines selbstzerstörerischen Seelenfeuers: Die Tage des Tuberkulosekranken verglühten.*«

So beschrieb der französische Arzt René Laënnec 1826 die Lungenkrankheit, die im 19. Jahrhundert zahlreiche Opfer forderte. Romantisches Denken wurde und wird von der Sehnsucht nach ganzheitlicher Erfüllung, nach der Aufhebung von Zeit und Raum bestimmt. In diesem Sinne wurden auch Leben und Tod als untrennbar verstanden. Die Schwarze Romantik neigte dabei ganz der Schattenseite zu, der Melancholie und des Schreckens, der Todesahnung und Todessehnsucht. Zur Attraktivität der romantischen Weltanschauung hat paradoxerweise ihr Charakter als Jugendbewegung beigetragen. Intensives Leben, Suche nach Gefahr, radikale Haltung und früher Tod bildeten die Bausteine einer romantischen Idealbiografie. Auffallend viele Protagonisten der Romantik sind früh gestorben und vielleicht erst dadurch noch bekannter geworden. Es erlagen u. a. Georg Büchner, Johann Ludwig Wilhelm Müller, Wilhelm Hauff, Franz Horny, Novalis, Franz Pforr, Philipp Otto Runge, Théodore Géricault, Lord Byron, John Keats, Emily und Anne Brontë der Tuberkulose oder anderen Infektionskrankheiten. Karoline von Günderrode starb durch Selbstmord; Percy Bysshe Shelley ertrank bei einem Bootsunglück in Italien, Carl Philipp Fohr beim Baden im Tiber; Theodor Körner fiel im Befreiungskrieg, Alexander Puschkin und sein Bewunderer Michail Lermontow wurden im Duell erschossen. Keiner dieser Dichter, Maler und Schriftsteller erreichte sein vierzigstes Lebensjahr. Radikaler Lebenswandel und früher Tod kennzeichneten den romantischen Typus des byronschen Helden: einzelgängerisch und kompromisslos, melancholisch und dekadent. Byron war einer der ersten Künstler, die bewusst ein »Image« konstruierten, er trat gern als aristokratischer Bürgerschreck auf. Um ihn entstand ein regelrechter Kult, besonders die Damenwelt war ihm verfallen, wie sich etwa bei seinen Besuchen bei Madame de Staël im Schweizer Exil zeigte. Hier eilte ihm sein Ruf voraus, und wenn er im Genfer Schloss Coppet auf englische Besucher stieß, betrachteten diese ihn schaudernd wie eine dämonische Erscheinung. Einmal wurde dort eine Mrs Harvey bei seinem Eintreten ohnmächtig, woraufhin Madame de Staëls Tochter ausrief: »Mit 65 Jahren ist das nun wirklich übertrieben!« Am Genfersee wurde Byron von englischen Touristen regelrecht belagert, sie fuhren auf Booten entlang des Ufers, um den Dichter in seiner Villa zu beobachten. Die zeitgenössische und posthume Wirkung Byrons war enorm. Goethe setzte ihm mit der Figur des Euphorion im *Faust II* ein literarisches Denkmal, später verehrte ihn der junge Nietzsche. Erstmalig war ein Starkult um einen Literaten entstanden, Person und Werk schienen hier aus einem Guss zu sein.

Auch Russland brachte Byron-Fans und byronsche Helden hervor, darunter die literarische Figur des »überflüssigen Menschen« (*lischni tschelowek*), die uns heute eigenartig zeitgenössisch anmutet. Der Begriff entstammt Iwan Turgenews Novelle *Tagebuch eines überflüssigen Mannes* und bezeichnet einen aristokratischen intellektuellen Dandy, der trotz idealistischer Grundhaltung von der übermächtigen gesellschaftlichen Ungerechtigkeit gelähmt wird. Er flüchtet sich in Sarkasmus, doch dieser bietet keine Rettung vor der deprimierenden, tief empfundenen Langeweile, die dem *überflüssigen Menschen* unüberwindbar scheint. Ob sich Turgenew vom Leben des Dichters Michail Lermontow inspirieren ließ? Dieser war als Vollwaise von der Großmutter erzogen worden, wurde umsorgt von Frauen und übte sich früh in der Pose des Dandys und provokativen Salonlöwen. Turgenew, Meister der literarischen Charakterzeichnung, beschrieb ihn ebenso unvorteilhaft wie dämonisch: »In Lermontows Äußeren lag etwas Unheilverkündendes und Tragisches; eine Art düsterer und unguter Macht. Eine Art melancholischer Verachtung und Leidenschaft wehte aus diesem brünetten Gesicht mit den großen unverwandt-dunklen Augen. Ihr schwerer Blick stand in seltsamem Widerspruch zum Ausdruck seines fast kinderzarten Schmollmundes« – eine merkwürdige Mischung aus Putte und Psychopath. Als aufsässiger junger Offizier legte Lermontow es bisweilen auf Duellforderungen an und wurde mehrfach strafversetzt, u. a. in den Kaukasus. Dort widersetzte er sich der Order des Zaren, weil er sich lieber auf eigene Faust an der Jagd auf den tschetschenischen Terroristenführer (bzw. Freiheitshelden – je nach Standpunkt) Imam Schamil beteiligen wollte. Im Gedicht nahm er seinen Tod vorweg:

»Ein Tal in Dagestan zur Mittagsstunde, die Kugel in der Brust, lag reglos – ich.«

Doch Lermontow starb nicht in der Schlacht, sondern im Duell und folgte damit seinem Helden Puschkin, der seinerzeit auf die gleiche Weise ums Leben kam. Nicht wenige Romantiker suchten die Gefahr im Duell oder auf dem Schlachtfeld, doch wesentlich mehr Opfer forderte die Tuberkulose. Aufgrund starker Verbreitung – gerade auch unter Künstlern und Dichtern – wurde die Lungenkrankheit häufig in Literatur und Kunst beschrieben, ästhetisiert, geadelt als Krankheit der Romantik, als Krankheit besonders sinnlicher und sensibler Menschen. Eines der bekanntesten literarischen Beispiele für die Glorifizierung der Tbc dürfte Thomas Manns *Zauberberg* sein. Inspiriert durch die Erkrankung seiner Frau, siedelte er den Roman in einem Davoser Sanatorium vor dem Ersten Weltkrieg an. Zu jener Zeit waren noch keine effektiven Medikamente entwickelt worden, und der Aufenthalt in den Gebirgssanatorien mit »Liegekuren« in der kalten Winterluft war eigentlich nur eine Placebo-Behandlung, manchmal auch nur eine Gelegenheit für die Todgeweihten, ihre letzten Monate in Geselligkeit zu verbringen. Auch in anderen Romanen der Weltliteratur, etwa in Tolstois *Anna Karenina,* sterben Figuren an Tbc. In Alexandre Dumas' *Kameliendame* trifft es die weibliche Hauptfigur, in Verdis Oper *La Traviata* zieht sich das Sterben der Hauptfigur, einer erkrankten Edelprostituierten namens Violetta Valéry, über den gesamten Zeitraum von drei Akten hin. Die romantische Verbindung von Liebe und drohendem Tod, von Schönheit und Todessehnsucht war bereits 1797 beim Tod von Novalis' jugendlicher Verlobten Sophie von Kühn deutlich geworden.

Novalis hatte zunächst beschlossen, ihr durch Selbstmord in den Tod zu folgen, entschied sich dann aber für das Leben, bis er vier Jahre später ebenfalls an der »Schwindsucht« starb – jener morbid-metaphorische Name für die Tuberkulose bezeichnet die hochromantische »Sucht zu schwinden«. An sich war damit nur das langsame Verschwinden der Lungensubstanz gemeint: Die Tuberkulose-Bakterien vermehren sich in der Lunge und zerstören ihr Gewebe, das der Patient dann peu à peu aushustet. Novalis indes verwandelte die Liebe zu seiner todgeweihten Sophie in ein ästhetisches Ereignis: eine Liebe, die durch den drohenden Tod erst wirklich wertvoll wird, eine Schönheit, die im Vergehen erst aufblüht. Novalis stilisierte seine schwerkranke Braut im Rausch des Leidens zu einer »der edelsten Gestalten, die je auf Erden gewesen sind und sein werden«. Krankheit und Tod wurden in der Schwarzen Romantik zu Begleitern der Schönheit, aber auch des künstlerischen Genius. So berichtete ein Zeitgenosse über seine Begegnung mit dem Maler Eugène Delacroix:

> *»Er war einfach gekleidet, ärmlich, (…) das Gesicht grünlich-bleich, abgemagert, verwüstet. (…) von Zeit zu Zeit richtete er seine fürchterlichen Augen auf mich, und ich erschrak. Eine Mumie, die ich später in Medinet Habu ausgegraben sah, glich ihm merkwürdig, mit ihrer Pergamenthaut, unter der sich die Knochen abzeichneten, und den schwarzen, über die Schläfen gestrichenen Haaren.«*

Lord Byron berichtete im Jahr 1821 erschüttert über Leserpost: »Ich habe heute aus England einen merkwürdigen Brief von einem Mädchen erhalten (ich habe es nie gesehen), das sagt, es sei ob seiner Schwindsucht bereits aufgegeben, könne aber nicht aus der Welt scheiden, ohne mir für die Freude zu danken, die meine Dichtung ihm mehrere Jahre bereitete (...), mich aber auch bitte, seinen Brief zu verbrennen – was ich übrigens nicht tun kann, da ich einen solchen Brief unter solchen Umständen für besser erachte als ein Diplom von Göttingen.« Byron hielt das Kompliment der Sterbenden für eine weit größere Ehre als das Zeugnis einer berühmten Universität. Viele Erzeugnisse der Schwarzen Romantik wurden übrigens von einem buchstäblich schwarzen Jahr inspiriert: von 1816, dem berüchtigten »Jahr ohne Sommer«. Im Vorjahr war es zu einem gigantischen Vulkanausbruch in Indonesien mit vielen Todesopfern gekommen, und nun verteilte sich die Asche in Form von feinen Partikeln, Aerosolen, in der ganzen Atmosphäre. Es folgte in weiten Teilen der Welt ein starker Temperaturrückgang mit Stürmen, Überschwemmungen und Unwettern, die Missernten, Hungersnöte und Epidemien nach sich zogen. Die unerklärlichen Erscheinungen schürten Angst und apokalyptische Spekulationen, sorgten aber auch für wundersame Naturphänomene. Wie man auf den Gemälden der Romantiker sehen kann, müssen die Sonnenuntergänge durch die lichtreflektierenden Staubschichten phänomenal gewesen sein. Jener »schwarze Sommer« war auch das Geburtsjahr des Monsters Frankenstein: Eingeregnet am Genfersee, saß eine Gruppe britischer Touristen in der Villa Diodati fest und vertrieb sich die Zeit mit Schauergeschichten. Aus dem dichterischen Wettstreit von Lord Byron, Mary Shelley, Percy Bysshe Shelley und John Polidori entstanden die Erzählungen *Frankenstein oder Der moderne Prometheus* und *The Vampyre* – beide bahnbrechend für das Horrorgenre.

Eine Spur jener todessüchtigen Schwarzen Romantik findet sich bis heute in der Popkultur. Der Tod von Rockstars wie Jimi Hendrix, Brian Jones, Jim Morrison, Janis Joplin (alle an Drogenmissbrauch verstorben), Kurt Cobain (Selbstmord) oder Amy Winehouse (Drogenmissbrauch) war durch den merkwürdigen Zufall verbunden, dass sie alle (und noch weitere, weniger bekannte Musiker) im Alter von siebenundzwanzig Jahren starben. Der Schauspieler Heath Ledger verpasste den Eintritt in den »*Forever 27 Club*« nur knapp, als er sich vor einigen Jahren einen tödlichen Medikamentencocktail verabreichte. Schaut man auf die Geschichte der Popkultur, wird deutlich, dass schon Ende der 1960er-Jahre eine düstere Seite der fröhlichen Hippiekultur zum Vorschein kam. Bandnamen wie Grateful Dead, Black Sabbath oder Songtitel wie *The End* von den Doors machten das deutlich. In den 1980er-Jahren nahm der Gothic Rock diesen Faden auf, mit den Bands Joy Division und Christian Death in vorderster Linie. Die Glaubwürdigkeit der beiden Bands erhöhte sich enorm mit dem Selbstmord zweier ihrer Mitglieder. Ian Curtis erhängte sich bereits 1980, Rozz Williams 1998. In einem Nachruf schrieb die *New York Times*, Williams' Stunde sei in den 1980ern gekommen, als sich in England eine schmale Strömung des Punk in den dunkleren, langsameren und todesbesessenen Gothic Rock verwandelte. In den späten 1980ern und 1990ern habe Williams dann vergeblich versucht, der düsteren Aura der Band zu entkommen. Die musikalischen Subkulturen des Punk, Wave, Metal, Goth und Emo erzeugten eine rege Nachfrage nach Clubs, Mode, Schmuck und Accessoires, die von einer regelrechten Vampir-, Teufels-, Hexen- und Gespensterzubehörindustrie befriedigt wurde. Die Bildwelt der Schwarzen Romantik lebt fort – oftmals in »sauren«, dunklen Kitsch gewendet – in populären Filmen und Büchern, die von gigantischen Merchandising-Wellen umspült werden, man denke da an die breite *Twilight*-Produktpalette auf der Basis von Stephenie Meyers Büchern. Laut dem Magazin *TIME* gehörte die Autorin zeitweilig zu den hundert weltweit einflussreichsten Menschen. Und es schien, als würde sie *Harry-Potter*-Autorin Joanne K. Rowling beerben. Meyers Werk ist laut *Deutschlandradio* eine »gekonnte Mischung aus klischeehafter Liebesgeschichte und Action- bzw. Thrillermotiven, angereichert mit Fantasy- und Schauerelementen. Stephenie Meyers Charaktere sind einfach strukturiert und stereotyp gezeichnet, ihre Sprache ist flapsig-schlicht und das Happy End vorhersehbar.« Dem Erfolg sind der schematische Aufbau und die simple Botschaft nicht abträglich gewesen.

Modefachgeschäfte wie *Fashion Noir* in Chemnitz bieten die passende Garderobe für postmoderne Neoromantiker an, so den »Black-Romanticist-Edelgehrock«, den »Buccaneer-« oder »Dark-Myth-Militarymantel«. Für die Dame gibt es das »Bloody-Snow-White-Korsagenkleid«, das »Blossom-Nights-Duchess-Kleid« oder ein schwarzes »Rapunzel-Satinballkleid«. Lars und Mandy Mehlhorns Angebot historisch angelehnter, eleganter und zugleich düsterer Kleidung richtet sich hauptsächlich an die schwarze Szene. Die Liebhaber speziell dieses Stils seien von Geschichte fasziniert, vor allem vom 18. und 19. Jahrhundert. Beweggrund ist also nicht nur der Hang zum Morbiden und zur Melancholie, sondern auch eine Sehnsucht nach vergangenen Epochen und ihrer Ästhetik. Gefragt, ob es Neoromantiker gebe, die ihren Dark-romantic-Lebensstil auch im Alltag konsequent durchziehen, antwortet Lars Mehlhorn, dass die aufwendigeren Kleidungsstücke natürlich zum Ausgehen und zu speziellen Anlässen getragen würden, ansonsten sei der Stil meist deutlich reduzierter: »Aber es gibt einige Leute, die auch im Alltag einen auffälligeren Stil konsequent tragen. In welchem Umfang dies möglich ist, liegt aber auch am Beruf.« In diesem Zusammenhang fragt man sich: Romantisches Denken und Fühlen ist ja eigentlich nicht käuflich, ist nichts Oberflächliches, was man einfach so als Accessoire erwerben kann, sondern geht tiefer – ist es nicht ein Widerspruch, damit Geld verdienen zu wollen? Der Inhaber von *Fashion Noir* bestreitet dies: »Das Bedürfnis nach Romantik ist nicht käuflich, sondern ein Teil der eigenen Persönlichkeit. Ich finde es positiv, wenn das eigene Gefühl durch äußere Reize gespiegelt wird, damit es verstärkt wird oder überhaupt aufkommt. Egal, ob dies durch einen romantischen Kinofilm, den Besuch eines Schlosses, die liebevolle Dekoration der eigenen Wohnung, einen Strauß Rosen oder einen entsprechenden Kleidungsstil erfolgt. Persönlich sind wir auch in der Szene zu Hause und sind sehr glücklich darüber, dass wir uns beruflich mit diesen Sachen beschäftigen dürfen.«

Festivals wie das Leipziger Wave-Gotik-Treffen wirken wie gigantische Open-Air-Modenschauen. Hervorgegangen aus einem konspirativen Treffen in der Walpurgisnacht 1988 an der Potsdamer Schlossruine Belvedere, also noch in der späten, bereits todkranken DDR. Damals begann alles mit wenigen Dutzend Teilnehmern, von denen die Hälfte von der Polizei festgenommen wurde. Heute zieht das Leipziger Treffen bis zu zwanzigtausend Menschen an. Immer wieder wird kontrovers diskutiert, ob die Goth-Subkultur auf fatale Weise einem Todeskult huldige, der bei hohem Gruppendruck und mangelnder psychischer Stabilität destruktiv wirke. Wissenschaftliche Studien in Schottland und Deutschland ergaben 2013, dass sich auffällig viele Angehörige der Alternativkulturen Goth, Emo und Punk selbst verletzten oder Selbstmordversuche machten – im Gegensatz zu Kontrollgruppen von Sportlern (»Jocks«) und akademischen Außenseitern (»Nerds«). Knapp die Hälfte der von Forschern des Medical Research Council der University of Glasgow befragten Glasgower Goth-Jugendlichen gab an, sich Selbstverletzungen zugefügt zu haben, und berichteten von Selbstmordversuchen. Es mag sein, dass diese Versuche als Beweise verübt wurden, es ernst zu meinen und nicht nur ein »Mode«-Goth zu sein, zudem könnten die Befragten gegenüber den Interviewern übertrieben haben, um die provokante Gruppenidentität nach außen zu wahren. Die Denunziation der Goth-Subkultur als »Todessekte« erscheint unangemessen, vielmehr dient sie offenbar als Treffpunkt und Auffangbecken für Melancholiker, Eigenbrötler und Sensible, die sich dem Alltagsmainstream verweigern.

Möglicherweise ist auch die Verdrängung des Todes, der Melancholie und Trauer aus dem Alltag, wie sie im Laufe der Moderne erfolgte, ein wichtiger Grund für die Popularität von Subkulturen wie den Goths. Jene bieten Orte, wo man diese Gefühle ausleben, düsteren Gedanken nachhängen darf, ohne gleich als sonderbar oder »krank« stigmatisiert zu werden. Im aktuellen amerikanischen psychiatrischen Diagnosehandbuch *DSM-5* wird Trauer bereits dann als pathologisch eingestuft, wenn sie länger als vierzehn Tage andauert; und für die Neufassung der internationalen Krankheits-Klassifizierung (*International Statistical Classification of Diseases and Related Health Problems*, *ICD*), die 2015 in Kraft treten soll, wird vorgeschlagen, das Krankheitsbild einer »verlängerten Trauer« einzuführen, als dessen Symptome – etwa nach einem Todesfall – starke Sehnsucht, emotionaler Schmerz oder eine anhaltende Beschäftigung mit dem Verstorbenen gelten sollen. Hier regte sich umgehend Kritik. Die zeitliche Begrenzung der Trauer, so Angela Hörschelmann vom Deutschen Hospiz- und PalliativVerband, widerspreche fundamental einer sozialen Trauerkultur des Mitgefühls, der Solidarität und eines würdevollen Zusammenlebens. Würde sich die Limitierung der Trauerzeit allgemein durchsetzen, würde der Tod noch weiter aus der Gesellschaft, aus der Alltagskultur herausgedrängt. Man braucht nicht viel Fantasie, um sich eine Zukunft vorzustellen, in der stimmungsaufhellende und leistungssteigernde Psychopharmaka für jeden Geschmack und jeden Anlass greifbar sein werden – in der eine unausgesprochene Pflicht zur guten Laune herrscht. Trauer und Trübsinn stören nämlich das Networking, das geschäftige Marketing, das Verkaufen und die Konsumbereitschaft, Trauerzeit ist Zeit- und damit Geldverschwendung.

»Sie erinnert an eine Landschaft mit untergehender Sonne von Claude Lorrain. Ihre Schönheit wird von dem Gedanken belebt, dass sie ihre letzten sterbenden Strahlen wirft, von deren sanftem Schein sie umgeben ist.«

So poetisch beschrieb Lord Byron seine vierzigjährige Geliebte Lady Oxford. Zwischen Schönheit, Vergänglichkeit und Trauer besteht offenbar eine enge Verbindung – enger als die Verbindung zwischen Schönheit und Komik. Das Erotische und das Komische schließen sich offenbar aus (die oft gehörte Behauptung, Humor sei sexy, entbehrt eigentlich jeder Grundlage, das weiß man auch, trotzdem gilt diese Ansicht als sympathisch und wird deshalb ständig wiederholt). Außergewöhnliche Schönheit wirkt durch ihre Unerreichbarkeit und Vergänglichkeit. Ihr Vergehen, Verwelken, Verblassen, Sterben ist bereits im Moment der Blüte zu ahnen. Schönheit hat keinen Bestand, manchmal erreicht sie ihre Vollendung nur für einen kurzen Moment, einen Sekundenbruchteil, einen Wimpernschlag lang, bevor der lange Niedergang einsetzt. Ewige Schönheit wäre reizlos und leblos, ewige Schönheit – wäre tödlich. Schönheit lässt sich ungeheuer effektvoll inszenieren, indem jugendliche Blüte mit Symbolen des Morbiden, mit Zeichen der Trauer und des Todes kombiniert wird, wie es in der Goth-Mode gängig ist: bleiche Gesichter, gerahmt von dunklem Haar, der Totenkopf-Siegelring an der zarten Hand, schwarze Spitze auf alabasterweißer Haut. Die Sinnlichkeit und Lust weckende Kombination von vitaler Schönheit und bedrohlichen Todessymbolen begleitet die Moderne und ihre Mode schon lange, wie der Rückblick auf den Ersten Weltkrieg zeigt: Die Trauermode der Kriegerwitwen mit ihrem schwarzen Gesichtsschleier wurde in Windeseile von den Prostituierten übernommen, die damit auf den Straßen flanierten. Dieses Outfit verschaffte den Freiern den morbiden Kick, eine Frau zu begatten, deren Mann gerade erst getötet worden war.

Schönheit als todgeweiht zu inszenieren – das war und ist allerdings stets eine Minderheitenposition. Mehrheitlich gilt heute ein Schönheitsideal, das Gesundheit und gutes Genmaterial, Leistungs- und Zeugungsfähigkeit demonstriert, also jeden Gedanken an Verfall und Tod zu verdrängen sucht. Es ist das Schönheitsideal gebräunter Menschen mit prallen Muskeln, Brüsten und Geschlechtsorganen, mit vollen Lippen und glattrasierten Körpern, nass gegeltem oder blondiertem Haar, das nach ewiger Frische, nach ewigem Strandurlaub aussieht, natürlich gebleicht von Sonne und Salzwasser. Diese Personifikationen jugendlicher Frische mit ihrer permanent suggerierten Leistungs- und Paarungsbereitschaft haben natürlich etwas ungeheuer Trauriges an sich: Sie sind Sklaven der Sehnsucht nach ewiger Jugend und versuchen diese mit großem, im Alter immer mehr steigendem und dennoch niemals ausreichendem Aufwand zu erhalten. Besessen vom Tod, suchen sie ihn um jeden Preis zu verdrängen. Der Romantiker hingegen bevorzugt die wehmütige Schönheit des Herbstes, die um den unvermeidlichen Tod weiß, die frostbedrohte Spätblüte – ein Phänomen, das auch die Natur kennt, ein Feuerwerk der Farben kurz vor dem Untergang, dem langen Winter, in dem sich der Schnee wie ein weißes Leichentuch auf die kalte Landschaft legt. »Der Tod eines Dichters ist sein letzter Text«, schrieb der russische Schriftsteller Michail Schischkin einmal im Blick auf Lord Byron und dessen Nachruhm. Und die Performance-Großmeisterin Marina Abramović (69) gibt in ihrem *Artist's Life Manifesto* zu bedenken:

>*Für einen Künstler ist es nicht nur wichtig, wie er lebt, sondern auch, wie er stirbt.«*

Das Begräbnis sei nämlich ein sehr wichtiges Kunstwerk jedes Künstlers, und er trage die Verantwortung dafür, dass es auch gelinge. Bekanntlich sind Nachrufe und Totenreden ja besonders positiv. Für manche Menschen wäre der Nachruf sicher das Netteste, was sie je über sich zu hören bekämen – wenn sie es nur hören könnten! Eigentlich schade. In der antiken Geschichte des *Gastmahls des Trimalchio* erfüllt sich ein neureicher Ex-Sklave genau diesen Wunsch. Doch schon damals wurde die zu Lebzeiten veranstaltete Totenfeier als Geschmacklosigkeit sondergleichen verurteilt. Es gibt allerdings Anzeichen, dass dieses Tabu fällt. In Japan, dessen Gesellschaft immer wieder extreme Varianten westlicher Trends hervorbringt, soll bereits in den 1990er-Jahren ein Ritual namens »*seizenso*« erprobt worden sein: eine Trauerfeier zu Lebzeiten und in Anwesenheit des Betrauerten. Diese diente der rechtzeitigen, kontrollierten Schaffung eines Post-Selbst, bei der die Interaktion mit den Angehörigen, Danksagungen und Wiederauferstehungszeremonien zelebriert werden. Nicht nur in Japan werden derartige Rituale praktiziert: Nahe der documenta-Stadt Kassel gibt es einen Friedhof im Walde, auf dem Künstler schon zu Lebzeiten ihre Grabmale installieren und Begräbnisrituale proben können, so beispielsweise der Architekt Werner Ruhnau, der seine Grabstätte bereits 1994 errichtet hatte und sein Begräbnis seit 2004 einmal jährlich mit Gästen und Familie einübte, und zwar jeweils an seinem Geburtstag am 11. April. Dann wurde eine Urne unter Trompetenklängen und festgelegten Schrittfolgen unter den Trauergästen umhergereicht. Derart gründlich vorbereitet, wurde die tatsächliche Beisetzung im April 2015 ein voller Erfolg.

Marina Abramović hat für den Fall ihrer Beerdigung festgelegt, in Belgrad, Amsterdam und New York – den drei Städten, in denen sie am längsten gelebt hat – solle jeweils ein Sarg aufgebahrt werden. Journalisten fragten sie, in welchem ihr Leichnam liegen werde. Die Antwort: »Das soll nie jemand erfahren, nur mein Anwalt weiß Bescheid.« Ob diese Masche jetzt groß in Mode kommt, mit Künstlern als Trendsettern? Der Hamburger Kulturanthropologe Norbert Fischer bestätigt auf der Basis seiner Forschungen zur Bestattungskultur im 21. Jahrhundert, dass die eigene Bestattung nun auch zu Lebzeiten immer stärker zum Thema geworden sei und dass »dabei natürlich auch Stil- und ästhetische Fragen eine wesentliche Rolle spielen«. Reiner Sörries, Direktor des Museums und Zentralinstitutes für Sepulkralkultur, sieht hier hingegen weniger ästhetische als praktische Gründe wirken: »Im Zuge der steigenden Zahl von Vorsorgeverträgen (Versicherungen) legen auch viele Menschen Details ihrer eigenen Beerdigung fest, mit Liedwünschen, Lieblingspastor, und vor allem Grabstätte und Bestattungsart.« Ob deutsche Bestatter bereits mit ähnlichen Kundenwünschen à la Marina Abramović konfrontiert werden? Dazu Carsten Pohle vom Verband deutscher Bestattungsunternehmen: »Solche Wünsche kommen vor, in diesem Umfang stellen sie jedoch die absolute Ausnahme dar. Persönlich ist mir ein Fall bekannt, in dem ein Herr die Überführung seines Sarges durch Berlin mit einem Pferdewagen im Rahmen einer Bestattungsvorsorge geplant hat; selbst dies ist jedoch ein Einzelfall unter Tausenden. Durchaus zu beobachten ist ein allgemein liberalerer Umgang mit Fragen der Abschiedsgestaltung, gerade beim Tod von jüngeren Menschen.« Ein weiterer Trend sind Beisetzungen in idyllischer Natur, etwa in einem Friedwald, wo man sich zu Lebzeiten den Baum aussuchen kann, unter dem die eigene Urne vergraben werden soll. Im märchenhaften nordhessischen Reinhardswald mit seinen alten Eichen, der auch das Dornröschenschloss Sababurg beherbergt, entstand die erste dieser Anlagen. Die romantische Idee vom Einswerden mit der Natur liegt dieser Bestattungsform zugrunde. Die Liegezeit beträgt in der Regel neunundneunzig Jahre.

Nicht nur der hessische Reinhardswald hat Romantikern und Melancholikern einiges zu bieten – auch im Berliner

Grunewald lockt ein morbides Ausflugsziel: die ehemalige amerikanische Spionagestation auf dem Teufelsberg. »Amerikanische Spione auf dem Teufelsberg« – das klingt nach einer iranischen Propagandaerfindung im Sinne der »Weltherrschaft des Großen Satans«. Doch die Überreste dieser Abhörstation, mit der die NSA Ostberlin und weite Teile der DDR überwachte, sind höchst real. Der Teufelsberg wurde nach dem Krieg aus einer riesigen Menge von Trümmerschutt errichtet. Auf den Resten zerbombter Berliner Häuser bauten die amerikanischen Sieger ihre Radarstation, die nach dem Ende des Kalten Krieges überflüssig wurde, da nun die Weltherrschaft errungen worden war – zumindest schien es so. In der Folgezeit wurden bizarre Pläne von Investoren lanciert: Luxuseigentumswohnungen, Sportanlagen, ein Fünf-Sterne-Hotel, ein Spionagemuseum. Eine esoterische »Maharishi-Weltfriedensstiftung« mit ihrem prominenten Mitglied, dem amerikanischen Horrorfilmregisseur David Lynch, schlug vor, auf dem Hügel eine »Universität« mit einem fünfzig Meter hohen *Turm der Unbesiegbarkeit* bauen zu lassen. Bislang wurde glücklicherweise nichts davon realisiert. Weithin sichtbar ragen die Kuppeltürme in der Mark Brandenburg auf, der Wind lässt die Fetzen der Radarstations-Außenhaut wild umherflattern. Und ganz ohne die Ablenkung durch Hotels, Golfplätze und unbesiegbare Türme finden die amerikanischen Berlin-Touristen in dieser Ruine ihr Memento mori. Hier können sie sich mit eigenen Augen vom bevorstehenden Untergang ihres Imperiums überzeugen. Amerika und seine Militärmaschine – das wird ganz sicher einmal ein Thema der Archäologie werden. Die einzige Frage ist nur: wann?

Ein nostalgischer Tourismus, oftmals auch von der Literatur inspiriert, führt Besucher zu Orten, die im Zuge der Welt-

kriege, der Vertreibungen und des Holocausts von der Land-
karte verschwunden sind. An untergegangenen Städten und
verschwundenen Provinzen besteht vor allem in Ostmittel-
europa kein Mangel, und seit dem Ende des Kalten Krieges
sind diese blutgetränkten Landschaften, jene *bloodlands*, wieder zugänglich. Im Alter machen sich Überlebende, Vertriebe-
ne (manchmal auch deren Kinder und Enkel) oft noch einmal
auf den Weg, um die Orte ihrer Kindheit zu besuchen oder zu
suchen. Meistens sind neue Städte an deren Stelle entstanden,
neue Bewohner in alten Gebäuden, manchmal blieben die Orte buchstäblich wüst, und es gibt nicht einmal mehr Ruinen.
Einer der tristesten Orte für diese Art von Sehnsuchtstou-
risten überhaupt dürfte wohl Königsberg sein, Heimatstadt
des Philosophen Immanuel Kant. An der Stelle der Innenstadt
befindet sich heute eine Brache, und ein missratener Beton-
koloss aus sowjetischen Zeiten (ein Bau, der niemals bezugs-
fertig geworden ist) prägt die Skyline der Ortschaft Kali-
ningrad. Der dänische Künstler Joachim Koester hat Kants
tägliche Spaziergangs-Route im heute verwahrlosten Gelände
in seiner melancholischen Fotoarbeit *The Kant Walks* dokumentiert. In Zukunft soll Kant stärker als touristische Attraktion Kaliningrads vermarktet werden. Es gibt Pläne, sein Grab
und seine Wirkungsstätten, wie etwa das ruinenhafte Pfarr-
haus im Geisterdorf Wessjolowka (Judtschen), durch einen
Themenweg zu verbinden. Zudem gibt es Bestrebungen, ihn
im Sinne des neoimperialen Rollbacks posthum zu russifizie-
ren – Putin bezeichnete den Philosophen unlängst als einstigen »Einwohner« des russischen Reiches. Offenbar reicht es
zur Befestigung der nationalen Identität nicht aus, ein Land
zu erobern, auch Vergangenheit und historische Persönlichkeiten müssen noch rückwirkend okkupiert werden.

Ruinen haben Architekten, Bauherren und Künstler schon seit der frühen Neuzeit fasziniert. Statuen, Mosaike, Bauteile und Gebäudereste wurden in der Renaissance als Zeugnisse einer fortschreitenden Geschichte erkannt. Einerseits konnte man antike Trümmerfelder als Kulisse für vitale Selbstinszenierungen nutzen und mithilfe der Ruine den historischen Fortschritt dokumentieren, dessen erfolgreichstes Produkt man selbst zu sein glaubte. Andererseits veranschaulicht die Ruine die Begrenztheit menschlicher Macht, ihre Betrachtung konnte melancholisch stimmen. Wie der Totenschädel im Studierzimmer des Gelehrten wurde die antike oder mittelalterliche Ruine zum Memento mori, eine Aufforderung zur Demut, aber auch eine Ermunterung, das Leben zu genießen, solange man es kann. Extrem die Fantasie beflügelnd hat auf manche Bildungsbesucher die ersehnte Begegnung mit antiken Ruinen gewirkt. Der Engländer James Boswell schreibt über seine Grand Tour im Jahre 1765, er habe beim Anblick des Forum Romanum augenblicklich damit begonnen, fließend Latein zu sprechen. Waren keine authentischen Ruinen in Sichtweite, ließen die europäischen Herrscher künstliche Ruinen in ihren Parks und Schlossgärten errichten. Heute erleben wir wieder eine Welle der Ruinenbegeisterung. Diese erschöpft sich nicht in der herkömmlichen Bewunderung pittoresker mittelalterlicher Burgruinen, sondern erstreckt sich mittlerweile auch auf Bauten, die erst in den letzten Jahrzehnten errichtet worden sind. Diese Faszination ist das Resultat einer rapide alternden Moderne und der geistigen Verarbeitung ihrer gescheiterten Utopien und technologischer Wunschträume. Moderne und postmoderne Ruinen – das sind Bunker und Spionageanlagen aus dem Kalten Krieg, Wohnblöcke in Großsiedlungen, Bürohochhäuser und Industrieanlagen. In Filmen dienen sie gelegentlich als Kulissen einer postapokalyptischen Welt – einer Welt, die allerlei futuristische Fantasien schon hinter sich hat und nun langsam vor sich hin rottet und rostet. Die japanische Insel Hashima bietet dafür ein prominentes Beispiel. Fast hundert Jahre lang war sie als Kohlemine genutzt und komplett überbaut worden. Seit 1974 rotten die hoch aufragenden Industrieruinen spektakulär vor sich hin. Das unheimliche Eiland, wegen seiner Silhouette auch »Schlachtschiff-Insel« genannt, wurde u. a. bereits als Drehort für den James-Bond-Film *Skyfall* genutzt. Im Frühjahr 2015 plante die Regierung, sie als Stätte des Weltkulturerbes registrieren zu lassen, weil dort 1916 das erste Hochhaus Japans errichtet wurde. Allerdings war die Insel zugleich Stätte der Ausbeutung koreanischer Zwangsarbeiter im Zweiten Weltkrieg.

Manchmal werden derart heruntergekommene Gebäude auch gesprengt – spektakuläre Ereignisse für Medien und Zuschauer. Viele Bauten der Moderne gelten mittlerweile als Chiffren für Kälte und Unmenschlichkeit, und die Faszination für ihre Ruinen ist auch als Kritik an den Folgen einer technokratisch-totalitären Moderne zu verstehen. Und es verwundert nicht, dass diese Bauten in ihrem Verfallsprozess ebenso zu Objekten von Melancholie und Vanitas-Gefühlen werden konnten wie im 19. Jahrhundert die Ritterburgen und Klöster des Mittelalters. Brian Dillon und Amy Concannon konzipierten 2014 in der Tate Britain die Ausstellung *Ruin Lust*. Amy Concannon berichtete, die Schau habe lebhaftes Interesse hervorgerufen und ein sehr gemischtes Publikum aller Altersklassen und ethnischer Gruppen angelockt. Auch der renommierte Fotograf Robert Polidori verdankt seinen Erfolg großenteils der neoromantischen Ruinenbegeisterung. Mit grandiosen Aufnahmen der verstrahlten Zone um das ukrainische Atomkraftwerk Tschernobyl, der vom Hurrikan verwüsteten Stadt New Orleans, des bürgerkriegszerstörten Beirut oder dem unaufhörlich verfallenden Havanna setzte er künstlerische Akzente. Sein Werk lässt die Frage aufkommen: Sind Katastrophen ästhetisch? – und liefert zugleich die Antwort. Das Bewusstsein, dass selbst die zukunftsweisende Moderne irgendwann einmal Material für Archäologen liefern wird, und die Frage, ob unsere Zeit für künftige Generationen mal so etwas werden könnte wie die Antike, lassen Melancholie aufkommen. Doch auch diese Gedanken haben schon eine Tradition. So hatte Ernst Jünger bereits in den 1920er-Jahren prognostiziert:

»Bald wird uns die Zeit des Fortschritts rätselhafter erscheinen als die Geheimnisse einer ägyptischen Dynastie.«

So stürzen sich Fotografen und Touristen heute lustvollschaudernd auf die ruinösen Überreste totalitärer Systeme und technischer Großprojekte, auf verlassene Siedlungen und aufgegebene Industrieanlagen. Diese Begeisterung äußerte sich bereits in den 1980er-Jahren (vielleicht auch unter dem Einfluss eines apokalyptischen No-Future-Zeitgeistes) mit Paul Virilios *Bunkerarchäologie* des Westwalls und findet heute reiche Nahrung in der geisterhaften evakuierten sozialistischen Planstadt Prypjat bei Tschernobyl, die Polidori so eindrucksvoll in Szene setzte. Das ukrainische Prypjat gilt heute als erste postapokalyptische Stadt. Gerade fertiggestellt als Wohnstätte für die Kernkraftwerksbeschäftigten und ihre Familien, wurde sie im April 1986 nach der Verstrahlung hastig evakuiert, anschließend von Kriminellen geplündert, denen Geigerzählerwerte offenbar völlig egal waren. In weiten Teilen wirkt die städtische Szenerie mit ihren Einkaufszentren, Vergnügungsparks, Schulen und Kindergärten heute wie eingefroren, wie ein modernes Pompeji. In den Klassenzimmern der Schule »Nummer 3« liegen noch die Schreibhefte auf den staubbedeckten Tischen. »Mein Vaterland ist die UdSSR«, schrieben die Erstklässler vor mehr als fünfundzwanzig Jahren in ihre Kladden, bevor der Befehl zur Evakuierung kam. Besonders in den ersten Jahren nach der Verstrahlung wurden zahlreiche Mutationen bei Pflanzen und Tieren beobachtet, auch bizarre Gerüchte verbreiteten sich, etwa über blinde Vögel und Riesenwuchs bei Wildschweinen. Mittlerweile haben zahlreiche Wildtiere, darunter Wölfe und Luchse, das Gebiet wieder in ihren Besitz genommen, die Strahlenwerte sind stark gesunken. In den letzten Jahren kam ein Tagestourismus in geführten Kleingruppen in Mode, ausgehend von der nahen Metropole Kiew. Fachleute glauben, dass es möglich sei, die Zahl der Touristen auf eine Million zu erhöhen (wenn einmal Frieden im Land herrscht). Katastrophentourismus ist an sich nichts Neues, schon lange werden antike Ruinen und historische Schlachtfelder besichtigt, doch nun kommen auch die Stätten von Misswirtschaft, Havarien und Umweltkatastrophen als attraktive Reiseziele hinzu.

»*Dark tourism*«, der auch Schauplätze von Verbrechen und Genoziden ansteuert, hat weltweit an Bedeutung gewonnen. Im Jahr 2014 besuchten beispielsweise mehr als einethalb Millionen Menschen die polnische Gedenkstätte Auschwitz, so viele wie nie zuvor. Auch die berüchtigten *Killing Fields*, Folter- und Mordstätten der kambodschanischen Pol-Pot-Diktatur, gehören zu den Zielen des *dark tourism*. Manchmal verirren sich auch normale Touristen dorthin, wie die Bewertung eines Österreichers auf der Reiseplattform *TripAdvisor* zeigt. Er schrieb dort über das Museum Choeung Ek: »Must have unter den Sehenswürdigkeiten. Eintritt günstig. Man erhält dann einen Audioguide, der einen von Punkt zu Punkt führt. Etwas bedrückendes Gefühl danach, deshalb kann ich diese Sehenswürdigkeit nicht als ›Ausgezeichnet‹ bewerten.« Ein Schweizer Besucher ist hingegen sicher: »Wem hier nicht wenigstens innerlich die Tränen kommen, dem ist nicht mehr zu helfen«, und zeigt sich umso erstaunter, wie fatalistisch das Verhältnis vieler Khmer »zu ihrem Genozid« sei. Auch die Stätten des Nazi-Terrors in Berlin werden von Besuchern angesteuert, die das »Zentrum des Bösen«, die Schaltstellen des »Dritten Reiches« sehen wollen. Leider sind weder die Gestapo-Zentrale noch die Reichskanzlei mit Führerbunker erhalten. Museen wie die *Topographie des Terrors* und neu erbaute Gedenkstätten dienen als Ersatz, wie das 2005 eröffnete *Denkmal für die ermordeten Juden Europas*, ein weitläufiges Feld aus Betonstelen direkt im Stadtzentrum. Bereits nach wenigen Jahren wurden die ersten Haarrisse in den Säulen sichtbar, die aus einem Spezialbeton gegossen worden waren. Mittlerweile gibt es kaum noch Stelen, die nicht von Rissen durchzogen werden, einige mussten bereits mit Stahlmanschetten gesichert werden. Ein Denkmal, das das historische Bewusstsein des wiedervereinigten Deutschlands symbolisieren, einen offiziellen Kanon des Selbstverständnisses illustrieren sollte, zerfällt bereits nach wenigen Jahren. Noch unter den Augen seiner Erbauer und Förderer droht dieses neue Nationaldenkmal zur Ruine zu werden und veranschaulicht auf diese Weise die Begrenztheit ihrer Macht, wird ihnen unverhofft zum Memento mori.

Ein regelrechter Ruinen-Tourismus hatte sich in den letzten Jahren in Detroit entwickelt, dem ehemaligen Zentrum der US-Autoindustrie, dessen verlassene Industrieanlagen, Bahnhöfe und Wohnviertel dem zeitgenössischen Ruinenkult reiche Nahrung gaben. 2013 musste die Stadt, deren Einwohnerzahl in den letzten Jahrzehnten von 1,8 Mio. auf ca. 500.000 zurückging, Konkurs anmelden. Der Rückbau der verfallenen Innenstadtquartiere zu einem Grüngürtel mit Gartenland, Parks und Einfamilienhäusern wird Milliarden kosten. Detroit mit seinen ca. 80.000 unbewohnten Häusern, über 6000 verwahrlosten, mit Müll bedeckten Parzellen und weitläufigen verwaisten Industrieanlagen ist zum Spielplatz für Künstler geworden, zum Reiseziel von Fotografen, Street Artists – fast schon zum Ärger der verbliebenen Einheimischen, die sich als Statisten in einem »*ruin porn*« fühlen – als Objekte einer morbiden Lust, sich am Verfall und Untergang anderer ästhetisch zu erfreuen. Tatsächlich gibt es mittlerweile Aufwärtstendenzen. Das Interesse auswärtiger Künstler hat zu Bewegungen auf dem desolaten Immobilienmarkt geführt. Anwohnerinitiativen und Urban-Gardening-Projekte schlagen sich tapfer im Niemandsland ausgebrannter Häuserzeilen. Sie sind bemüht, zunächst von kleinen Inseln aus, das von Crack, Kriminalität und Sozialhilfeabhängigkeit zerstörte gesellschaftliche Gewebe der Stadt zu regenerieren.

Es fällt auf, dass mit Prypjat und Detroit zwei Städte zu postapokalyptischen Kultorten wurden, die sinnbildlich für die technologische und industrielle Potenz der beiden Flügelmächte Sowjetunion und USA, gleichzeitig aber auch für deren Niedergang standen. Die beiden rivalisierenden Weltmächte dominierten die zweite Hälfte des 20. Jahrhunderts. Prypjat und Detroit wirken heute wie Grabsteine jener Epoche. Die Sowjetunion zerbrach schon wenige Jahre nach der Atomkatastrophe, und ihr labiler Nachfolgestaat geht einer ungewissen Zukunft entgegen. Die USA leiden unter strukturellen Problemen in Wirtschaft und Gesellschaft, auch ihr Niedergang ist absehbar. Der strategische Misserfolg, den beide Mächte in Afghanistan erlitten, war ein Vorzeichen ihres Niedergangs (im Übrigen scheiterten dort auch die Briten und die Deutschen, die Afghanistan vergeblich zum Bündnispartner machen wollten). In der Nähe von Kabul steht eine Ruine, die als Sinnbild für das Scheitern der imperialen Mächte gelten darf: der Palast von Darul-Aman, 1919–29 vom deutschen Architekten Walter Harten als Parlamentssitz für ein neues, modernes Afghanistan errichtet. Ein Parlament beherbergte er nie, stattdessen sowjetische Militärberater und das afghanische Verteidigungsministerium, zuletzt amerikanische Soldaten. Die Künstlerin Mariam Ghani, Tochter des 2014 gewählten afghanischen Präsidenten, hatte die Palastruine bereits vor einigen Jahren mit starken Bildern in Szene gesetzt: In ihrem Film ließ sie eine Frau im traditionellen weißen afghanischen Trauergewand der 1920er-Jahre durch die Ruine schreiten. Ein Dreiklang des Verfalls: Prypjat, Detroit, Darul-Aman. In diesen drei Ruinen wurden der Sozialismus, der American Dream und die globale Moderne beerdigt – drei Utopien, die doch keine Zukunft hatten.

Manchmal ist das Verfallsdatum noch früher erreicht, manchmal sind es schon futuristische Neubauten, die direkt in den Ruinenzustand übergehen, leer stehende Spekulationsobjekte wie die Retortenstadt El Quiñón im spanischen Seseña oder Bauruinen insolventer Investoren. Einige von ihnen stehen aber nicht nur als Anti-Korruptions-Mahnmale oder ästhetische Gruselobjekte in der Landschaft, sondern wurden von illegalen Besetzern zu neuem Leben erweckt – etwa der unvollendet gebliebene, zweihundert Meter hohe *Torre de David* im Zentrum von Caracas, ein gigantisches Immobilienprojekt, das durch den Zusammenbruch venezolanischer Banken 1994 auf der Strecke blieb. Im leer stehenden Hochhaus siedelten sich Bewohner aus den Armenvierteln an und bauten die Hochhausetagen mit provisorischen Mitteln zu Wohnungen, Werkstätten und kleinen Läden aus. Zeitweise lebten bis zu zweitausendfünfhundert illegale Bewohner im Haus. Ein venezolanisches Architektenbüro begleitete das Projekt und machte es als ein Wohnmodell der Zukunft bekannt – als Beispiel für die basisdemokratische Aneignung und erfolgreiche Umnutzung verlassener Gebäude und verwüsteter städtischer Räume. 2012 wurden sie für dieses Projekt mit dem »Goldenen Löwen« der internationalen Architektur-Biennale von Venedig ausgezeichnet. Fotografen, Künstler und Locationscouts des Fernsehens entdeckten nun die Ruine, machten sie zum Schauplatz einer postapokalyptischen Idylle. Eine Folge der beliebten US-Fernsehserie *Homeland* spielte im *Torre de David*. Die Hauptfigur Nicholas Brody wird im Turm gefangen gehalten und lebt zwangsweise in einer Gesellschaft der Ausgestoßenen, die sich selbst eine primitive drakonische Rechtsordnung gegeben hat – wie die Besatzung eines Piratenschiffs. Angeblich wegen der katastrophalen hygienischen Bedingungen und der Häufung von Unfällen, bei denen Menschen in die ungesicherten Treppenschächte gestürzt waren, entschieden sich die Behörden im Sommer 2014, das Gebäude schrittweise räumen zu lassen. Möglicherweise war aber auch das Interesse chinesischer Investoren am Weiterbau des Turms der entscheidende Grund. Bis die Chinesen kommen, wird der Wind wieder ungebremst durch die Fensterhöhlen der Turmruine pfeifen.

Maske

*»Mach bloß viele Praktika, sonst hast du nur die Theorie,
da nimmt dich keiner! Oder: Werde bloß nicht wie die vor
dir, diese Generation Praktikum (…). Die vielen wider-
sprüchlichen Ratschläge bringen mich zur Raserei.*

Ob ein Auslandssemester überhaupt noch nötig ist oder mittlerweile zum Ausschlusskriterium wird, weil man damit nur
seinen Lebenslauf tunen wollte, darauf findet niemand eine
Antwort.« Die dreiundzwanzigjährige Bielefelder Studentin
Verena Jürgens, die bei einer Studentenumfrage der *FAZ* zu
Wort kommt, fühlt sich schon wie eine Schwindlerin: »Hoch-
staplersyndrom kann man das nennen: der Glaube, man sei
nicht gut genug, mit der Angst, enttarnt zu werden.« Das gän-
gige Lebenslauf-Tuning ambitionierter junger Menschen sieht
in etwa so aus: Schüleraustausch nach Übersee, Einser-Abi,
Freiwilliges Soziales Jahr, Bachelor plus anschließend Mas-
ter, Auslandssemester, Nachhilfe für sozial benachteiligte
Kids, Mentor in der Fachschaft, HiWi-Job, Stipendien. Außerdem soll man noch kritisch oder feministisch sein und
irgendwie rebellisch – mahnen die verbeamteten Alt-68er und
Gendertheoriegouvernanten von ihren Redakteursposten
und Professorensesseln herab. Karriere soll man machen
und gleichzeitig die Welt retten. Scheinbar geht es ja auch
immer voran – das Hamsterrad sieht ja von innen aus wie

eine rasant rotierende Karriereleiter. Aber nach einer Weile merken die Hamster: Es geht eben nicht voran. Denn in einer Zeit, in der – scheinbar auf »Augenhöhe« – jeder jeden kontaktieren kann, in der sich jeder überall bewerben darf, entscheidet am Ende doch wieder der Stallgeruch, wie einige aktuelle Studien nahelegen. Gerade weil die sozialen Bindungen schwächer werden, weil die Welt unübersichtlicher geworden ist, vertraut man als Kunde, Auftraggeber und Arbeitgeber auf gefühlte Gemeinsamkeiten. Im gleichen Milieu zu Hause zu sein, die gleichen Codes zu beherrschen, die »richtigen Leute« zu kennen – das sind die Qualifikationen, die wirklich ziehen.

Was unterscheidet unsere Zeit eigentlich von den vergangenen Wirtschaftskrisen und Wandlungsprozessen? Krisen gibt es ja immer und überall. Ging es in den vergangenen Phasen des Kapitalismus darum, die Natur auszubeuten, Länder und Völker zu kolonisieren und die Bevölkerungsmassen mit Gütern zu versorgen, zielt das digitale Zeitalter auf den Einzelnen. Heute findet eine Art innerer Kolonisierung statt. Die Kontinente der Fantasie und des Gefühls werden vermessen, erschlossen, parzelliert. Das Individuum steht im Fokus kommerzieller Verwertungsabsichten, seine Verwandlung in einen vereinzelten, transparenten, steuerbaren Konsumenten hat begonnen. Der Abbau traditioneller sozialer Bindungen, der etwa auf den Ebenen von Familie, Dorfgemeinschaft, Partei- und Religionszugehörigkeit oder Gewerkschaftsengagement spürbar ist, kann dazu führen, dass dem Einzelnen nur noch der Markt und dessen Garantiemacht, der Staat, gegenüberstehen – und dies unter den Vorzeichen einer umfassenden digitalen Überwachung. Die Lockerung sozialer Bindungen begann bereits mit der 1968er-Bewegung, mit ihrer Forderung nach einer umfassenden Befreiung des Individuums und der damit verbundenen Unterminierung gesellschaftlicher Institutionen. Damit leisteten die einstigen Revolutionäre einer Kommerzialisierung Vorschub, die erst heute im Vollbild sichtbar werde, so der Kulturwissenschaftler Frank Böckelmann, der in den 1960er-Jahren zusammen mit Rudi Dutschke, Dieter Kunzelmann u. a. in der revolutionären Gruppe »Subversive Aktion« tätig war und heute den gängigen *Jargon der Weltoffenheit* seziert: »Wenn die Institutionen geschwächt oder außer Kraft gesetzt sind, regelt allein der Markt die menschlichen Beziehungen.« Wenn aber alle menschlichen Beziehungen vom Tauschwert und Profitstreben dominiert werden, wo bleibt da das Persönliche?

»An den Bekundungen persönlichen Interesses nagt der Verdacht, sie seien austauschbar. Das Individuum steht unter dem Druck zu beweisen, dass seine Antriebe authentisch sind«,

erklärt Böckelmann und führt aus: »Das belastet auch und insbesondere die Liebesbeziehung, den intimen Bereich, wo die Verträge und Konventionen nun durch die Echtheit des Gefühls zu ersetzen sind.« Aus diesem Dilemma resultiert die Sehnsucht nach dem Authentischen.

Durch die erodierenden Milieus und die vielfältigen Bildungsmöglichkeiten scheint die soziale Mobilität des Einzelnen auf einem historischen Höchststand angelangt zu sein – Gleiches gilt aber auch für den Grad seiner Vereinzelung. Die Gesellschaft bietet nun Entscheidungsfreiheit, was Beruf, Partnerschaft, Wohnort, kulturelle oder sexuelle Orientierung betrifft. Jeder kann sich selbst »entwerfen« oder – im Falle eines Misserfolgs – »neu erfinden«. Damit einher geht ein regelrechter Zwang zum Glück: Ratgeber, Coaches und Medien empfehlen unentwegt, härter an uns zu arbeiten, damit wir glücklich werden. Was für ein Irrsinn, das flüchtige Glück als Dauer- und Endzustand in Aussicht zu stellen! Und: Glück soll man nach außen hin auch darstellen, dies gehört gleichsam zur Sozialkompetenz, auf die heute in vielen Branchen Wert gelegt wird. Was im bürgerlichen Zeitalter privat war, seine Gefühle durch Mimik und Körpersprache auszudrücken, wird jetzt als »emotionale Arbeit« zum Gegenstand der Unternehmenspolitik und gehört zum Anforderungsprofil für Bewerber. Hier ist am erfolgreichsten, wer das falsche Verkäufer- und Stewardesslächeln quasi verinnerlicht hat und unter der Falschheit nicht mehr leidet. Angestellte werden nun mitunter danach ausgewählt, ob sie die Firmenmarke im wahrsten Sinne des Wortes verkörpern – die amerikanische Bekleidungsfirma *Abercrombie & Fitch* dient hier als Vorreiter. Der damalige Vorstandschef Mike Jeffries sagte 2006 in einem Interview: »Wir stellen nur attraktive Mitarbeiter in unseren Geschäften ein. Weil gut aussehende Menschen anziehend für andere attraktive Menschen sind. Unsere Mode ist nur für coole, gut aussehende Personen gedacht.« Und so stellt man hier am liebsten Verkäufer mit Sixpack ein oder Verkäuferinnen, die locker in Zero-Size-Jeans passen. Kaum jemand kann all den gegenwärtigen Qualifikationsanforderungen gerecht werden, das spüren schon Jugendliche und Studenten. Permanente emotionale Selbstbeherrschung bei gleichzeitiger niemals endender Weiterbildungspflicht (»lebenslanges Lernen«) und verschärftem Multitasking im Arbeitsalltag – das erzeugt einen enormen Innendruck, der sich Ventile sucht. Die Vielzahl der heutigen Handlungs-, Erlebnis- und Konsummöglichkeiten führt zu Entscheidungsstress und chronischer Zeitnot. Wo alles erreichbar, alles möglich scheint, werden die plausiblen Entschuldigungen für verpasste Chancen rar, zwangsläufig fühlt man sich als Versager. Deshalb wächst die Versuchung, vor dem Hintergrund zahlreicher ungenutzter Optionen und Lebensentwürfe wenigstens eine hochstaplerische Erfolgsfassade zu errichten und zu simulieren, man habe sein Glück gemacht.

An diesem Punkt kommen die verführerischen Möglichkeiten der heutigen Medienwelt ins Spiel. Vielleicht war die Welt nie künstlicher und irrealer als heute. Die Ökonomie der Aufmerksamkeit diktiert im Bund mit der neuen Technologie ihre Gesetze, und eines davon lautet: Um Erfolg und Erfüllung zu erlangen, kommt es darauf an, sich selbst stets auf vorteilhafteste Weise zu inszenieren. Ein weiteres dieser Gesetze besagt, dass der Bildwirkung eine größere Bedeutung zukomme als inhaltlichen Aussagen, dass der Schein, die Behauptung, der »Claim«, wichtiger sei als die tatsächlich erworbenen Kompetenzen und die tatsächlich gemachten Erfahrungen. Ein ebenso wirkungsvolles wie sozial kompatibles Wunschbild von sich selbst erzeugen – das ist die Devise der Stunde. Auch deshalb ist es vielleicht kein Zufall, dass in den letzten Jahren eine regelrechte Epidemie der Hochstapelei um sich gegriffen hat, von falschen Ärzten in Kliniken und betrügerischen Beratern in der Finanzbranche bis ins Bildungsministerium hinein, wo eine Frau Dr. Schavan amtierte, bis ihr 2013 der Doktortitel wegen Plagiierens aberkannt wurde. Ihre vier ausländischen Ehrendoktortitel hat sie behalten. Frau Schavan wurde übrigens nach Titel- und Amtsverlust steil nach oben berufen und residierte schon ein Jahr später als Deutsche Botschafterin im Vatikan – als Quereinsteigerin direkt auf ein sattes B9-Gehalts-level, ohne sich den sonst obligatorischen harten Ausbildungs-kriterien des diplomatischen Dienstes stellen zu müssen. »Dr.« einer deutschen Universität ist sie inzwischen auch wieder: Im Jahr 2014 verlieh ihr die Uni Lübeck den Dr. med. ehren-halber. Beides waren unglaubliche Vorgänge, die aber auf ihre Weise auch eine neue Normalität anzeigen. Der zeitgenössi-sche Hochstapler – in seiner gängigsten Variante als akademi-scher Plagiator und Wissenschaftsbetrüger – verströmt aller-dings in der Regel wenig weltmännischen Glamour. Unter Leistungsstress und in bürokratische Apparate eingepfercht, bemüht er sich mit unlauteren Methoden, seinen Experten-status zu wahren und auszubauen: »Was früher Hochstape-lei hieß, nennt sich heute Expertentum. Ist es eine Sache der Bildungsökonomie oder des technischen Fortschritts? Ohne akademische Ausbildung kann man heute nicht einmal mehr Schwindler werden«, erkannte Peter Sloterdijk bereits Anfang der 1980er-Jahre in seiner *Kritik der zynischen Vernunft*. Hoch-stapelei ist Normalität, sie zahlt sich aus und man kommt da-mit durch, selbst wenn man erwischt wird – das demonstriert Ihre Exzellenz Dr. h. c. mult. Annette Schavan.

Und selbst wenn man wirkliche Kompetenzen hat, muss man sich grotesk aufblähen – sogar echte Professionalität reicht heute nicht mehr, auch sie muss inszeniert werden. Für die grassierende Selbstinszenierungsmanie gibt es eine we-sentliche Ursache im Arbeitsleben. In den letzten Jahrzehnten wurden immer mehr selbstständige Existenzen durch Out-sourcing geschaffen. 2014/15 zählte das Deutsche Institut für Wirtschaftsforschung über vier Millionen Selbstständige in Deutschland, davon 2,3 Millionen Ein-Mann- bzw. Eine-Frau-Betriebe. Von diesen wiederum verdienten 400.000 maximal fünf Euro pro Stunde, also weit weniger als den gesetzlichen Mindestlohn. Doch gegen Selbstausbeutung gibt es keine Gesetze. Umso wichtiger ist permanente PR in eigener Sache, ganz gleich, ob man Gemüsehändler, Taxiunternehmer oder freier Journalist ist. Eigen-PR wurde zur Haltung, die häufig auch von Festangestellten übernommen wurde, denn auch innerhalb eines Unternehmens geht es darum, sich mit Initiativen, Fortbildungsbereitschaft, Spezialisierungen zu profilieren. Auch das Feld des Privaten ist zum Spielplatz von Selbstinszenierungen geworden. War die Privatsphäre in bürgerlicher Frühzeit noch ein Ort, an dem Individualität in geschützter Atmosphäre »eingeübt« werden konnte, um später im Leben draußen besser zu bestehen, findet der Prozess der Persönlichkeits- und Geschmacksbildung heute gleich öffentlich statt – vor allem über das Konsumprofil: Du bist, was du im Netz bestellst, was du anderen anempfiehlst. Originelle persönliche Markenbildung, inklusive eines originellen Konsumverhaltens – das sind die Anforderungen der digital-sozialen Netzwerke an ihre Mitglieder. Der Spaß am Egomarketing kann aber kippen; auch die Nebenwirkungen sind erheblich. Bei all unseren Bluffs und Blendgranaten, schillernden Geschichten und blitzblanken Erfolgsfassaden bleibt doch ein schales Gefühl zurück. Das Gefühl, nicht echt zu sein, ein »falscher Fuffziger«, ein notorischer Lügner. Nur wer das verdrängt, bringt es zur wahren Meisterschaft. Hinzu kommen unlösbare Zielkonflikte: Denn einerseits wird von all den Karriereratgebern, Trainern und Coaches gefordert, unablässig Ego-Marketing und bewusste Selbstinszenierungen zu betreiben, andererseits wird von ihnen aber auch gepredigt:

»Werden Sie authentisch!«

Das Konzept vom authentischen Wesen eines jeden Menschen ist keine Erfindung moderner Psychologen, es hat tiefe historische Wurzeln. Nach der griechischen Herkunft des Wortes bedeutet »authentisch« (αυθεντικός) Echtheit im Hinblick auf Urheberschaft, Glaubwürdigkeit, Wahrhaftigkeit, aber auch »Treue zu sich selbst«. In der Neuzeit wurde der Authentizitätsbegriff eng mit der Geschichte des modernen Subjekts verbunden. Nach Jean-Jacques Rousseau hängt die Treue zur eigenen inneren Natur nicht von moralischen Belehrungen ab, sondern geht aus einem Selbstbewusstsein der eigenen Existenz hervor, dem ein Gewissen schon eingeschrieben ist. Johann Gottfried Herder schrieb in seinen *Ideen zur Philosophie der Geschichte der Menschheit,* jeder Mensch habe ein ganz persönliches Profil von Gefühlen. Goethes *Leiden des jungen Werthers*, erstmals anonym erschienen 1774, wurde nicht zuletzt deshalb zur literarischen Sensation, weil in diesem Format des Briefromans der Leser unmittelbar angesprochen wurde, er musste sich wie ein Vertrauter des verzweifelten Werther vorkommen. Bereits damals schlug das Buch Wellen weit über Weimar und über Deutschland hinaus, wurde in England und Frankreich gelesen, selbst in Asien wurde es bekannt. Goethe selbst musste sich bald zu diesem Buch bekennen, Versuche seitens der Theologie und Obrigkeit, es zu verbieten, weil es den Selbstmord propagiere, und zwar in einer gefährlich literarisch-verführerischen Form, blieben teils erfolglos, hatten teils Erfolg. Die Intensität und Radikalität, mit der hier eine unglückliche Liebe in Szene gesetzt wurde, war unerhört. Das Buch traf den Nerv einer ganzen Generation und sogar darüber hinaus, man schätzte programmatische Sätze wie jenen, den Werther am 17. Mai 1771 über all die Menschen notierte, die ihre Lebenszeit mit Arbeit vollstopften: »(…) das bisschen, das ihnen von Freiheit übrig bleibt, ängstigt sie so, dass sie alle Mittel aufsuchen, um es loszuwerden.« Der internationale und anhaltende Ruhm des *Werther* verfolgte Goethe zeitlebens. Noch als er Jahrzehnte später Napoleon persönlich traf, sprach ihn der Kaiser auf das Buch an und offenbarte sich als dessen Leser.

Einen weiteren Aufschwung erlebte der Authentizitätsbegriff in der zweiten Hälfte des 20. Jahrhunderts. Während dem Schein in der Philosophie der vergangenen Jahrhunderte stets ein großes Gewicht zugemessen worden war und in einer hochveränderlichen Welt (Krieg, Krankheit, Katastrophe, Klima) die wenigen Konstanten des Alltags paradoxerweise in religiösen Dogmen, also in immateriellen Ideen gesucht wurden, bekam im bürgerlich-kapitalistischen Zeitalter das Sein eine höhere Wertigkeit als der Schein. Nicht nur bestimmte laut den Marxisten das materielle Sein das ideologische Bewusstsein. Auch durch die Existenzphilosophie Jean-Paul Sartres und in den neuen Alternativbewegungen verbreitete sich die Idee, die Persönlichkeit des Einzelnen müsse einen authentischen Kern haben. In diesen Milieus wurde das Authentische als Identitätsmarker und als Selbstführungstechnik dem Einzelnen geradezu anempfohlen: Man habe nicht nur das Recht, »selbstverwirklicht« zu leben, sondern auch die Pflicht, ständig über sich Rechenschaft abzulegen und die dabei gewonnenen Erkenntnisse anderen, der Gruppe, der Partei, dem Plenum etc. mitzuteilen. Ein alternatives oder revolutionäres Leben könne nur gelingen, wenn man bereit sei, seine persönlichen und bürgerlichen Schwächen schonungslos aufzudecken und öffentlich Selbstkritik zu üben. Kritik an diesem, sich Schritt für Schritt verfestigenden Authentizitätsgebot kam schon damals auf –

Richard Sennett sprach 1977 von einer tyrannischen »Ideologie der Intimität«, die nun herrsche, sie verwandle dabei alle politischen Kategorien in psychologische, und die Sprache der Authentizität ersetze den gesunden Menschenverstand.

Sennetts Mahnung konnte die Dominanz des Authentizitätsgebotes in der Postmoderne und Gegenwart nicht verhindern. Es wird aber heute zunehmend problematisch, ihm zu folgen, denn die ersehnte einheitliche Identität eines Subjekts erscheint mehr und mehr als Illusion. Trotzdem wird sie dem Individuum noch immer abverlangt. Schon Studenten werden in akademischen oder privaten *Career Centers* gedrillt, im Bewerbungsgespräch unbedingt »authentisch« zu agieren. So wurde beispielsweise im Wintersemester 2014/15 an der Berliner Humboldt-Universität der Kurs *Authentische Selbstpräsentation – Sprache, Mimik, Gestik finden und vertiefen* angeboten. Fünf Leistungspunkte winkten den Teilnehmern: »Sich authentisch zu zeigen und damit überzeugend zu wirken setzt eine gewisse Selbstsicherheit voraus, ohne die es häufig zu Verhaltensweisen und Reaktionen kommt, die aufgesetzt und unsicher wirken. Ein Merkmal charismatischer Personen ist persönliche Reife, die meist auf einem Reichtum an (Selbst-)Erfahrung beruht. Aber soll man warten, bis man älter wird, um die persönliche Reife zu erlangen?« Ja, vielleicht hilft hier ein Crash-Kurs in *Authentischsein-auch-ohne-Lebenserfahrung*? Bis dato war der leider noch nicht buchbar. Unisono verkünden mittlerweile alle Career Centers, Berufsberater und Personal Power Coaches, nur die Kunst, authentisch zu sein und zu bleiben, garantiere den Karriereerfolg, ganz besonders bei Führungskräften und Verkäufern – und letztlich teilt sich die Arbeitswelt ja in nichts anderes als Führungskräfte und Verkäufer, führende Verkäufer und verkaufende Führer, Oberverkäufer, Unterverkäufer und Hilfsverkäufer, oftmals sind wir beides in Personalunion: Wir verkaufen uns selbst und führen uns selbst, wir verkaufen Konzepte, Visionen, Wunschbilder. Praktikant und Manager sind hier gleichermaßen gefordert, denn: »Authentische Führung ist der Gegenentwurf zu Personenkult, Statusdenken und Eitelkeit«, tönt es etwa aus der *Akademie der Führungskräfte der Wirtschaft*, sie sei »das Ergebnis ständiger Rückkopplung mit den Mitarbeitern«. Authentizität sei heute die wichtigste Eigenschaft eines guten Managers. Besonders deshalb, weil die Führungskraft als persönliches Vorbild dienen soll, welches die »Firmenphilosophie vorlebe« – was bedeutet, dass ein Manager niemals Pause hat. Doch damit nicht genug: Während Trainer und Psychogurus anmahnen, wir sollten gefälligst authentisch sein, stressen sie uns auch dann noch weiter, wenn wir dies geschafft haben (oder glauben, es geschafft zu haben). Dann müssen wir uns auch noch Sätze wie diesen anhören:

»Viele Menschen neigen dazu, ihr Verharren in der Komfortzone als Ausdruck ihrer ›Authentizität‹ zu verklären, die es gegen die Unwägbarkeit einer Veränderung zu verteidigen gilt. (…) ›Authentizität‹ dient hier als Entschuldigung für ein Verharren im Gewohnten«,

mahnt der Managementberater Hans-Jörg Schumacher an. Man wundert sich, dass nicht massenhaft Menschen in dieser Zwickmühle durchdrehen: Einerseits heißt es, man solle sich selbst immerzu inszenieren und permanent neu erfinden, andererseits wird verlangt, man müsse dabei unbedingt und stets man selbst, also »authentisch« bleiben, dürfte es sich in dem einmal gefundenen authentischen Wesenskern aber niemals zu bequem machen! So wird die Jagd nach dem authentischen Wesen, nach dem echten Ich, zur regelrechten Obsession.

Ästhetischer Ausdruck dessen ist die in den letzten Jahren grassierende »Selfie«-Welle: Wo man geht und steht, mit wem man auch immer gerade unterwegs ist – ein scheinbar authentisches, da aus dem prallen Leben entnommenes Selbstporträt ist fällig und wird ins Netz gestellt. Dieser Zwang lässt uns manchmal auch allerlei alberne und gefährliche Dinge tun. So posierte ein Ehepaar im August 2014 am Rande einer Klippe in Portugal, verlor den Halt und stürzte vor den Augen seiner Kinder in den Tod. Eine Woche zuvor hatte sich ein junger Mann in Mexiko für ein Selfie eine Pistole an die Schläfe gehalten und sich dann versehentlich in den Kopf geschossen. Dies sind nur zwei willkürlich aus der Masse der Selfie-Unfälle herausgegriffene Ereignisse, man könnte unzählige weitere erwähnen.

Wie entkommt man der Authentizitätsfalle? Wo ist der Ausweg? Der Kulturwissenschaftler Andi Schoon empfiehlt vor dem Hintergrund, dass man im heutigen Arbeitsleben gezwungen sei, sich permanent neu zu erfinden, sich immer wieder anders zu verkaufen, diesen Zwang auch als Chance zu begreifen. Gerade in der Unechtheit verberge sich subversives Potenzial: »Die künstliche Selbsterfindung könnte ein souveräner Akt sein, sofern man es versteht, sich die Unberechenbarkeit der Styles und Oberflächen zunutze zu machen. Wie die Situationisten es gefordert haben: Heimisch im urbanen Zeichenwald werden, umherschweifen und mit der fortwährenden Veränderung kultureller Codes spielen.« Könnte die unablässige künstliche Verwandlung, die Weigerung, sich auf ein authentisches Wesen festzulegen, also auch eine Taktik des Widerstands sein? Bietet vielleicht die Verstellungskunst des Theaters Schutz vor dem Terror der Authentizität? Der nüchterne Befund lautet hier: Die klassische Kunst der Verwandlung (in literarische Figuren) scheint seit einigen Jahren in der deutschsprachigen Theaterwelt ausgedient zu haben, sie gilt als altmodisch und unlebendig, als Ausdruck eines falschen und lebensfernen Theaterillusionismus. Stattdessen soll die Persönlichkeit des Schauspielers, sollen seine Eigenheiten, Macken und persönlichen Erfahrungen sichtbar gemacht werden, durch Dekonstruktion der Rolle, Fragmentierung der Theaterfigur, Durchsetzung des überlieferten Rollentextes mit aktuellen und persönlichen Kommentaren. Das Schauspiel soll auf diese Weise unbedingt an Authentizität gewinnen, selbst um den Preis der völligen Verfremdung literarischer Vorlagen. In die gleiche Richtung zielt der Einsatz von Laien auf der Bühne – gerne aus sozialen Randgruppen. Von Behinderten, Häftlingen oder sozial auffälligen Jugendlichen erwarten ratlose Regisseure und Dramaturgen jenes notwendige Quantum Authentizität, um ihren farb- und ideenlosen Stücken gesellschaftliche Relevanz zu verschaffen.

Vielleicht ist die verzweifelte Suche nach einem eigenen authentischen Wesen ohnehin völlig vergebens – in der Soziologie, Hirnforschung und Psychologie wird seit einigen Jahren die These diskutiert, dass es ein stabiles Ich, im Sinne eines unveränderlichen Wesenskerns, gar nicht gebe. In der Regel reagierten wir auf unsere jeweiligen Umweltbedingungen und auf die Menschen, die uns umgeben. Wir vertieften uns in die Rollen, die wir gerade spielten. Etwas wie eine eigene Identität formte sich erst im Laufe des Lebens in Reaktion auf die Umwelt, wobei bestimmte Verhaltensmuster und Eigenschaften durchaus konstant blieben (die Wissenschaft zählt dazu: Extra- oder Introvertiertheit, Verträglichkeit, Gewissenhaftigkeit, Offenheit und Neurotizismus). Wir wandeln uns eigentlich ständig, das wahre Ich ist ständig in Bewegung, weil sich die äußeren Bedingungen unaufhörlich ändern. Wir passen uns ständig an, allein in der Art und Weise der Änderung, im Mechanismus der Anpassung könnte sich etwas wie unsere Wesensart manifestieren. Authentisch zu sein würde bedeuten, sich dieses permanenten Wandlungsprozesses bewusst zu sein und ihn zu akzeptieren, sich dazu zu bekennen. Stattdessen aber setzen wir alles daran, uns eine stabile Identität zu konstruieren: feste soziale Beziehungen zu pflegen, Gefühle und Nähe nur bei ganz bestimmten Personen zuzulassen, eine bestimmte berufliche Kompetenz oder Spezialisierung zu erlangen, an einmal gefassten Meinungen, ästhetischen Vorlieben und Gewohnheiten festzuhalten. An dieser selbstkonstruierten Identität versuchen wir auch festzuhalten, wenn sie von massiven äußeren Veränderungen erschüttert wird – dies geht manchmal bis hin zur Realitätsverdrängung. Nur wenn die Veränderung unübersehbar und unvermeidbar geworden ist, orientieren wir uns um und ernennen einen bislang eher nebensächlichen Aspekt unserer Identitätskonstruktion zum neuen Wesenskern. So ist es kein Zufall, dass sich die romantische Sehnsucht nach einem wahren Ich oftmals in der Bewunderung von Außenseitern manifestiert: Sie wirken stark und kompromisslos, sie allein scheinen sich den gesellschaftlich geforderten Rollenwechseln zu verweigern, sie allein scheinen sich treu zu bleiben.

Wir Neoromantiker möchten gerne glauben, es gäbe einen Unterschied zwischen Maske und echtem Wesen. Wir glauben, wir müssten unsere echten Emotionen, Gedanken, Sehnsüchte leider aus taktischen Gründen hinter einem Maskenspiel verbergen. Emotionskontrolle gilt als eine wichtige Errungenschaft der Zivilisation. Erfolgreiche Selbstvermarktung und die heute in allen Lebensbereichen vorausgesetzte und anempfohlene »Serviceorientierung« und »Sozialkompetenz« setzen Emotionsbeherrschung voraus. Gleichzeitig wächst die romantische Sehnsucht, aus dieser Zwangsjacke herauszukommen und die wahren Emotionen ausleben zu können. Der Dualismus zwischen unserem echten Wesen (oder was wir dafür halten) und der es verbergenden Maske beherrscht unser Denken und Handeln. Doch vielleicht hat dieser uns quälende Gegensatz ja gar keine Grundlage, vielleicht sind unsere Maske und unser echtes Wesen überhaupt nicht voneinander zu trennen? Sind wir vielleicht nur die Maske, die wir gerade aufgesetzt haben?

Kontrolle

Die Entdeckung und Wertschätzung der Gefühle in der Epoche der Romantik waren Reaktionen auf die strenge höfische Etikette, die im 18. Jahrhundert vom französischen Adel zelebriert worden war, und die in ganz Europa als Leitbild für alle Fürstenhöfe und gebildeten Menschen galt. Ob Konversation oder Lyrik, Theater, Tanz, Malerei, Architektur oder Gartenkunst: Das Vorbild war lange Zeit der Hof von Versailles. In den Salons der Adligen und fürstlichen Hofgesellschaften spielte man Versailles nach – oder etwas, was man dafür hielt. Alles war künstlich und sollte auch künstlich wirken. Selbst scheinbar zufällige, natürliche Situationen wurden durch geschickte Regie herbeigeführt, wenn etwa eine Dame von Gästen bei ihrem intimen Beautyprogramm vor dem Spiegel scheinbar überrascht wurde. Besonders bei der Körperpflege, beim Schminken und Frisieren ergaben sich ideale Gelegenheiten für delikate und effektvolle Posen – wie im Moment des öffentlichen Strumpfbandrichtens, bei dem auf dramatische Weise sämtliche Röcke gerafft werden mussten, was die Aufmerksamkeit aller Anwesenden beanspruchte. Zur Schauspielkunst jener Zeit zählte auch die Fähigkeit, sich gelegentlich als verlegen oder Unschuld vom Lande zu inszenieren. Es gab Taschentücher, die mit einer geheimnisvollen Substanz präpariert waren, sodass sie eine Hautrötung hervorriefen, wenn man sie ans Gesicht hielt.

Selbst die professionellsten Luder konnten auf diese Weise noch schamhaft erröten, wenn ein Mann mit einem Kompliment bei ihnen vorstellig wurde. Wie charmant! Schon damals gab es Beispiele für eine inszenierte Authentizität, die heute hochaktuell wirken.

Mit dem Ende des fürstlichen Absolutismus hatte die Welt des Scheins, wie sie vom Adel repräsentiert wurde, ausgedient. Der befreite Bürger setzte auf brüderliche Verbundenheit aller Menschen, auf ehrliche Gefühle, auf die Liebesheirat. In der Epoche der Romantik bestimmte das Gefühlsleben die Kunst und die Konventionen: Liebe, Sehnsucht, Fantasie; auch in der dunklen Variante der Schwarzen Romantik mit ihren Schauergeschichten, mystischen Verwirrungen, dem Okkultismus, der Melancholie. Parallel zu dieser schwärmerischen Stimmung im Kultur- und Gesellschaftsleben veränderte jedoch im Laufe des 19. Jahrhunderts ein knallhart kalkulierender Kapitalismus die Welt. Im Alltag und Wirtschaftsleben war nun sehr wohl wieder Emotionskontrolle gefragt, Sachlichkeit, Wissenschaft, kühles Kalkül. Zudem begann ein bürgerliches Anstandsregelwerk die Menschen wieder emotional einzuengen, so wie Korsett und Stehkragen dies auch mit den Körpern vorexerzierten. Interessanterweise kam es jetzt zu einer Aufteilung der Welt, die bis heute spürbar ist: Da war einerseits die männlich-sachliche Welt der Wirtschaft, Wissenschaft und der Politik, aber andererseits gab es zwei riesige Kontinente in diesem Weltmeer der Vernunft, wo andere Gesetze herrschten, wo Gefühle ihren Platz hatten – der Kontinent der Frauen und der Kontinent der Kunst. Hier waren Schwärmereien und Schwächen erlaubt, und wenn Männer einmal doch Probleme hatten – dann waren es die Nerven. Um 1900 wurde ein neues wissenschaftliches Schlagwort populär: die Nervosität oder, als Krankheitsbild, die Neurasthenie. Die »Überreizung« der Nerven konnte als entlastende Erklärung für allerlei Fehlverhalten und emotionale Verwirrungen dienen und erlaubte es nun auch Männern, sich den Anforderungen der Gesellschaft zu entziehen. Hier wirkte jene Überhöhung des Krankseins weiter, mit der die Romantiker die Schwindsucht und andere Leiden veredelt hatten. Noch zu Beginn des 20. Jahrhunderts galt es in bestimmten Kreisen als Zeichen großer Sensibilität, Würde und Kultiviertheit, auf die Zumutungen der Zivilisation mit Rückzug und Krankheit zu reagieren. Das Sanatorium wurde zu einem mythischen Ort, zu einer Rettungsinsel und Gegenwelt empfindsamer Naturen. Hoch auf dem *Zauberberg* residierten die edlen Kranken, fern von sinnentleerter, geldgieriger Geschäftigkeit, Machtspielchen und banaler Vergnügungssucht in den Massengesellschaften des Tieflandes. In den Tiefen, im Alltag herrschte um 1900 hingegen weiterhin das Ideal des energischen Mannes, der sachlich und kämpferisch seine Ziele verfolgte, während das weibliche Wesen als trübe, triebhaft, wild und wirr empfunden wurde. Aus Angst vor dieser beunruhigenden Weiblichkeit und aus Angst vor weiblichen Eigenschaften, die sie mit Schrecken an sich selbst feststellen konnten, überreagierten viele Männer und legten ein forciert männliches Verhalten an den Tag, dessen Erscheinungsformen uns heute wie eine Karikatur aus einem Militärfilm vorkommen: eine steife Körperhaltung, Konversation im Rapportstil, schnarrender Casinoton.

Selbstbeherrschung war keine Erfindung der Belle Époque gewesen, sondern bereits den alten Griechen als Stoa bekannt. Im 19. Jahrhundert, das noch stark von der französischen Kultur geprägt war, galt das Konzept der Contenance als vorbildlich. Deren Wahrung im Konfliktfall versprach eine psychologische Überlegenheit und konnte Missverständnisse und Eskalationen vermeiden. Zudem galt sie als Mittel der Distinktion gegenüber den ungehobelten, impulsiv agierenden Unterschichten. Die Coolness trat im 20. Jahrhundert in einer nun britisch-amerikanisch geprägten Welt das Erbe der Contenance an. Die spezielle Coolness der 1980er, an die sich mancher mit Blick auf die eigene Jugend noch am besten erinnern mag, verlangte beispielsweise maskenstarre Gesichter, abgeklärte Sprüche, elektronische Musik und roboterhafte Tanzstile. An jenem Zeitstil wird deutlich, dass demonstrative Selbstbeherrschung immer auch eine ästhetische Inszenierung war. Zum coolen Auftritt gehörten Mode und Haltung, lässige Gestik und kontrollierte Mimik, Stil bzw. absichtlicher Stilbruch, Lakonie oder Schweigsamkeit – aber auch eine umfangreiche Palette cooler Produkte. So war es etwa in den 1980ern relativ einfach, sich mithilfe von kostengünstigen Coolness-Prothesen in einen lässigen Typen zu verwandeln: alte Lederjacke mit hochgeschlagenem Kragen, Zuckerwasser ins Haar, zuletzt die Billig-Sonnenbrille und eine unbewegte Miene aufgesetzt, fertig. Allerdings vermisste man bei den konsequent Coolen, die alles, auch allerpersönlichste Rückschläge und größte Erfolge, demonstrativ kaltließ, ein vitales Innenleben. Sie wirkten fassadenhaft-unecht und damit auch ein bisschen langweilig. Halten wir uns also besser an den ebenso banalen wie tiefsinnigen Ratschlag des amerikanischen Schauspielers und *Date Doctor* Will Smith:

>»*Coolness kannst du dir nicht kaufen. Cool bist du dann, wenn du ganz du selbst bist. Und versuch ja nicht, cool zu sein – das ist extrem uncool.*«

In den letzten Jahren kehrte das Stoa-Konzept auf breiter Front in den Alltag zurück – in gewisser Weise eine Gegenströmung zum neoromantischen Gefühlskult, gleichzeitig aber auch ein Ausdruck des Strebens nach intensiven Erlebnissen. Coolness und Stoa erscheinen heute in fernöstlich-spiritueller Färbung; eine Woge asiatischer Weisheit brach sich an den westlichen Küsten. Die davon inspirierte Yogabranche, Achtsamkeits-»Industrie« und Slow-Food-Bewegung setzen mittlerweile gigantische Summen mit dem Versprechen auf innere Ruhe um, das natürlich auf diese Weise nie erfüllt werden kann: Man könnte immer noch langsamer, ruhiger, noch achtsamer werden, indem man noch einen Retreat bucht, noch einen Kurs beim Meister in Kalifornien besucht. In seinem Elend ist der Ruhesuchende vergleichbar mit dem Patienten, dessen Psychotherapie immer neue gravierende Probleme und Kindheitstraumata zum Vorschein bringt, die dringend aufgearbeitet werden müssen: Es gibt kein Ziel mehr, keine Aussicht auf Heilung, die Abhängigkeit vom Therapeuten ist Selbstzweck geworden. Nicht nur die ersehnte, aber nie zu erreichende innere Ruhe, auch äußerliche Gefasstheit wird noch immer stark nachgefragt – allein schon wegen der im Berufsleben allenthalben geforderten »Belastbarkeit«. Zum Coolsein gehörten stets Vorbilder aus den Bereichen Film und Musik, doch bestand immer die Gefahr, dass die Coolen wie lächerliche Kopien eines Stars wirkten. Um das zu vermeiden, tritt Coolness heute fast immer im Duett mit Ironie auf. Nach diesem Muster verlaufen die Paarungen zwischen High Art und Trash, Camp und Konzeptkunst, Subversion und Funktionalismus, die uns heute vertraut sind. Es gibt keinen einheitlichen Zeitstil mehr, und es ist bisweilen schwer zu erkennen, was in welchen Kreisen und Milieus gerade cool oder peinlich-vorgestrig ist, dazu muss man ein feines Sensorium entwickeln. Wem das nicht gelingt – der blamiert sich. Sicherheit bietet da nur ein dauerironischer »*bad taste*«. Die Synthese zwischen Coolness und Ironie bietet ihren Anwendern einerseits die Chance, auch Gefühle (einschließlich sentimentaler Ergüsse und kitschiger Bilder) und abseitige Vorlieben (Sammeltrieb, sexueller Fetischismus) zum Ausdruck zu bringen, andererseits aber auch die Möglichkeit, sie jederzeit zu widerrufen, wenn klar wird, dass diese Bekenntnisse nicht gut ankommen, wenn ihnen zu wenige aufgerichtete Daumen winken.

>*Dauerironie – die Dummheit unseres Zeitalters*«,

erklärt der österreichische Autor Robert Misik, weil sie politische Passivität und Fahrlässigkeit hervorbringe, andererseits aber auch ein Resultat gewachsenen historischen Wissens sei. Das Denken in Systemen und die Erkenntnis, dass Ereignisse stets mehrere Ursachen und Folgen haben, haben uns vorsichtig werden lassen. Zumal sowohl die große Politik wie auch unser kleiner Alltag demonstrieren, dass jeder Plan und jede Tat Nebenwirkungen zeitigen, die dem eigentlichen Ziel zuwiderlaufen. Gerade die großen Ideologien und technologischen Visionen des 20. Jahrhunderts haben gezeigt, dass der Kampf für das »Gute« allerhand Monströses hervorzubringen imstande ist. Und wir können noch nicht einmal sicher sein bei der Definition des »Guten«. Was bestimmten Generationen und politischen Kräften als erstrebenswert erschien, kann sich bald als Albtraum herausstellen. Kein Ereignis ist monokausal zu erklären, kein Ziel gradlinig zu erreichen, jede Aktion erzeugt unbeabsichtigte Nebeneffekte, unerwartete Wechselwirkungen und Rückkopplungen, die den ursprünglich geplanten Effekt minimieren oder gar ins Gegenteil verkehren können. So hat auch die Methode, durch Ironie stets auf der sicheren Seite bleiben zu können, eine unbeabsichtigte Nebenfolge: Notorischer Unernst, Oberflächlichkeit und Urteilsunwilligkeit zerstören nicht nur jeden ernsthaften Dialog, sondern führen möglicherweise auch zu einer Entpolitisierung der für Ironie empfänglichen Studenten, Intellektuellen und Künstler, also gerade derjenigen, die gesellschaftliche Debatten entfachen und voranbringen könnten.

Andererseits – um hier nicht zu staatstragend, zu Norbert-Lammert-mäßig zu wirken – muss gesagt werden, dass der Politikverdrossenheit täglich reichlich Futter gegeben wird: In den etablierten Parteien, im politischen Berlin, im EU-Parlament – überall dominieren eitle Karrieristen, geleckte Gaunervisagen mit gekauften Doktortiteln und »Powerfrauen« in schreiend bonbonfarbenen Blazern das Bild. Mittlerweile fällt es schwer, diese Herrschaften von den »Spitzenkandidaten« der Satirebewegung *Die Partei* zu unterscheiden. Wer engagiert sich heute noch allen Ernstes in der politischen Kaste? Wer möchte die Andrea Nahles, der Christian Lindner der Zukunft sein? Und wen sollen die Unzufriedenen und Unruhigen, die Romantiker und Revolutionäre wählen? Das Dilemma heutiger linker Politik, einerseits auf empirisch-rationaler Basis zu argumentieren, andererseits aber auch an der Betroffenheit jedes Einzelnen anzuknüpfen, bewegt auch die Berliner *DIE-LINKE*-Politikerin Lucy Redler, die aber keineswegs in die »Schublade des romantischen Antikapitalismus« gesteckt werden möchte: »Die Grundlage meines Agierens ist rational und nicht idealistisch-utopisch-romantisch-verklärt. Wichtig ist, dass die ZuhörerInnen merken, dass ich keine abgehobene privilegierte Politikerin bin. Wenn sie in Diskussionen begreifen, dass ihre Probleme nicht individuelle sind, sondern dass sie gemeinsame Interessen mit anderen haben, kann es gelingen, diese aus dem Neoliberalismus entstandene Individualisierung zu überwinden, eine Art Klassenbewusstsein zu entwickeln.

Dann kann aus Resignation Empörung oder Wut werden und daraus Handlungsfähigkeit und manchmal Widerstand entstehen.«

Die Politik der Wut – ist das der Ausweg? Zeitweilig war mit der Protestpartei *PIRATEN* Hoffnung auf eine Wiederbelebung politischer Leidenschaften im Wahlvolk aufgekommen, doch die Bewegung stand und fiel mit ihrer Gallionsfigur, der ebenso zerbrechlich wie charismatisch wirkenden Marina Weisband. Als sie die Bühne verließ und das Rampenlicht verlosch, quollen die Trolle, Wirrköpfe und Soziopathen aus den Ritzen hervor. Bei der *Alternative für Deutschland* hingegen waren die Trolle schon von Beginn an gut sichtbar, ebenso bei den spanischen Populisten der *Podemos*-Bewegung, beim französischen *Front National* oder dem italienischen *CasaPound* ohnehin. Und in Griechenland – so mag es manchem erscheinen – gelang es den Trollen im Frühjahr 2015 sogar, die Regierung zu übernehmen. Eine Phalanx aus schmerbäuchigen stalinistischen Professoren, feisten rechtsextremen Bonzen und linken Sunnyboys regierte auf einmal das Land. Ob Piraten oder Patrioten, ob Podemos, Pegida oder Syriza – die Politik der Straße, angefeuert von der

Wut der Zukurzgekommenen und Beleidigten, schreckt das Establishment auf. Die offiziellen Reaktionen auf die kurzlebige Pegida-Bewegung, wozu auch das hastige Verdunkeln von Kölner Dom und Semperoper zählte, illustrierten beispielhaft die Panik, die das Überschwappen diffuser Entfremdungsgefühle in die Politik auslöste.

Als Rüdiger Safranski vor einigen Jahren mit seinem Bestseller *Romantik. Eine deutsche Affäre* in den Feuilletons Furore machte, tat er dies aus einer hoffnungslos unromantischen Perspektive: Er empfahl, dass Politik und Kultur zwei getrennte Bereiche bleiben sollten. Das Romantische könne sich in der Kultur austoben und solle dort bleiben, denn in der Politik drohe im Falle eines romantischen Übergriffs nur Gefahr. Safranskis Romantik, kommentierte die *FAZ*, sei »die Romantik von Demokraten, die das Funktionieren des Alltags nicht mit der Forderung durcheinanderbringen wollen, dass das Leben Poesie werde«. Zehn Jahre lang führte Safranski gemeinsam mit Peter Sloterdijk das *Philosophische Quartett* an, die führende Plattform für Sinn-Sucher in der deutschen Fernsehlandschaft. Gefragt, ob man die erstarrte Alltagspolitik durch eine Emotionalisierung, eine Re-Romantisierung beleben könne, winkt Peter Sloterdijk ab. Der oftmals provokante Philosoph wendet sich strikt gegen einen Einbruch der Leidenschaften in die Sphäre des Politischen. Er zieht vielmehr eine »graue Politik«, d. h. eine sachlich-unaufgeregte oder gar »grau-rosa Politik« vor – eine farblose, verwaschene, milde, wie sie die europäischen Sozialdemokratien betreiben.

Sind wir zu zynisch oder zu weise geworden, um noch eine pointierte Meinung zu haben, uns zu einer engagierten Haltung zu bekennen, aktiv Partei für etwas oder jemanden zu ergreifen? Leben wir posthistorischen und postheroischen Zeitgenossen, um einen Begriff Hegels zu verwenden, in einem endlosen Sonntag, einem »Sonntag des Lebens«, der alles gleichmacht, »wo der Mensch demütig auf sich selbst verzichtet«? Sind wir die »überflüssigen Menschen«, wie sie Turgenew beschrieb, oder gar die »letzten Menschen«, deren Erscheinen Friedrich Nietzsche in seinem Buch *Also sprach Zarathustra* vor weit über hundert Jahren vorausgesagt hat, der Gipfel und Endpunkt der westlichen Zivilisationsgeschichte: liberal und leidenschaftslos, tolerant und taktvoll, besonnen und bequem, realistisch und rundum versichert?

> *»›Wir haben das Glück erfunden‹ – sagen die letzten Menschen und blinzeln. (…) Ein wenig Gift ab und zu: das macht angenehme Träume. Und viel Gift zuletzt, zu einem angenehmen Sterben. Man arbeitet noch, denn Arbeit ist eine Unterhaltung. Aber man sorgt, dass die Unterhaltung nicht angreife. Man wird nicht mehr arm und reich: Beides ist zu beschwerlich. Wer will noch regieren? Wer noch gehorchen? Beides ist zu beschwerlich. Kein Hirt und eine Heerde! Jeder will das Gleiche, Jeder ist gleich: wer anders fühlt, geht freiwillig in's Irrenhaus.«*

Doch wie bei vielen historischen Trends gilt auch hier das Prinzip der Ungleichzeitigkeit. Während bei den »letzten Menschen« im saturierten Europa die Lava politischer Leidenschaft erkaltete und unter der grauen Asche der Dauerironie beerdigt wurde, blühen die Blumen romantischen Rebellentums vielleicht noch an der Peripherie. Vielleicht im russischen Alltag? Leben zwischen den Extremen versus deutsches Neobiedermeier – über diesen Gegensatz können vor allem diejenigen reden, die beide Welten kennen, etwa die Journalistin der regimekritischen Zeitung *Nowaja Gaseta*, Jelena Kostjutschenko. Sie ist überzeugt, dass ein emotional vollwertiges Leben – eben mit allen Höhen und Tiefen, mit Rausch und Depression, mit Angst und Euphorie – nur in Russland möglich sei. Die in München lebende Petersburger Historikerin Ekaterina Makhotina hat beim Pendeln zwischen beiden Kulturen festgestellt, die Menschen in Russland seien viel emotionaler als jene in Deutschland: »Ich möchte nicht allzu stark generalisieren, aber man kommuniziert sehr direkt und zeigt Gefühle in der Öffentlichkeit. Zudem gibt es viele passionierte Revoluzzer und einen gewissen russischen Che-Guevarismus.« Schriftsteller haben an dieser Besonderheit der russischen Kultur einen großen Anteil. Im 19. Jahrhundert erschien der fanatische Revoluzzer als literarische Figur auf der Bildfläche, bis heute ist er nicht verschwunden. Für die Mehrheit der Westeuropäer, schreibt Frau Makhotina, sei die russische Kultur bis heute eine Herausforderung, da man mit diesen Emotionen nicht umzugehen wisse. Der Historiker und Soziologe Mischa Gabowitsch sieht hier hingegen keine gegensätzlichen nationalen Emotionskulturen, sondern interpretiert Kostjutschenkos Aussage eher als innerrussische Reaktion darauf, dass Ironie und Zynismus im öffentlichen Raum Russlands in den letzten Jahren noch viel stärker präsent waren als in Westeuropa – als spezifische Variante der westlichen Dauerironie: »Dieses als *Stjob* bekannte Phänomen geht bis in die spätsowjetische Zeit zurück, und in den 2000ern ist es fast schon zum Standard für diejenigen geworden, die als besonders intelligent gelten wollten. Das löst dann natürlich Gegenreaktionen aus, wie man in diversen Jugend-Subkulturen, aber auch im Protest der letzten Jahre sieht.« Eine antiironische Gegenreaktion im Westen steht hingegen noch aus, auch wenn vereinzelt ein »postironisches Zeitalter« ausgerufen wurde. Im Endstadium des Realsozialismus, in jener berüchtigten Periode der Stagnation, verbreitete sich unter Intellektuellen die Methode einer Subversion durch Überaffirmation, durch Überidentifikation mit einer Person, Partei, einem Plan oder einer Idee. Personenkult und ideologischer Kniefall geben die Gelegenheit zum ironischen Spott, gleichzeitig war der Spötter nicht zu belangen, weil er sich im Rahmen des totalitären Begriffsrepertoires aufhielt und quasi linientreu agierte. Hier war nicht mehr auseinanderzuhalten, ob es sich um ernst gemeinte Unterstützung oder um eine Verspottung handelte oder ob beide Motive unlösbar miteinander verbunden waren. Heute ist *Stjob* auch im Westen angekommen. Nun muss man anscheinend auch hier alles gut finden, um keine Nachteile zu erleiden, muss seine Kritik am System ironisch maskieren. Überhaupt, wo liegt heute noch der subversive Gehalt der Ironie, wenn doch keine politische Handlung mehr daraus hervorgeht? In diesem Sinne kann auch Ironie nicht viel mehr sein als Duldung und Zustimmung. Würde hingegen das postironische Zeitalter wirklich anbrechen, wie wollte man es füllen? Mit einem neoexpressionistischen Oh-Mensch-Pathos? Mit Religion, inbrünstigem Glauben? Mit ehrlicher, leidenschaftlicher, wütender Politik? Schwer vorstellbar! Aber vielleicht ist dieses Zeitalter schon angebrochen, und wir urbanen Ironiker und coolen Couchsurfer merken es als Letzte?

Entfremdung

*»Wie mit dem Umbau des modernen Ichs alles Intime ver-
äußert wird und die innere Geräumigkeit schrumpft«,*

zeigte sich am Bedeutungsgewinn des Smartphones für die
heutige Schülergeneration: Es habe bei Jugendlichen, so der
Schweizer Schriftsteller und Gymnasiallehrer Martin R.
Dean, oftmals den Status eines »zweiten Selbst«. Nicht nur
bei Schülern, möchte man ergänzen, auch bei vielen Erwachsenen steuert es die Außenkommunikation und dient als
Bildspeicher, als Gedächtnis; das Gerät ermöglicht gleichermaßen Selbstvergewisserung nach innen und Selbstdarstellung nach außen. Gerade durch das unaufhörliche Posten und
Herausposaunen intimer Informationen, so Dean, entstehe
aber eine innere Leere. Vielen Jugendlichen sei der Aufbau von
echter Autonomie verwehrt, da die Innenräume fehlten: »Das
Erleben bleibt oft bis zur Fremdheit veräußert.« Die innere
Leere wird dann in einzelnen Fällen von Betrügern, Sekten
oder Extremisten gefüllt, die es durch geschicktes Online-
»Marketing« schaffen, das Opfer in ihren Kosmos hineinzu-
ziehen und es psychisch abhängig zu machen. Dessen men-
tale »Festplatte« wird quasi neu bespielt, und dazu braucht
man keine klassische Gehirnwäsche durch soziale Isolation
oder andere Tricks. Finanzielle Ausbeutung ist ein Hauptmo-
tiv Krimineller, aber in manchen Fällen geht es nicht ums

Geld, sondern ums Leben: So wurden junge Menschen innerhalb weniger Monate nur via Online-Kommunikation dazu gebracht, sich von ihrer Familie, ihrem Umfeld abzuschotten und plötzlich als Selbstmordattentäter nach Syrien aufzubrechen. Erst mit dem letzten Schritt traten die Opfer aus dem Online-Kosmos heraus ins reale Leben – doch nur, um sich und andere dort sofort zu töten.

Die wandlungsfähige und weltumspannende digitale Technik ermöglicht uns, einerseits mit Menschen in Kontakt zu treten, andererseits ersetzt und verhindert sie in vielen Fällen die tatsächliche Verbindung zu diesen Menschen – das Netz bringt uns näher und entfernt uns gleichzeitig voneinander, schiebt sich wie eine Glaswand zwischen uns. Pessimistischer ausgedrückt: Das Internet öffnet uns die Tür zu einer neuen Welt und beraubt uns zugleich der alten Welt. Wir sind überall und dadurch zugleich nirgends. Präsenz und Beliebtheit in sozialen Netzwerken korrespondieren nicht unbedingt mit sozialer Verwurzelung im echten Leben, die Vereinzelung im echten Leben wird durch die Gruppenbildung im Netz nicht aufgehoben, die Online-Communities mit ihren vielen Diskussionsplattformen führen in der Regel nicht zu echten, solidarischen Gemeinschaften physisch anwesender Menschen. Zudem wäre zu diskutieren, ob durch die Simulation des Sozialen im Internet die Aufmerksamkeit für das physische Neben- und Miteinander abnimmt. Seit man zur Nutzung des Internets nicht mehr an einem fest installierten Computer sitzen muss, sondern dies via mobiler Geräte in der Öffentlichkeit, unter Menschen tun kann, ist die Situation »gemeinsam einsam« alltäglich geworden: In einer Runde ist jeder individuell mit seinen Geräten beschäftigt, um wiederum weiteren, anderenorts ihre Geräte bedienenden Personen Nachrichten zukommen zu lassen. Die ungreifbare, nur von glatten Displays gespiegelte virtuelle Welt vermindert generell die Präsenz des Körperlichen und Sinnlichen. Leistungsstarke Prothesen ersetzen Sinnesorgane und Sinneswahrnehmungen. Das Internet hat in diesem Sinne eine ähnlich abschottende Funktion wie das Auto: Beide versprechen Mobilität und Freiheit, beide bilden eine Hülle um uns herum, die uns vor dem direkten Kontakt mit der Umwelt »schützt«, beide führen uns in eine Öffentlichkeit und schließen uns gleichzeitig in einer »Ich-Kapsel« von ihr aus. Die Verbindung von Navigationssystem und selbststeuerndem Fahrzeug wird die Abschottung und Entmündigung des Einzelnen perfektionieren. Kein Wunder, dass Google an dieser Synthese arbeitet – die Serienreife des *Google Driverless Car* wird für 2029 erwartet. In einfachen Worten lässt sich der Vorgang so beschreiben: Smartphone und Auto machen asozial.

Auch im Trend zum Online-Studium kommt diese Abkapselung von der Welt, von den Mitmenschen zum Ausdruck. Scheinbar praktisch und barrierefrei – da auch für Nichtstudenten zugänglich – verbreiteten sich von Amerika aus die *Massive Open Online Courses*. Die MOOCs bieten Video-Vorlesungen, zugeschaltete Statements von Experten und Tests zur Lernkontrolle – deren Bestehen mit einem Zertifikat belohnt wird, wobei der Wert des Zeugnisses in der analogen Welt unklar bleibt. Ähnliches trifft auf Schulen zu: Anhänger eines möglichst umfassenden Unterrichts mit digitalen Medien schwärmen davon, jedem Schüler passgenau Lernstoff, Tempo und Lernmethoden zuweisen zu können. Jeder Schüler ist mit iPad ausgestattet und permanent online, Anwesenheitspflicht und gemeinsames Lernen werden überflüssig, ebenso der Lehrer selbst, frohlockt etwa Jürgen Schaefer in *GEO*:

>*Digitale Endgeräte zertrümmern die Hierarchie im Klassenzimmer: Wenn alle online sind, ist der Lehrer nicht mehr allwissend. Er wird zum Lernberater.*«

Die Schüler organisieren ihr Lernen selbst, jeder nach eigenem Gusto, und Computerprogramme nehmen die Lernkontrolle vor – amerikanische Universitäten experimentieren bereits mit »Robo Readers«, die Studentenaufsätze korrigieren. Inhalte können durch eine digitale Schule oder Universität sicher vermittelt werden, doch der soziale Aspekt des Lernens fällt weg: die Diskussionen im Seminar, in der Arbeitsgruppe oder mit dem Professor; die Kaffeepause in der Mensa, der Uni-Sportkurs, die Erstsemesterparty; das Gefühl, zu einer Gruppe, einer Fakultät, einem Doktoranden-Kolloquium zu gehören, und die Anstrengung, sich diesen Zugang zu erarbeiten. Angesichts der überfüllten, komplett verschulten Uni von heute kommt die Frage auf: Sind wir schon dabei, die Welt des Analogen zu romantisieren, sind wir bereits bei einer Art *Feuerzangenbowlen*-Nostalgie angelangt? Doch ohne physische Präsenz findet kein echtes Studentenleben statt, sondern nur eine blasse Kopie. Für echte Nerds und extrem Schüchterne ist ein möglichst komplettes MOOC-Studium natürlich die Rettung.

Der Mensch gewinnt heute sein Wissen über die Welt weniger durch persönliche Erfahrung oder persönliche Vermittlung der Familie, Freunde, Arbeitskollegen, sondern er lebt in immer stärkerem Ausmaß in einer medial vermittelten, mithin irrealen Welt, er konsumiert vorgefertigte Stimmun-

gen und Emotionen. Das Anwachsen des Dienstleistungs-
sektors und die Digitalisierung des Arbeitslebens haben dazu geführt, dass die Mehrheit der Arbeitenden kaum noch
körperlich gefordert ist, sondern vor allem Touchscreens, Tas-
taturen und Telefone bedient. Millionen Menschen sitzen in
Büros und haben Schwierigkeiten, ihren Kindern plausibel
zu erklären, was sie eigentlich den ganzen Tag lang machen;
denn ganz gleich, ob Architekt, Arzt, Modedesigner, Banker
oder Sachbearbeiter bei der Krankenkasse – einen Großteil
der Arbeitszeit verbringt man mittlerweile vor dem Bildschirm
mit der »Dokumentation« eigener Tätigkeiten, mit der Verwaltung von Dateien und Digitalisierung von Daten, mit
dem Handel mit Symbolen in einer virtuellen Welt: »Papa
macht irgendwas mit Computern«, heißt es dann – und er
wird von den Kindern für einen passionierten Gamer gehalten. Eigentlich ist es ein Paradox: Millionen Menschen, Millionen Männer in vollem Saft sind dazu verurteilt, den ganzen Tag still zu sitzen.

Büros, die »Särge der Männlichkeit«

– bereits 1922 hatte die feministische Autorin Rosa Mayre-
der diese Beobachtung gemacht. Heute sind es nicht mehr einzelne Bürosärge, heute wird das Internet zum Massengrab
der Männlichkeit. Der Stanford-Psychologe Philip Zimbardo
(seinerzeit verantwortlich für das berühmte »Stanford-Ex-
periment«, bei dem Studenten eine Gefängnissituation simu-
lierten) vertritt die These vom »Verschwinden der Männlichkeit im Online-Zeitalter«. Die Technologie sei dabei, durch
ihre Entkörperlichung die männliche Identität zu zerstören:
Spielsucht, Telearbeit und Pornokonsum führten zum Man-

gel an Körpergefühl und Schlaf, verhinderten Ruhe und Ausgeglichenheit, störten schließlich sogar die Fähigkeit zum realen Flirt und Liebesspiel. Die Entkörperlichung greift überall im Alltag um sich: Unsere Welt ist voller Gegenstände und Waren, doch kaum jemand scheint noch zu wissen, wie sie dorthin kamen; wo, wie und von wem sie hergestellt wurden. Gerade Kindern muss diese Welt wie hingezaubert erscheinen. Jeden Tag sind die Auslagen der Geschäfte wieder prall gefüllt, in den Restaurants sind die Tische gedeckt, neue Bilder, Programme und Spiele auf den Bildschirmen zu sehen. Alles ein Werk von Heinzelmännchen? Es sind die Heinzelmännchen in Vietnam oder Bangladesch, weit weg und unsichtbar. Schritt für Schritt sind unsere Städte verwandelt worden; aus Orten, an denen früher auf engstem Raum gewohnt und produziert wurde, sind Schlafstädte, Touristenattraktionen und Konsumzonen geworden. Die Industriegebiete liegen weitab, oftmals in Übersee. Konnte man früher noch im eigenen Viertel sehen und erleben, wie Handwerker, Bäcker, Fleischer, Schneider oder Gerber arbeiteten und die Gegenstände und Nahrungsmittel des alltäglichen Gebrauchs herstellten, ist dies in vielen Wohnorten kaum noch möglich. Man kauft die fertigen Produkte im Supermarkt oder im Einkaufscenter. Auch auf dem Lande werden die Gelegenheiten selten, Bauern beim Ernten und Schlachten zuzusehen, auch hier dominieren vielerorts Agrarfabriken.

Doch es sind nicht nur Kinder und Jugendliche, die mit dem Verschwinden der Dinge konfrontiert werden, auch die Erwachsenen werden mit einer Kulisse leuchtender Displays abgespeist, ohne die Welt dahinter noch zu verstehen. Elektronische Geräte und Computer sind in den letzten Jahren immer hermetischer geworden, sie lassen sich nur noch mit

Spezialwerkzeug aufschrauben, Aufkleber warnen eindringlich vor einem eigenmächtigen Öffnen. Wer selbst Programme für das iPad schreiben will, muss es sich von Apple genehmigen lassen. Die IT-Konzerne und Geheimdienste haben ein vitales Interesse daran, dass dies so bleibt. Vor diesem Hintergrund ist eine breitere digitale Alphabetisierung ein dringendes Anliegen zur Verteidigung der Freiheit. Je besser jemand Mensch-Maschine-Interaktionen beherrscht, umso größer ist sein geistiger Radius, umso besser ist er für die Zukunft gewappnet, könnte man annehmen. Das Bonmot »Programmieren ist das neue Latein« hat eine beunruhigende Botschaft: Wer nicht programmieren kann, steht heute ähnlich unwissend da wie im Mittelalter der Lateinunkundige vor den Priestern; seitdem wurde Latein dazu verwendet, Wissen, Macht und Einfluss zu akkumulieren und um sich gegenüber anderen abzuschotten. Nur der Lateinkundige konnte am theologischen und wissenschaftlichen Diskurs teilnehmen, konnte die Begründungen von Gesetzen und Dogmen lesen und hinterfragen. Heute steuern Programme und Algorithmen unsere technologisch beschleunigte Welt, und die wenigsten von uns können sie lesen, denn das Programmieren bleibt Auserwählten, Begabten und Experten vorbehalten. Einfach zu handhabende Programme und Downloads, freundlich blinkende, blitzblank glänzend gestaltete Benutzeroberflächen machen uns bequem; und was uns die Suchmaschinen ausspucken, nehmen wir als ganze Wahrheit. Die Macht eines Suchalgorithmus besteht allerdings darin, seine eigenen Suchkriterien zu verdecken. Und so wird es von Herstellern und ihren Programmierern oftmals auch gewünscht. Der Vergleich mit der »Geheimsprache Latein« hinkt insofern, als diese Altsprache im Wesentlichen über Jahrhunderte gleich blieb, der rasante technologische Wandel Programmierer aber stets zum Umlernen zwingt. Ihr Wissen veraltet rapide, denn das Innovationspotenzial der Computer, die Steigerungsfähigkeit ihrer Rechenleistung und Speicherkapazität ist enorm. Diesen Wettlauf akkumulierten Wissens können Menschen kaum gewinnen.

Sinnlichkeit und Körperlichkeit sind im Arbeits- und Freizeitalltag durch die digitale Technologie stark reduziert worden – vieles findet nur noch am Bildschirm statt, viele Dinge werden auf ihre Zweidimensionalität und Oberflächenoptik reduziert. Die leichte und allgegenwärtige technische Reproduzierbarkeit flacher Bilder ersetzt das Begreifen von Gegenständen. Ob Mensch, Landschaft oder Kunstwerk – man glaubt, es genüge, davon ein Bild gesehen zu haben. Auch in der Begegnung von Mensch zu Mensch gewann das unkörperliche Moment an Bedeutung, man kommuniziert unentwegt mit Menschen, die gerade irgendwo sind, sieht Bilder und Filme oder durchforstet online Urlaubsangebote, Dating-Plattformen und soziale Netzwerke. Egal, wo man ist – woanders könnte man ja etwas noch Besseres verpassen! Gleichzeitig beteuern wir aber in unseren Statusmeldungen, dass der Ort, an dem wir uns gerade befinden, der allercoolste sei. Nicht wenige Zeitgenossen sind im Gebrauch der neuen Medien geradezu gefangen und erscheinen als Sklaven ihrer Apps und Apparate. Noch vor wenigen Jahren belächelten wir asiatische Touristen, die ihre knappe Zeit auf Europareisen ausschließlich mit Fotografieren oder mit dem hastigen Kauf von Souvenirartikeln ausfüllten. Heute ist auch unter Europäern das pausenlose Fotografieren, Filmen, Twittern und Posten gang und gäbe – ob beim Schultheaterauftritt der Jüngsten oder beim Betrachten des Sonnenuntergangs im

Karibikurlaub. Die nächste Stufe ist mit den »*narrative clips*« erreicht: ans Revers geheftete Minikameras, die alle dreißig Sekunden automatisch ein Foto machen, den ganzen Tag über, die ganze Woche hindurch, keine Minute unseres Lebens verpassend. Erst durch die elektronische Dokumentation, Positionsortung und gegebenenfalls noch digitale Nachbearbeitung scheinen unsere Erlebnisse real zu werden – ein Paradox sondergleichen, und noch ist kein Ende dieser Welle in Sicht.

Der österreichische Philosoph Robert Pfaller hat dafür den Begriff der »Interpassivität« gefunden, die als »delegiertes Genießen« definiert werden kann. Anstatt selbst zu genießen, lasse man andere für sich genießen. Dahinter, vermutet Pfaller, stehe eine Angst, die das eigene Genießen verursache, eine Verunsicherung durch intensive Gefühlsregungen. So begnüge man sich lieber mit einer ausgelagerten Form des Empfindens. Ein geläufiges Beispiel aus der Alltagskultur ist das unablässige Konservengelächter in Sitcoms, das uns die Mühe des eigenen Lachens erspart. Wir nicken nur noch beiläufig zu den Pointen, trotzdem fühlen wir uns so befreit, als wäre das Lachen unser eigenes gewesen! Ein weiteres Beispiel ist die Pornografie: Man sieht anderen zu, wie sie zusammen sexuelle Lust erleben (bzw. Schauspielern, die dies in Szene setzen), und genießt die fremde Lust. Manchmal sind es auch technische Geräte und Speichermedien aller Art, die an unserer Stelle Filme aufzeichnen, Fotos machen, Texte kopieren, manchmal werden Bücher, Kleider, Schuhe, Kunstwerke in einer besinnungslosen Art gekauft, gesammelt und magaziniert – ohne sie je zu benutzen oder wieder anzuschauen. Vielleicht ist selbst die Identifizierung mit einem Star ein Ausdruck jener Interpassivität: Der Fan erfreut sich an den Triumphen seines Stars, erregt sich über dessen Exzesse und leidet unter seinen Abstürzen, ohne selbst irgendein Risiko eingehen zu müssen. Stellvertretend für seine vielen Fans erlebt der Star alle emotionalen Höhen und Tiefen. Die Idee der Interpassivität hat allerdings auch einen bedrückenden Aspekt: Sie liefert den Vorgeschmack auf eine Zukunft, in der selbstlernende Geräte anfangen, miteinander zu kommunizieren und sich gegenseitig »zu genießen« – ganz ohne Menschen.

In der Wirtschaft gilt noch immer das Dogma des materiellen Wachstums. Die internetbasierte Wirtschaft wird diesem Prinzip aber eines Tages nicht mehr folgen können – wenn alle Märkte aufgeteilt, alle potenziellen Kunden erreicht und materiell versorgt sind. Dann wird sie neue Bedürfnisse erzeugen und durch Tauschgeschäfte von Dienstleistungen und Werbeflächen ihr Wachstum generieren müssen – zum großen Teil also auf immaterieller Ebene. Deshalb wird es immer wichtiger werden, beim Kunden stets neue Wünsche und Sehnsüchte zu erspüren oder zu artikulieren, um sie dann passgenau befriedigen zu können. Die kommerzielle Erschließung und Industrialisierung von Fantasie und Gefühlswelt ist also noch längst nicht abgeschlossen, sondern wird weitergehen. Mithilfe von Emotionen werden die Bindungen zwischen Kunde und Produkt geknüpft, und all dies durch das Versprechen von Authentizität. Während sich die Romantiker in ihrer neuen Welt von rauchenden Schornsteinen und Dampfmaschinen fremd fühlten, kann die gegenwärtige Welle der Neoromantik auch von der diffusen Ahnung beeinflusst worden sein, dass unsere Emotionen, Wünsche und Sehnsüchte in naher Zukunft quasi maschinell erzeugt werden können, von Systemen, die uns sehr gut kennen, weil sie unablässig Daten über uns sammeln, über die wir selbst aber gar nicht so viel wissen.

Die wilde Jagd nach dem authentischen Ich – das ist das Leitmotiv der Neuen Romantik. Ihre wichtigsten Ursachen, die Quellen ihres Leidensdrucks, sind zum einen der allgegenwärtige Zwang zum Fassadenbau und zur Emotionskontrolle, zum anderen eine zunehmend medial vermittelte Welterfahrung. Hinzu kommt: Man darf heute die Freiheit genießen, unter verschiedenen Lebensentwürfen wählen zu können. Gleichzeitig aber wächst unbarmherzig der Druck, nun endlich einmal die richtigen Entscheidungen zu treffen und dabei auch noch gefälligst »authentisch« zu agieren. Dieses Authentizitätsgebot einzuhalten ist wiederum ein Ding der Unmöglichkeit. Damit ist der letztlich unerfüllbare Wunsch in der Welt, sein wahres, authentisches Wesen zu erkennen und auszuleben – eine Sisyphos-Aufgabe, bei der uns scheinbar unendlich viele nützliche Hilfsmittel zur Verfügung stehen: Therapien, Workshops, Texte, Ratgeber, Videobotschaften und Bilder aller Art. Und gerade deshalb wächst in dieser Welt, die von Bildern beherrscht wird, von Bildern, die industriell vorproduzierte Erfahrungen, Träume und Emotionen bieten, die Sehnsucht nach echten Erfahrungen. In einer Welt, die ständige Emotionskontrolle vorschreibt, wächst die Sehnsucht nach bewegenden Erlebnissen; in einer fast schon totalitären Informationsgesellschaft, im Herrschaftsbereich des allgegenwärtigen Wissens und der Überwachung, wächst die Sehnsucht nach Geheimnissen; in einer Welt der Rankings, der Algorithmen und der umfassenden bürokratischen Verrechtlichung wächst die Sehnsucht nach dem Abenteuer, dem Unvorhergesehenen; in einer Welt der Erfolgsanbetung gedeiht ein »Kult des Scheiterns«; in einer Welt der Innovation, der glatten technoiden Oberflächen, der glänzenden Displays wächst die Sehnsucht nach Geschichtlichkeit, nach Gebrauchsspuren im Material, nach der persönlichen Signatur; unter einem Regime allgegenwärtiger cooler Ironie erwacht die Sehnsucht nach Haltung, Standpunkt und Glauben; in einer Welt der permanenten Veränderung, der Beliebigkeit und dennoch globalen Einförmigkeit wächst die Sehnsucht nach einer unverwechselbaren Heimat, nach dem Ruhepol eines echten Zuhauses; in der Vielzahl der Paarungsmöglichkeiten und Partnerschaftsoptionen wächst die Sehnsucht nach der großen Liebe; in einer pornografisierten Welt wächst die Sehnsucht nach dem erotischen Zauber; in einer Welt der Zwangsvergesellschaftung durch die Muster des Konsums, des bunten Konformismus wächst der Wunsch nach Rückzug, blüht der Kult um die Außenseiter; in einer Welt der Quantifizierung des Glücks, wie es der Kapitalismus vorschreibt, wächst die Sehnsucht nach dem einmaligen Erlebnis, nach der Entgrenzung von Zeit und Raum. Doch wo findet man dies? Im Rausch? Im religiösen Erlebnis? Im freiwilligen Opfer für eine höhere Sache? Im Kampf um Leben und Tod? Im Krieg?

Ausbruch

Das rettungslos Romantische liebt das Absolute, das Extreme, den großen Wurf, die Einheit von Kunst und Alltag, von Staat und Glauben, Leben und Tod. Spießer, Philister, Amtsschimmel und Sozialdemokraten waren und sind ihm ein Gräuel. Die Romantik ist stets politisch und unpolitisch zugleich. Sie sucht die dramatische Geste, den effektvollen Auftritt, den genialen Befreiungsschlag, das Wunder. Gremienarbeit, Ausschuss- und Vereinssitzungen, eine Politik der Vernunft, des Interessenausgleichs, der Gewaltenteilung und der zäh verhandelten Kompromisse – das ist mit ihr nicht zu machen. Trotz all dieser im Bedeutungsfeld der Romantik geläufigen und stets wiederkehrenden Assoziationen ist jede präzise Definition des Romantischen bislang gescheitert (und wohl auch nicht möglich), es bleibt ein wolkenförmiger Begriff. Subjektivität, Einzigartigkeit und Sinnlichkeit werden im Zusammenhang mit der Romantik immer wieder genannt, aber auch allerhand Bedrohliches, wie das Irrationale, Maßlose, Realitätsferne, gefährlich und militant Fantasierende. Ein tief empfundenes Gefühl von Entfremdung hat die romantische Bewegung vor gut zweihundert Jahren entscheidend angetrieben, verbunden mit der Enttäuschung über den ausbleibenden politischen Fortschritt im Zeitalter der Restauration. Entfremdung – das ist jenes Gefühl von Zerrissenheit, das sich einstellte mit den großen, fundamentalen Trennungen, die in Aufklärung und Moderne vollzogen wurden: der Trennung von Gefühl und Verstand, von Glauben und Wissen, von Natur und Geist, von Gott und Mensch, von Leben und Arbeiten, von Kunst und Religion und schließlich auch der Trennung von Liebe und Vernunft. Die romantische Weltanschauung erscheint demgegenüber als ebenso gewaltiges wie vermessenes Projekt mit dem Ziel, all diese Trennungen der Moderne wieder aufzuheben, ein großes Ganzes wiederherzustellen. Entfremdung – das bedeutet auch Abgrenzung von Familie und Gesellschaft aus dem Gefühl heraus, unverstanden zu bleiben, verkannt, abgelehnt und gekränkt zu werden. In der Isolation wächst die Verachtung für die Gesellschaft und zugleich die Sehnsucht nach Erhabenheit und großen Aufgaben. Manch einer glaubt mithilfe der Kunst diese Größenideen verwirklichen zu können, andere versuchen dies mittels religiöser Extremisten und aggressiver Ideologien.

Athen im Frühjahr 2015: Das krisengeschüttelte Griechenland verblüffte die Weltöffentlichkeit am 25. März mit einer gewaltigen Militärparade. Den seit Jahren größten und teuersten Truppenaufmarsch hatte der neue, rechtspopulistische Verteidigungsminister Panos Kammenos angeordnet. Panzerkolonnen (u. a. deutsche Leopard-Fahrzeuge) und ABC-Abwehrtruppen paradierten, begleitet von Kampffliegern in der Luft, durch die Stadt. Fragen von Journalisten nach den Kosten des Spektakels blieben im Ministerium unbeantwortet, ebenso blieben Proteste der Linken gegen diese militaristische Veranstaltung aus. Gefeiert wurde der Jahrestag des griechischen Aufstands von 1821. Das Paradebeispiel für das Internieren des Romantischen in die Politik war jener griechische Unabhängigkeitskrieg, an dem Hunderte europäischer Frei-

williger teilnahmen – so zum Beispiel Olivier Voutier, franzö-
sischer Marineoffizier und Entdecker der *Venus von Milo*. Die
Begeisterung europäischer Intellektueller für griechische Auf-
ständische erschien erst einmal dubios. Die europäischen Regierungen hielten sich zunächst zurück. Handelte es sich um
Freiheitskämpfer, um edle Nachkommen peloponnesischer
Krieger, oder eher um rivalisierende Räuberbanden und Warlords? Schließlich galt die abgelegene osmanische Provinz
weithin als ein Land der Flöhe, Fliegen und Diebe. Hölderlin
hatte übrigens in seinem Briefroman *Hyperion* (1797) das
Abenteuer des Befreiungskampfes vorweggenommen. Inspiriert von einer griechischen Revolte des Jahres 1770 ließ er
seinen Helden am Kampf teilnehmen und sich wieder davon
abwenden – frustriert von der Rohheit des Krieges.

Der nächste griechische Aufstand wurde 1821 parallel auf
drei Schauplätzen des osmanischen Reiches gestartet. Während die Revolten in Konstantinopel und in der Walachei
rasch niedergeschlagen werden konnten, hatten die griechischen Rebellen auf der Halbinsel Peloponnes Erfolg. Aufrührer auf dem Land und Piraten an den Küsten überfielen die
Statthalter des Sultans. Griechische Truppen unter dem Anführer Theodoros Kolokotronis, einem früheren Banditen-
chef, belagerten die Stadt Tripoli und töteten dabei Tausende von Gefangenen und Zivilisten. Die Rache der Osmanen,
das noch schlimmere Massaker an der griechischen Zivilbe-
völkerung auf der Insel Chios, mobilisierte die kultivierte europäische Öffentlichkeit für die Griechen. Delacroix malte
daraufhin sein berühmtes Bild *Das Massaker von Chios*. Der
bereits damals prominenteste Griechenlandkämpfer war Lord
Byron. Besonders zu Beginn seiner Karriere hatte man ihm
die adlige Herkunft und sein Vermögen vorgeworfen, Kriti-

ker zweifelten daran, dass ein so reicher Schnösel überhaupt ein echter Dichter sein könne, was ihn hart traf (zumal das Familienvermögen ohnehin stark geschrumpft war). Auf der Suche nach einer existenziellen Herausforderung segelte Byron mit einem englischen Schiff zunächst zur Insel Kefalonia, um anschließend Waffen, Geld und Medikamente in die belagerte Stadt Missolunghi zu bringen. Er war bereit, sein gesamtes Vermögen für diesen Feldzug einzusetzen. Sein *Kriegstagebuch auf Kefalonia* beginnt noch mit den pathetischen Worten:

> »*Die Toten sind geweckt – wie soll ich da ruhen?*
> *Die Welt führt Krieg mit den Tyrannen – soll ich*
> *da bücken?*
> *Die Frucht ist reif – soll ich sie hängen lassen nun?*
> *Ich schlummere nicht, der Dorn sticht mir*
> *im Rücken (…).*«

Doch vor Ort wurde der Baron rasch desillusioniert. Nur wenige Wochen später vertraute er seinem Tagebuch an, er sei nicht hierhergekommen, »um sich einer Fraktion anzuschließen, sondern einer Nation – um mit ehrenhaften Männern zu verhandeln und nicht mit Spekulanten und Betrügern«, und fügte grimmig hinzu: »Man sollte nicht verzweifeln – wenn auch alle Ausländer, denen ich bisher zwischen den Griechen begegnet bin, angewidert heimreisen oder heimgereist sind (…). Das Schlimmste an ihnen ist, dass sie solche verdammten Lügner sind. Solches Unvermögen zur Aufrichtigkeit hat man nicht gesehen, seit Eva im Paradies lebte.« Byron hatte aus eigenen Mitteln eine albanisch-griechische Söldnertruppe aufgestellt und plante, sie zum Angriff auf die osmanische Festung Lepanto zu führen, doch die Männer waren zu seinem Ärger weniger auf Heldentaten als auf maximale Solderhöhungen erpicht und zögerten den Einsatz hinaus. Ebenso ärgerlich waren Gerüchte in England, die besagten, Byron sei gar nicht an der Front, sondern schreibe in einer prächtigen Villa an seinem Werk *Don Juan*. Zwar gelang es ihm noch, einige Streitigkeiten unter verfeindeten Rebellengruppen zu schlichten, aber eine Lungenentzündung führte am 19. April 1824 zu seinem Tode, bevor er in direkte Gefechte verwickelt wurde.

Die Begeisterung europäischer Intellektueller für die Neugründung eines griechischen Nationalstaates hing ohne Zweifel auch mit der Antikensehnsucht zusammen, die klassizistische Autoren wie Johann Joachim Winckelmann mit ihren Schriften geweckt hatten. Hätte man nur bei Hegels Berliner *Vorlesungen über die Philosophie der Geschichte* genau hingehört: »Wir werden uns zwar ewig von Griechenland angezogen fühlen; aber die höchste Befriedigung finden wir da nicht, denn es fehlt dieser Schönheit die Wahrheit.« Ganz offensichtlich handelte es sich bei der romantischen Griechenbegeisterung um die sehnsuchtsvolle Projektion antiker Größe auf eine entlegene südeuropäische Landschaft, die sich als eine vernachlässigte und öde Provinz des Osmanischen Reiches darstellte. Die Enttäuschung darüber kam etwa in den Gemälden Carl Rottmanns zum Ausdruck, großformatige Bilder verwüsteter Landschaften mit antiken Ruinen und verdorrtem Gestrüpp – der ebenso eindrucksvolle wie beklemmende Zyklus *Aussichten in das Vaterland der Künste* befindet sich heute in der Münchner Neuen Pinakothek. Dieses 1834 begonnene Auftragswerk Ludwigs von Bayern sollte eigentlich um Sympathie für das bayerische Engagement beim

Aufbau des neuen griechischen Staates werben, das hohe finanzielle Belastungen mit sich brachte, Ludwigs Sohn Otto war schließlich 1832 griechischer König geworden. Offenbar blieb dem künstlerischen Versuch, Sponsoren für Griechenland zu gewinnen, durchschlagender Erfolg versagt. Inwieweit ein Rest philhellenischer Romantik die EU-Finanzpolitik gegenüber dem heutigen Griechenland vernebelt, mag dahingestellt sein. Die Intervention der Romantiker für Hellas hatte am Ende deshalb Erfolg, weil die Großmächte nach einigem Hin und Her ebenfalls für eine griechische Unabhängigkeit eintraten. Hielten sie sich zunächst zurück, weil sie ihre Wirtschaftsinteressen in der Türkei und das internationale Mächtegleichgewicht nicht beschädigen wollten, so zwang sie die Intervention Ägyptens auf die Seite der Griechen. Im Falle Polens, dem nach dem gescheiterten Aufstand 1831 ebenfalls die Sympathien romantisch gestimmter Europäer zufielen, gab es hingegen vorerst keine nationale Erlösung, hier hielt der Zar zornig das Heft in der Hand.

> *Ein Dichter, der zugleich ein Held wäre, ist schon ein göttlicher Gesandter«,*

seufzte einst Novalis. Aber auch das 20. Jahrhundert lieferte viele Beispiele für fatales Heldentum, für Vermischungen zwischen romantischem und politischem Denken. Bereits Ende des 19. Jahrhunderts war Julius Langbehns programmatisches Buch *Rembrandt als Erzieher* zu einem Bestseller im Deutschen Reich geworden: »Was den heutigen deutschen Künstlern und den heutigen deutschen Gebildeten mit am meisten fehlt: der tiefe innere Ernst der Gesinnung und des Lebens, das Absehen von allen Äußerlichkeiten: von Markt,

Mode, Gesellschaft, Bildungstrivialität und Charakterromantik, findet sich nirgends so sehr wie bei Rembrandt!« Es war ein reaktionär-antisemitisch grundiertes Pamphlet, in dem Rembrandt rückwirkend als ein Prophet verehrt wurde, dessen Vermächtnis dreihundert Jahre später eine »kranke« Gesellschaft zu heilen imstande sei. Zahlreiche Gegenschriften bekämpften es als »mangelhaftes Buch, wertlos und unheilbringend.« Andere feierten die Schrift emphatisch als Waffe »gegen den Gelehrtendünkel und die Verknöcherung des Lebens, wie sie von der heutigen Wissenschaft angestrebt wird, gegen Pedanten, Alterthumskrämer, Bücherwürmer, Haarspalter und Buchstabenjäger!« Diese Botschaft fand gerade unter Künstlern und Gebildeten großen Widerhall, obwohl Langbehn als akademischer Außenseiter und schwierige Persönlichkeit galt – man denke nur an seine bizarren Therapieversuche am umnachteten Nietzsche. Langbehns Erfolg begründete in Deutschland das Genre kulturpessimistischer Untergangsliteratur, das in der Weimarer Republik mit Oswald Spenglers *Untergang des Abendlandes* vorläufig seinen Zenit erreichen, aber bis in die Gegenwart hinein mit Titeln wie *Deutschland schafft sich ab* regelmäßig Bestseller hervorbringen sollte. Der deutsch-amerikanische Historiker Fritz Stern sprach mit Blick auf diese Literatur vom Phänomen eines »weinerlichen Heroismus«. Auch Spengler war, wie Langbehn, ein ausgemachter Sonderling und akademischer Außenseiter; gleichwohl – und vielleicht gerade deswegen – schafften sie es, von einem großen Publikum als Mahner oder Propheten anerkannt zu werden.

In gewisser Weise hatte der Untergang des Abendlandes im Ersten Weltkrieg ja stattgefunden. Parallel zum irdischen Schlachtenlärm war in jenen Jahren ein »Krieg der Geister«

ausgebrochen, in dem Thomas Mann und andere Intellektuelle die romantisch-dionysische Kultur Deutschlands gegen die schnöde westlich-technologische Zivilisation verteidigten. 1922 bekannte sich Mann hingegen zur neuen Republik und kommentierte die politische Romantik der Kriegsjahre durchaus kritisch. So sagte er bei seiner Rede *Von deutscher Republik,* die er zum sechzigsten Geburtstag Gerhart Hauptmanns hielt: »Krieg ist Romantik. Niemand hat je das mystisch-poetische Element geleugnet, das ihm innewohnt. Zu leugnen, dass er heute spottschlechte Romantik, ekelhaft verhunzte Poesie ist, wäre Verstocktheit.« Ernst Jünger hingegen hatte Deutschland nicht vom Schreibtisch aus verteidigt, sondern das Romantische in der Gefahr des Fronteinsatzes gesucht, und im Gegensatz zu Thomas Mann sah er dem nächsten Krieg eher aufgeschlossen entgegen. So heißt es in *Feuer und Blut* (1925):

> *»Den Drang ins Weite und Grenzenlose, wir tragen ihn als unser germanisches Erbteil im Blut, und wir hoffen, dass es sich dereinst zu einem Imperialismus gestalten wird, der sich nicht wie jener kümmerliche von gestern auf einige Vorrechte, Grenzprovinzen und Südseeinseln richtet, sondern der wirklich aufs Ganze geht.«*

Extremistische Parteien, Sekten und Geheimbünde hatten in der Zwischenkriegszeit großen Zulauf, man wartete auf Wunderheiler, Hellseher und charismatische Führer, man wartete auf den großen historischen Moment, auf die politische Erlösung, auf die große Vereinfachung aller Probleme. Diese Erwartungshaltung verstand der aufkommende Nationalsozialismus in perfekter Weise zu nutzen. Seine Rituale,

Symbole und Inszenierungen fügten sich zum Bild einer fatalen politischen Romantik, die Mittelalterschwärmerei, Volkstümlichkeit, Liebe zur Natur und Todessehnsucht vereinte. Auf der Gegenseite, im Verteidigungskampf der Spanischen Republik, gab es in Gestalt der Internationalen Brigaden eine breite Solidaritätsbewegung, die an die Philhellenen erinnerte: Als Kriegsfreiwillige aufseiten der Republik sind hier George Orwell, Ernest Hemingway, André Malraux, Egon Erwin Kisch, Tina Modotti, Gustaf Munch-Petersen, Ludwig Renn, Bodo Uhse, Ernst Busch, Carl Einstein, Walter Janka und viele andere zu erwähnen. Im antifaschistischen Abwehrkampf träumten Linksromantiker jener Zeit von der Einheit aller linken Kräfte, von der Vereinbarkeit von Pluralismus und radikalem Marxismus, von einer breiten Einheitsfront, die sozialistische Demokratie und autoritäre Kaderparteien gleichermaßen vereinen sollte.

Manche politisierenden Romantiker, die sogenannten »Artekraten«, hofften, mithilfe einer politischen Diktatur die Träume der Avantgarde verwirklichen zu können: Leben und Kunst als Einheit, die Kunst vom Kunstmarkt befreien, gesellschaftliche und künstlerische Avantgarde im Gleichschritt. Diese Programmatik wurde bereits von Richard Wagner Mitte des 19. Jahrhunderts vertreten. Er glaubte, dass nur durch eine politische Revolution auch die Kunst befreit und erneuert werden könne. Kunst habe demnach nicht als Propaganda der Politik zu dienen, sondern unterstütze einen Umsturz im ureigenen Interesse. Revolutionäre Bewegungen und ihre Diktaturen zogen im 20. Jahrhundert nicht wenige romantisch gestimmte Künstler, Studenten und Intellektuelle an: Manche verachteten alles Bürgerliche und wollten politisch so extrem wie möglich sein – egal, ob links oder rechts. Andere hofften auf Posten und Karrieren: So träumte der italienische Futurist Filippo Tommaso Marinetti davon, im Faschismus zu einem »Kunstdiktator« ernannt zu werden, sein spanischer Künstlerkollege Salvador Dalí hingegen bewunderte den wirklichen Diktator Franco. Der italienische Dichter Gabriele D'Annunzio erschuf sich 1919 im kroatischen Rijeka einen regelrechten Operettenstaat, den er in Fantasieuniform mithilfe einer ebenso dramatisch kostümierten Miliz regieren wollte, bis der Anschluss des Gebiets an Italien gesichert wäre. Die romantischen Künstler-Politiker wurden allerdings nicht überall mit offenen Armen empfangen. Der Staatsrechtler und juristische Vorbereiter des NS-Regimes, Carl Schmitt, schrieb 1919 einen viel beachteten Essay, *Politische Romantik*, in dem er die Romantiker als notorisch unzuverlässige Akteure bezeichnete, die die Politik nur als Bühne zur Selbstdarstellung nutzten. Auch der überkandidelte D'Annunzio fiel dem »seriösen« Diktator Mussolini bald lästig und wurde politisch kaltgestellt.

Nach der Ernüchterung Ende des Zweiten Weltkrieges sollte es einige Jahre dauern, bis sich mit der Studentenbewegung wieder ein romantischer Impuls bemerkbar machte. Diesmal richtete er sich gegen die psychosozialen Kollateralschäden einer prosperierenden Industriegesellschaft. Dabei wollten die Protestierenden mitnichten romantisch sein. So lehnten die Linken, die in jener Bewegung den Ton angaben, jeden träumerischen Eskapismus brüsk ab. Nicht die individuelle Gefühlswelt, sondern die Unterordnung des Einzelnen unter die großen Ideen des Sozialismus, Maoismus o. Ä. war bei vielen Künstlern und Intellektuellen en vogue. Wie Monstranzen wurden die Mördervisagen von Mao, Stalin und Pol Pot auf Bannern durch die Straßen Westeuropas getragen, ihre Staatssklaven-Systeme als Arbeiter- und Bauernparadiese angepriesen. Wie oft waren es Volksfronten ohne Volk, wie oft verbarg sich hinter all den proletarischen Massenbeschwörungen der Radikalismus bizarrer Kleingruppen namens *Umherschweifende Haschrebellen*, *Tupamaros West-Berlin* oder diverser KPD-Varianten, den man insgesamt unter dem Begriff einer »revolutionären Romantik« subsummieren, wenn nicht gar als »Aktionskunst« bezeichnen konnte. Wie einst Byron setzte der Bankierssohn und spätere Grünen-Politiker Tom Koenigs Anfang der 1970er-Jahre sein Erbe ein, um – laut eigenem Bekunden – revolutionäre Bewegungen zu unterstützen: »Mit 28 Jahren spendete ich mein Familienerbe an die Befreiungskämpfer in Vietnam und Chile. Ich fand, dass das Geld mir nicht zustand, weil meine Vorfahren es nicht durch eigene Arbeit, sondern vermutlich durch Ausbeutung angehäuft hatten.« Eine edle Einstellung, die hier der Öffentlichkeit kundgetan wurde; Koenigs beherzigte dabei die alte Charity-Regel: Tue Gutes und sprich darüber! Danach machte er eine Metallfacharbeiterlehre. Der Aufstieg in die neue politische Kaste der Bundesrepublik gelang ihm trotzdem – oder vielleicht gerade deshalb.

Auch in den 1960ern und 1970ern schlug die Stunde der Artekraten. Einzelne aus der Kunstszene fanden den Weg in radikale Parteien oder gar in terroristische Gruppierungen. Das RAF-Mitglied Holger Meins war einmal Student an der Hochschule für bildende Künste Hamburg gewesen, der Schweizer Fotograf und Filmemacher Philip Werner Sauber Mitglied der *Bewegung 2. Juni* und Dieter Kunzelmann gilt einerseits als linksradikaler Politaktivist, andererseits als Happening-Künstler und Verfasser von kunst- und gesellschaftstheoretischen Manifesten und Artikeln. 1969/70 war er der Kopf der terroristischen Gruppierung *Tupamaros West-Berlin*. Andreas Baader, der mit seinem dandyesken Habitus Boheme-Künstlern recht nahe kam, war zeitweise mit der Malerin Ello Michel liiert, die mit Bilderverkäufen den Lebensunterhalt des Paares bestritt. Den Künstler-Hochstapler Baader zog es 1963 nach Berlin, dort gab er sich als Schriftsteller aus, flanierte in teuren Anzügen und breitkrempigen Hüten auf dem Ku'damm, gab an mit SM-Abenteuern, die er sich in Groschenromanen angelesen hatte. Auch im rechtsextremen Spektrum gab es Männer, die sich zumindest zeitweise als Künstler verstanden (oder dies zu ihrem Schutz behaupteten). Der Nürnberger Grafiker und Porzellanmaler Karl-Heinz Hoffmann organisierte seit 1974 offen militärische Geländespiele mit zugeschweißten Waffen, während der französische Front-National-Aktivist Alain Soral eine wahrhaft schillernde Figur darstellt: in jungen Jahren Punk, Kunststudent an der École nationale supérieure des beaux-arts de Paris und Buchautor (*Le jour et la nuit, ou La vie d'un vaurien*), später Kommunist, Boxtrainer und 2009 Anführer der *Liste antisioniste* zusammen mit dem berüchtigten Komiker Dieudonné. Möglicherweise ist auch der zeitweilige griechische Finanzminister Yanis Varoufakis der ideologieübergreifenden Kategorie der Artekraten zuzurechnen. Er arbeitete in auffälliger Weise mit verbalen und visuellen Provokationen und meldet sich auch in Fragen der Kunst zu Wort – liiert ist er mit der Installationskünstlerin Danae Stratou, ehemals Bildhauereistudentin am Londoner St. Martins College of Art and Design. Der Künstler-Politiker Varoufakis äußerte im Frühjahr 2015 im Witte-de-With-Museumsblog seine Auffassung von einer mitreißenden Kunst: Wenn Künstler mit »unwiderstehlichen Klängen und Bildern« den »apathischen«

Zuschauer attackierten, bis der letzte Idiot dazu gezwungen werde, die Dinge aus einer anderen Perspektive zu sehen – dann könne die Hoffnung, die gesellschaftliche Utopie wiederbelebt werden. Ob jemand Künstler oder politischer Aktivist wird, Avantgardist oder Terrorist, ist nicht immer von Beginn an ausgemacht. Es gibt Wanderer zwischen den Welten, und manche spielen beide Rollen – nacheinander oder gar parallel. Es wäre durchaus eine systematische Untersuchung wert, den Fragen nachzugehen, welche Verbindungen und Parallelen zwischen dem modernen Kunstgeschehen und der Entwicklung des Terrorismus existieren und inwieweit Künstler und Terroristen übersteigerten Narzissmus, Größenwahn und Empathie-Mangel gemein haben.

Zurück zur Ideologie der 68er-Linken, die die romantische Idee der Entfremdung des Menschen wieder aufgriffen. Der linken Kritik an einer fortschreitenden Ökonomisierung der Welt und an zunehmend marktkonform organisierten menschlichen Beziehungen lag die Idee zugrunde, es gäbe einen authentischen Wesenskern des Menschen, dessen Selbstverwirklichung durch den Kapitalismus verhindert würde. Diese Kritik ist heute unvermindert aktuell, denn die Kommerzialisierung sämtlicher Lebensbereiche geht ungebremst weiter. Allerdings sind die Suche und Sehnsucht nach einem authentischen Wesen mittlerweile selbst ein Produkt des Kapitalismus und in diesem Sinne kein Teil der Lösung, sondern ein Teil des Problems. Das Schwärmen der 68er und Nachfolger für antikoloniale Befreiungsbewegungen war von der Vorstellung geprägt, die einfachen Bauern und Landarbeiter Asiens und Lateinamerikas stünden für einen ursprünglichen und authentischen Menschentyp, der der kapitalistischen, urbanen Welt Widerstand leiste. Während praktische

Unterstützung in China oder Vietnam kaum möglich war, etablierte sich in den 1970er- und 1980er-Jahren ein linker Polittourismus nach Lateinamerika, oftmals kombiniert mit einem freiwilligen Einsatz in der Landwirtschaft, in der Sozial- oder Parteiarbeit, etwa in Nicaragua oder El Salvador. Manche kehrten »geheilt« davon zurück, andere zog es immer wieder zu den Sandinisten oder nach Kuba. Den Repräsentanten der Gesellschaftsordnung zu Hause wurde hingegen unterstellt, sie seien nichts weiter als »Charaktermasken«, Interessenvertreter von Kapitalismus und Imperialismus, denen zur Tarnung quasi eine Persönlichkeitsfassade vorgeblendet worden sei. Ihre Gefühle und individuellen Haltungen seien nichts weiter als Simulationen, wurde rabiat mit Karl Marx argumentiert, der die Träger der Charaktermasken als reine Personifikationen der ökonomischen Verhältnisse definiert hatte. Ganz wird man allerdings den Eindruck nicht los, dass auch die linken Aktivisten der 1970er-, 1980er- und 1990er-Jahre (und bisweilen auch noch heute) Masken trugen. Viele ihrer Aktionen, Begriffe oder Demonstrationen schienen und scheinen vergangenen Zeiten entliehen zu sein, eine Art Geschichtsfolklore wohnt ihnen inne, ein theaterhaftes Nachspielen von Arbeiterbewegung, Straßenkampf, von Klassenbewusstsein und antifaschistischer Einheitsfront. Mit historischen Anleihen versucht man die eigene Glaubwürdigkeit zu verstärken. Wer heute etwa am Ersten Mai an Demonstrationen teilnimmt oder am Todestag von Rosa Luxemburg eine Nelke an ihrem Berliner Gedenkstein ablegt, kann sich dieses Eindrucks kaum erwehren.

Sehnsucht und Suche nach dem authentischen Wesen beziehen sich nicht nur auf die Politik, sondern bis heute auch auf die Kultur – ob Musiker, Künstler oder Schriftsteller, stets wird auf den Dualismus zwischen »eigentlichem« Wesen der Kunst und einem seelenlosen Massenkommerz verwiesen. Künstler stehen seitdem unter dem Druck, glaubwürdig und authentisch bleiben zu müssen und den Ausverkauf ihrer Ideen zu verhindern. Hier befinden sich besonders Musiker und Rapper wie »Haftbefehl« und diverse Kollegen, die mit kriminellem Lebenswandel und aggressiven Botschaften bekannt geworden sind, in einem Dilemma. Sie sind älter, reicher, angepasster geworden, haben Preise gewonnen (z. B. für gelungene Integration) und müssen jetzt mit gelegentlichen Parkplatz-Prügeleien und wohldosierten Ausfälligkeiten (in der Regel gegen Frauen, Schwule und Juden) an ihrem Image arbeiten, ohne ihren Reichtum zu gefährden. So zynisch es klingt: Ab und zu muss ein Musiker den Drogentod sterben, muss ein Rapper erschossen oder zumindest angeschossen werden, damit das Business ein Minimum an Glaubwürdigkeit erhalten kann. Einzelfälle aus den USA sind bekannt, in denen Angriffe sogar simuliert wurden, kurz bevor das neue Album eines Rappers herauskam, verdächtige Vorfälle ereigneten sich auch in Berlin in den letzten Jahren.

Manche Künstler und historische Figuren eignen sich anscheinend besonders gut als Träger jener unstillbaren Sehnsucht nach Authentizität. Sie wurden und werden in bestimmten Milieus oder Subkulturen, manchmal auch in der Populärkultur, glorifiziert. Ihre Biografie wird dann völlig vom geschichtlichen Kontext abgelöst. So wird Ernesto Rafael Guevara de la Serna, genannt »Che«, weithin als Ikone verehrt, Sinnbild eines kompromisslosen und aufopferungsvollen Kampfes für die Armen und Unterdrückten dieser Welt. Die erste revolutionäre Tat Ernestos, eines Medizinstudenten aus bester argentinischer Familie, bestand aller-

dings darin, im Februar 1957 einen kubanischen Bauern zu
erschießen – der vom Gruppenanführer Fidel Castro zuvor
beschuldigt worden war, ein Verräter zu sein.

»Er röchelte noch ein wenig, dann war er tot«,

notierte Guevara in sein Tagebuch, nachdem er die Exekution
befehlsgemäß ausgeführt hatte. Ein bemerkenswertes Paradox: Der reiche, studierte Städter will die armen Bauern befreien und tötet in seiner ersten revolutionären Aktion einen
dieser armen Bauern. Nach dem Sieg der kubanischen Revolution bekam Guevara das Kommando über die Festung
La Cabana, wo Hunderte von Revolutionsgegnern gefangen
gehalten und hingerichtet wurden. Eine weitere Karriere als
Bluthund der Revolution blieb »Che« verwehrt, er starb zu
früh und ging deshalb als ewig junger Rebell in die Geschichte ein. Ob jemand als Freiheitskämpfer oder Revolutionär
verehrt oder als Terrorist, Schreibtischtäter oder Mörder verdammt wird – das hängt ganz vom Zeitgeist, von der jeweils
herrschenden Geschichtsperspektive ab. Wikinger und Piraten haben beispielsweise einen langen Weg der Romantisierung und Verniedlichung hinter sich. Der Wikinger- oder
Piratenlook ist heute ein weit verbreitetes Kinderpartyver-
kleidungsmotto, Piratenfiguren spielen in der Spielzeugin-
dustrie, in Vergnügungsparks, in Kinderbüchern und Holly-
woodfilmen eine große Rolle, zuletzt auch in Gestalt der
»Piratenpartei« in der deutschen Politik. Die populäre Zeichentrickserie *Wickie* ließ die Beutezüge der Nordmänner
wie eine einzige Spaßveranstaltung aussehen. Die Hauptfigur, das findige Kerlchen Wickie, stellt bei nüchterner Betrachtung aber nichts anderes als einen Kindersoldaten dar.

Selbst die Piratenfahne, weißer Totenschädel mit gekreuzten Knochen auf schwarzem Grund, erfreut sich weithin großer Beliebtheit, trotz der zwischenzeitlichen Nutzung des Motivs durch die SS. Auch die Flagge der Miliz des Islamischen Staates knüpft daran an: ein weißer Kreis mit schwarzen Schriftzeichen darin auf schwarzem Grund. Historisch betrachtet, zählten Piraten jedoch seit der Antike zu den übelsten Plagen der Menschheit. Jahrhundertelang terrorisierten sie die Küstenbewohner, vor allem im Mittelmeerraum, an dessen nordafrikanischen Küsten sie sich lange Zeit festsetzen konnten und sogar eigene Staaten bildeten (wie heute die Warlords und Milizen in gescheiterten Staaten). Schätzungen zufolge wurden in jenen Barbareskenstaaten des Maghreb zwischen 1530 und 1780 etwa 1,25 Millionen Menschen versklavt, die meisten davon durch Raubzüge an den Küsten Italiens, Spaniens und Portugals, bis die Franzosen und andere Mächte diesem Treiben im 19. Jahrhundert ein Ende bereiteten. Der erste auswärtige Krieg, den der spätere Weltpolizist USA führte, fand 1802 gegen die Piratenstaaten an der nordafrikanischen Küste statt, weil sie amerikanische Schiffe geplündert hatten. Die Geschichte der utopischen Piratenrepublik *Libertalia*, die Daniel Defoe unter dem Pseudonym Captain Charles Johnson bereits 1728 veröffentlichte, zeigt aber, dass die Piraten damals nicht nur Abscheu, sondern auch eine gewisse Bewunderung erregten. Permanenter Krieg und anhaltende Not während des 17. und 18. Jahrhunderts ließen manche Menschen geradezu in die Piraterie flüchten. Auf diesen Schiffen entstanden neue, bunt zusammengewürfelte Gemeinschaften von Außenseitern und Ausgestoßenen, denen Defoe und seine Leser sogar eine utopische Perspektive zubilligten. Die Romantisierung der Piraten in der westlichen Kultur setzte aber erst auf breiter Front ein, nachdem diese keine wesentliche Gefahr mehr für Europa darstellten. So wurden jene Sklavenjäger und Erpresser zu romantischen Figuren – oftmals noch gewürzt mit einer Prise Exotik à la Orient oder Karibik. Es ist im Übrigen eine Grundregel: Das Grauenhafte, das seinen Schrecken verloren hat, weil es in der Bedeutungslosigkeit oder tief in der Vergangenheit versank, ist reif, romantisiert, verkunstet und verniedlicht zu werden. Das Grauenhafte von gestern wird zum Unterhaltungsgegenstand, zum Dekorationsmaterial, zum Kunstobjekt von morgen. Und so sollte es uns nicht überraschen, eines Tages beim Fasching oder Kindergeburtstag gut gelaunten Zeitgenossen zu begegnen, die sich als Taliban, Boko Haram oder SS-Angehörige kostümiert haben. Heute gibt es übrigens wieder sowohl Piraten in afrikanischen und asiatischen Gewässern als auch Sklavenhaltung, vor allem in muslimischen Staaten, aber auch in Indien und China. Weltweit betrifft dieses Schicksal nach Angaben der Walk Free Foundation annähernd dreißig Millionen Menschen. Aber die Piraten Somalias, die Menschenjäger Nigerias und all die versklavten Baumwollpflücker in Usbekistan, Bauarbeiter und Dienstmädchen in Katar und Saudi-Arabien sind weit weg und geraten nur selten ins Visier der Weltöffentlichkeit.

Der linksromantische Antiimperialismus hatte europäische Freiwillige in den späten 1960er- und 1970er-Jahren nach Palästina ziehen lassen. In den 1980er-Jahren zählten, wie erwähnt, Nicaragua oder El Salvador zu den Reisezielen revolutionärer Romantiker, in den 1990er-Jahren Kurdistan und Kolumbien, auch wenn in den beiden letzten Fällen eine breite internationale Bewegung ausblieb. Im Jugoslawienkrieg Anfang der 1990er-Jahre war die Romantisierung einer bestimmten Kriegspartei kaum möglich. Auf kroatischer Seite traf man vereinzelt rechtsextreme Söldner an, auf serbischer panslawistische Schwärmer. Der russische Dichter und Politaktivist Eduard Limonow war in der Sowjetunion und später im Westen ein Enfant terrible des Literaturbetriebs gewesen. Sein Roman *Fuck off, Amerika* war in Frankreich, dann auch in der Sowjetunion ein Bestseller. Besonders in Frankreich liebte man Limonows Eskapaden, sein romantisches Heldentum, seinen respektlosen Antiamerikanismus.

> *»Ich liebe den Irrsinn. Mein ganzes Leben beweist das. Ich kultiviere nicht die Logik, sondern die Ekstase. Meine morbiden Empfindungen verschaffen mir Freude«*

– so der Dichter über sich selbst. Doch dann machte der Dokumentarfilm *Serbisches Epos* bekannt, dass Limonow als Unterstützer zu den bosnischen Serben gereist war. Im Film sieht man ihn in den Bergen hoch über Sarajevo mit Radovan Karadžić plaudern, er lässt sich serbische Stellungen zeigen und feuert schließlich selbst aus einem Maschinengewehr auf die Stadt. Limonows Biograf Emmanuel Carrère bemerkte dazu: »Diese drei Minuten haben seine Reputation ruiniert. Er galt als witziger, sexy Abenteurer. Dann war er ein Kriegsverbrecher. Und was mich abgestoßen hat an der Szene, ist nicht, dass er es getan hat, sondern dass es so lächerlich wirkte.« Im Internet kursieren noch Filmausschnitte, in denen Limonow wie ein kleiner Ganove in schwarzer Lederjacke wirkt, der sich ehrfurchtsvoll dem »Paten« andient, dargestellt vom hochgewachsenen Karadžić mit wehender eisgrauer Mähne. Limonows erratische Politkarriere sollte sich später mit der

Gründung der braunroten *Nationalbolschewistischen Partei Russlands* fortsetzen, die u. a. den Anschluss russischsprachiger Gebiete des Auslands an ein neues russisches Reich forderte. Die Partei wurde verboten, Limonow inhaftiert – doch seine Ideen setzt nun offenbar Putin um, in der Ostukraine und vielleicht auch bald anderswo. Zurück ins Bosnien der 1990er-Jahre. Dort spielte auch der deutsche Schriftsteller Peter Handke eine ähnlich unrühmliche Rolle als proserbischer Propagandist, aber wenigstens feuerte er nur mit Worten statt mit Patronen. Auch er traf sich mit Karadžić. In Pale, wo die beiden signierte Werke austauschten, denn auch der damalige Präsident der Republika Srpska betrachtete sich als ein Homme de Lettres:

> *»Ich habe mich vom Guten abgewendet*
> *brenne wie eine Zigarette auf*
> *meinen neurotischen Lippen.*
> *Von allen fertiggemacht*
> *warte ich in der Morgendämmerung auf*
> *meine große Stunde.«*

Schon 1969 hatte der Hobbylyriker ein Gedicht über Sarajevo geschrieben: »Die Stadt verglüht wie ein Weihrauchklumpen, in diesem Rauch irrt auch unser Bewusstsein. Leere Kleider gleiten durch die Stadt. Der rote Stein stirbt, in die Häuser eingebaut. Die Pest! Stille.« Der in bescheidenen Verhältnissen aufgewachsene Karadžić war aus einem montenegrinischen Bergdorf in die bosnische Metropole gezogen und studierte dort Ende der 1960er-Jahre Medizin – als zugereister Provinzler galt er dort wenig. Ob die Belagerung eine späte Rache an der Stadt war, die ihn »verschmähte«?

Der Literaturwissenschaftler Marko Veskovic nannte Karadžić im künstlerischen Sinne eine »gescheiterte Existenz«, als Poet sei er vom jugoslawischen Schriftstellerverband nie ernst genommen worden – obwohl er allein bis 1990 vier Gedichtbände veröffentlichte (ein weiterer Band, ein Roman, Kinderbücher und Theaterstücke folgten später). Seine Machtposition als Anführer der bosnischen Serben gab ihm die Möglichkeit, sich im Bürgerkrieg als romantischer Nationalist und kämpferischer Dichterfürst in Szene zu setzen – ein Artekrat par excellence. Die BBC zeigte in den letzten Kriegstagen Bilder, wie Karadžić von einer Panzerstellung aus Sarajevo beschießen ließ, dazu rezitierte er: »Die Stadt verglüht wie ein Weihrauchklumpen.«

Neben dem Balkan war auch der Mittlere Osten in den 1990er-Jahren Kriegsschauplatz. Mehrere deutsche Linke brachen auf, um als medizinisches Personal oder gar in Kampfbrigaden der Volksbefreiungsarmee Kurdistans zu dienen. Die meisten von ihnen waren schon zuvor politisch aktiv gewesen, einige bei den Autonomen, andere in antiimperialistischen Gruppen. »Fanatische Frauen waren dabei«, raunte der *Spiegel* im Frühjahr 2000, »die den alten Traum von Freiheit und Sozialismus träumten, halbstarke Männer, die Nervenkitzel suchten, Verliebte, die trotz der Liebe gingen, und frisch Getrennte, die der Trennung wegen gingen.« Den Kampf begriffen sie aber als globale Sache, der auch und gerade in den Metropolen des Geldes zu führen sei. Ziele künftiger Aktionen seien – zitierte das Nachrichtenmagazin aus dem Tagebuch einer deutschen PKK-Aktivistin –

»diese aufgequollenen Fettsäcke in ihren schwarzen und grauen Anzügen, diese ekligen Männer, die in endlosen

Reihen sitzen auf Versammlungen, bei denen die Verskla-
vung und Vernichtung der Menschheit zementiert werden
soll, die keinerlei Existenzberechtigung mehr haben, und
ich will sie tottreten wie fette Kakerlaken«.

Der Kampfwert der wohlstandsverwöhnten Freiwilligen in
der Wildnis der Berge war umstritten, PKK-Führer Abdullah
Öcalan soll die jungen Deutschen für schwach gehalten haben, wollte sie aus politischen Gründen aber nicht abweisen;
internationale Solidarität war eben ein Wert an sich. Die
Münchnerin Andrea Wolf hatte zum Umfeld der Roten Armee Fraktion gehört und war zeitweise Freundin von Klaus
Steinmetz gewesen, jenem talentierten Verfassungsschutz-
spitzel, dem es gelungen war, sich der RAF-Kommandoebene
zu nähern. Nachdem er aufgeflogen war, beschuldigten einige Genossen sie, sich Steinmetz aus Leichtsinn genähert und
konspirative Informationen ausgeplaudert zu haben. Die Vor-
würfe machten Andrea Wolfs Position in der linken Szene
unhaltbar und sie geriet in eine persönliche Krise. In einem
Brief an ihre Gruppe beschrieb sie im Juli 1993 ihre Gefühle,
mit dem enttarnten VS-Spitzel Steinmetz auch einen Freund
verloren zu haben, beschrieb aber auch seine Methode, sich
als einfühlsamer Typ, bei dem man sich habe entspannen und
fallen lassen können, an gestresste Aktivistinnen heranzu-
machen, um diese auszuhorchen: »(…) die Frauen im Kampf
(…) tragen eine große Last, Verantwortung und Arbeit. Und
es gibt wenig Kraft zu schöpfen, meistens ist es ein Geben.
Damit fährt so einer sehr gut, mit ein bisschen Rücksichtnah-
me, Einfühlungsvermögen (…), es kam mir von ihm wirklich
eine Welle Zuneigung entgegen, Bestätigung. Seine Gefühle
für mich waren ja nicht gespielt, auch wenn ich für ihn auf

der falschen Seite stehe. (…) Er wusste sehr genau, auf welcher Seite er steht, und er wusste sehr genau, was er will. Deshalb ist sein Abfahren auf Frauen, die kämpfen, trotzdem echt, weil sie für ihn ja auch etwas symbolisieren, was er nie hatte: Integrität, Stärke, Gradlinigkeit, Willen.« Als im Sommer 1995 gegen sie ein Haftbefehl erlassen wurde, tauchte sie unter und bereitete sich, offenbar auch wegen des fehlenden Rückhalts in Deutschland, auf eine Flucht nach Kurdistan vor. »Noch nie in meinem Leben habe ich mich so aufgehoben gefühlt«, schrieb sie 1996 nach ihrer Ankunft im Mittleren Osten den in Deutschland gebliebenen Genossen. Sie erhielt den Kampfnamen *Ronahî* und tat Dienst in einer Fraueneinheit der PKK-Guerrilla ARGK. »Eigentlich möchte ich die Erfahrungen mit Männern für mich abschließen«, schreibt sie am 30. April 1997 in ihr Tagebuch, denn sie seien »nur überflüssig, verletzend und mich ausnutzend«. Nach einem Gefecht mit türkischen Soldaten wurde Andrea Wolf offenbar am 23. Oktober 1998 bei oder nach der Gefangennahme ermordet – die Umstände ließen sich bis heute nicht restlos aufklären. Ihre Angehörigen haben eine internationale unabhängige Untersuchungskommission ins Leben gerufen, die sich um die Aufklärung der Todesumstände bemüht. Anonyme Autoren in Berlin verfassten zum Gedenken eine Broschüre mit vielen autobiografischen O-Tönen *Im Dschungel der Städte, in den Bergen Kurdistans – Leben und Kampf von Andrea Wolf.* Auch im *ZEIT Magazin* erschien posthum ein plastisches Porträt, »die Geschichte eines rebellischen Münchner Mädchens, das sich die Haare färbte, Punkrock liebte und für ihre Ideale starb«.

Angesichts des verschärften Überlebenskampfes der Kurden und anderer Minderheiten in Syrien und im Irak stellt sich die Frage, warum ihnen heute keine breite internationale Solidaritätsbewegung zu Hilfe kommt wie damals den Republikanern im Spanischen Bürgerkrieg. Warum gibt es keine »Internationalen Brigaden« in Rojava, dem Süden Kurdistans? Nur wenige freiwillige Kämpfer aus westlichen Ländern kämpfen bei den linksorientierten syrischen Kurden, wie etwa die kanadische Staatsbürgerin Gill Rosenberg oder jene junge Deutsche, die im Frühjahr 2015 bei Tel Tamer fiel. Ivana Hoffmann aus Duisburg, neunzehn Jahre alt, hatte sich bereits in Deutschland einer türkischen linksextremen Gruppierung angeschlossen, die mit den syrischen Kurden solidarisch ist. In ihrem letzten Brief, bevor sie nach Rojava ging, schrieb sie den Genossen: »Ich will ein Teil der Revolution in Rojava sein (…). Ich werde das Leben anders spüren, intensiver und geordneter. Vielleicht werde ich an meine Grenzen kommen und zurückfallen, doch ich werde niemals den Kampfgeist aufgeben und vorankommen. Nichts hält mich mehr hier.« Ihr Brief wirkt wie aus einer anderen Epoche. Die Zeiten internationaler Solidarität für nationale und soziale Befreiungsbewegungen scheinen vorbei zu sein. »Wer in einer solchen gesamtgesellschaftlichen Verwöhnungskultur groß geworden ist, kann ihr wohl nie ganz entrinnen – und wird dadurch sehr verletzlich. Er glaubt insgeheim, Geschichte, also Veränderung, also radikaler Einschnitt finde, wenn überhaupt, stets woanders statt« – so der Schweizer Publizist René Scheu. Tatsächlich kann man sich angesichts der wachsenden Regulierungsdichte in den entwickelten Gesellschaften kaum noch des Eindrucks erwehren, dass jedes kleinste Detail, jede kleinste Bewegung des Lebens reglementiert ist. In den letzten zehn Jahren etwa ist die »ordentliche Rechtssammlung des Schweizer Bundes« um ein Viertel auf nunmehr sechsundsechzigtausend Seiten angewachsen – ein Gesetzesbuch, so breit wie ein Regal (und es gibt Staaten, die sogar noch bürokratischer sind als die Schweiz). Das sei, so Scheu, das Dilemma des heutigen Menschen, der die Einsicht gewonnen habe: »Das nur bequeme Leben ist das unerfüllte Leben! Wage was! Probiere was! Bis der Sozialdemokrat in ihm wieder das Wort ergreift.« Wer also überwindet seinen »inneren Sozialdemokraten« und macht sich heute auf den Weg, um aus einer saturierten und überregelten Gesellschaft auszubrechen und Abenteuer zu erleben?

Doch unverhofft hat sich eine neue internationale Bewegung erhoben, die kampf- und opferbereite Freiwillige anzieht. Tausende junge Bürger westlicher Länder dienen dem *ad-daula al-islāmiyya* (deutsch/englisch IS) als freiwillige Kämpfer. Ist es eine romantische Bewegung, eine neue Dschihad-Romantik, die so viele muslimische Europäer und Asiaten anzieht? Der IS ist keine neue historische Erscheinung, sondern lässt sich als Beispiel einer chiliastischen, messianischen Bewegung interpretieren, die es nicht nur in der Geschichte des Islam, sondern früher auch im Judentum, Christentum und Buddhismus gab. Im 19. Jahrhundert häuften sich diese Revolten im muslimischen Afrika und Asien, in denen sich charismatische Führer zum Mahdi oder Kalifen aufschwangen. Sie lassen sich, ähnlich wie die Romantik, als Reaktionen auf den Einbruch aufklärerischen Denkens und das Auftauchen der westlichen Moderne in traditionellen Gesellschaften interpretieren. In der Regel waren es religiös und sozialrevolutionär motivierte Gruppen, die im Erfolgsfall zunächst rasch anwuchsen. Sie radikalisierten sich, sobald sie auf Widerstand stießen, bis hin zum opferreichen Endkampf in aussichtsloser Lage, all dies in Erwartung der baldigen Ankunft eines göttlichen Führers und der nachfolgenden Erlösung von allem Leid und aller Not. In Nordnigeria, das heute von der Terrormiliz Boko Haram geplagt wird, kommt es seit mehr als zweihundert Jahren immer wieder zu derartigen Phänomenen. Der sudanesische Mahdi Muhammad Ahmad beherrschte Ende des 19. Jahrhunderts knapp vier Jahre lang das Land am Nil, das Kalifat existierte fünfzehn Jahre lang, bis die Briten den Aufstand niederschlagen konnten. Der Mahdi ist nach traditionell islamischer Glaubensauffassung ein Nachkomme des Propheten Mohammed, und der Glaube an sein Erscheinen ist überwiegend in der schiitischen Konfession verankert. Zuletzt versuchte sich der ehemalige iranische Präsident Mahmud Ahmadinedschad 2013 im innenpolitischen Machtkampf mit dem Argument zu positionieren, er stehe in einer spirituellen Verbindung mit dem kommenden Mahdi, was zu Beunruhigung im Westen führte, ob der Iran nun eine apokalyptische Außenpolitik in Gang setze und vielleicht den Endsieg mithilfe von Atomwaffen anstrebe.

Aber auch im sunnitischen Islam sind chiliastische Vorstellungen verbreitet und in Form der Hadithen niedergeschrieben. Offenbar wird der IS auch von einer früheren Endzeitbewegung inspiriert, die einen neuralgischen Punkt des muslimischen Kulturkreises berührte – ein wahrer Albtraum, den man am liebsten verdrängt: Am 20. November 1979, dem Vortag des Jahres 1400 nach muslimischer Zeitrechnung, besetzte eine multinationale Gruppe von fünfhundert schwer bewaffneten radikalen Islamisten unter der Führung des Predigers Dschuhaiman al-Utaibi die Große Moschee in Mekka und nahm Tausende Geiseln. Sie erklärten, dass nun das Ende der Welt bevorstehe und der Mahdi gekommen sei. Deshalb müsse die Scharia sofort in allen muslimischen Ländern eingeführt, müsse die saudische Herrscherfamilie entmachtet, müssten alle Beziehungen zu westlichen Ländern abgebrochen werden. Mit großer Mühe gelang es der saudischen Regierung, die Besetzung zu beenden, die wochenlangen Kämpfe kosteten Hunderte Tote, unter ihnen war auch der »Mahdi«. Endzeitgefühle mobilisiert auch die IS-Propaganda. Das letzte Gefecht sei nahe, wird suggeriert, der finale Sturm auf Istanbul. Das IS-Propagandamagazin *Dabiq* ist nach dem mythischen Ort Armageddon benannt, wo der Endkampf zwischen Gut und Böse, Muslimen und Ungläubigen stattfinden soll. Unabhängig davon, ob es im Fall des IS gelingt, sich zu einem stabilen Staat zu verstetigen, oder ob es ein mobiler Raubstaat bleibt, der sich nur durch permanenten Krieg ernähren kann, wird dieses »Kalifat« nicht die letzte chiliastische Staatsgründung gewesen sein. Auffällig und neuartig war hier jedoch, dass die Bildpropaganda zum wichtigen Bestandteil des Kampfes geworden ist, dass das Online-Marketing selbst zur Kampf- und Rekrutierungsarena wurde. Zudem knüpfen die IS-Propagandisten an die Ästhetik und Logik von Killer-Computerspielen an:

»This is our call of duty and we respawn in Jannah.«

Sie locken damit, auf dem realen Schlachtfeld den nächsten Level zu erreichen und als Märtyrer unsterblich zu werden. Die mediale und die wirkliche Erlebniswelt vermischen sich hier. Der IS und das Al-Nusra-Kalifat fördern und erfüllen zugleich den Wunsch, die tausendmal erlebte und fad gewordene virtuelle Gewalt der Filme und Computerspiele einmal in natura auszuüben. Sie versprechen den Kick, authentisch und straflos jene Gewaltfantasien zu realisieren. Die Islamisten produzieren Bilder der Stärke, sie zeigen sich in geordneten Fahrzeugkolonnen, die die Wüste mit aufgeblendeten Scheinwerfern durchqueren, Marschsäulen von Kämpfern in schwarzen Uniformen in eroberten Städten, schwarze Fahnen mit weißen Schriftzügen, bärtige alte und junge Kämpfer mit Turban oder wehendem langem Haar, Seite an Seite, Stadt um Stadt unterwerfend. Immer wieder reproduzieren die westlichen Medien diese Bilder. Die Bildproduktion wird hier zur Waffe und möglicherweise sogar zum Motiv für Kampfhandlungen, vermutet der Politikwissenschaftler Herfried Münkler in seinem Buch *Die neuen Kriege*. In diesem Spiel sind die Terroristen auf Partner angewiesen, und die stellen sich en masse zur Verfügung: Selbst sich sonst kritisch gebende westliche Medien haben derartige Terrorbilder wieder und wieder reproduziert und den Resonanzraum des IS auf diese Weise vergrößert.

Laut der Berliner Kunsthistorikerin Charlotte Klonk, die sich mit dem Medium des Gesichts im terroristischen Bilderkampf auseinandersetzte, wäre es besser, wenn stattdessen gezielt Gegenbilder publiziert würden: »Hier sieht man gefangen genommene IS-Kämpfer gedemütigt am Boden kniend, mit Augenbinden versehen und vor allem in heterogener ziviler Kleidung, sodass ihnen jede heroische, kämpferische Gruppenidentität genommen ist. Als Gegenbilder der irakischen Regierung lanciert, die die eigenen militärischen Erfolge über den IS demonstrieren sollen, scheint hier doch etwas von der Realität des Kampfes vor Ort auf, die die hollywoodähnlichen Selbstinszenierungen der Miliz in ein anderes Licht rücken.« Seit Anfang 2014 läuft im irakischen Fernsehen *In der Hand des Gesetzes*, eine Reality-TV-Serie des sunnitischen Moderators Ahmed Hassan. Dort werden überführte IS-Terroristen unter Polizeischutz in gelb-orangen Overalls an die Orte ihrer Untaten geführt und mit überlebenden Opfern und Hinterbliebenen konfrontiert, Wut und Trauer herrschen, manche Situationen drohen zu eskalieren. Anschließend werden sie zur Hinrichtung abtransportiert. Die Sendung soll den Bild-Nimbus des IS brechen und die Stärke der Regierung in Bagdad demonstrieren. Es bleibt jedoch Zweifel, ob es sich bei den Verurteilten tatsächlich um die Täter handelt – das Justizsystem im Restirak ist bekanntermaßen korrupt und willkürlich.

Die Dschihadisten scheinen für die Vision eines globalen Systems zu kämpfen, in dem Staat und Religion vereint sind, in dem die Gesellschaft und alle Individuen zu einer Einheit verschmelzen. All jene Trennungen im Zuge der Aufklärung, an denen auch die europäischen Romantiker litten, scheinen unter der Flagge des IS aufgehoben zu sein. Der britische Sicherheitsexperte Henry Tuck konstatierte hinsichtlich einer Sozial-Analyse der britischen IS-Freiwilligen, es gebe bei ihnen verschiedenste Ethnien, Einkommens- und Bildungsstufen, und folgerte, dass Orientierungslosigkeit und Langeweile bedeutende Motivationsfaktoren seien. Der französische Politologe und Islamkenner Olivier Roy verwies darauf, dass die Radikalisierung ein überkonfessionelles Randsegment der Jugend insgesamt betreffe und nicht das Herz der muslimischen Bevölkerung: »Sie arbeiten nicht an der Islamisierung der Gesellschaft, sondern agieren das Fantasma eines ungesunden Heroismus aus.«

So wie man heute entwurzelte und entfremdete Jugendliche davon abzuhalten versucht, in den Dschihad zu ziehen, so warnte man junge Männer einst vor dem Eintritt in die

Fremdenlegion – die Parallele wird beim Blick auf entsprechende Aufklärungsbroschüren deutlich. Nach dem Zweiten Weltkrieg war die französische Fremdenlegion Anlaufstelle für Entwurzelte und Verzweifelte aller Art, Kriegsveteranen mischten sich hier mit jungen Abenteurern, Jugendheiminsassen und Waisen. Bis in die 1960er-Jahre hinein suchten jährlich auch Hunderte von Schweizern das Überseeabenteuer. Als Motive für deren Handeln wurden eine schwierige familiäre Situation, d. h. eine uneheliche Abstammung, Liebeskummer oder Abenteuerlust festgemacht, wie das Komitee zum Kampf gegen den Eintritt junger Schweizer in die Fremdenlegion 1963 warnend erklärte: »Es kommt zu Kurzschlusshandlungen, zu wilden Ausbrüchen der Zerstörungslust, die oft nichts anderes sind als fehlgeleitetes Schaffensverlangen (…). Kommen häusliche Wirrnisse, jugendliche Verfehlungen und unglückliche Liebeserlebnisse hinzu, so ist der Schritt nicht mehr weit zu den Verlockungen des Abenteurerdaseins, wie es die Fremdenlegion, dieser Schandfleck in Frankreichs Schild, in satanischer Berechnung verheißt.« An der Legionärskaserne im nordafrikanischen Sidi bel Abbès stand die Parole: »Legionär, du bist gekommen, um zu sterben« – sie demonstrierte die Entschlossenheit der Kämpfer, stand aber auch für die latente Todessehnsucht der freiwilligen Rekruten. Heute kann dem IS selbst der körperlich schwache, psychisch labile und letztlich militärisch wertlose Freiwillige als Kämpfer-Schauspieler in Bekenner- und Rekrutierungsvideos oder als Selbstmordattentäter nützlich sein.

Die Extremisten setzen mit ihren Rekrutierungsmethoden gezielt bei urbanen Subkulturen an und nutzen, wie die französische Forscherin Dounia Bouzar herausfand, die visuellen Codes der Jugendkultur. Beunruhigend sei, dass viele

Mädchen vom Dschihad träumten. Sie würden mit einer breiten Palette von Rollen-Modellen geködert, von Mutter Teresa bis Lara Croft: »Die Anwerbung ist individualisiert, quasi maßgeschneidert. Sie findet zu 95 Prozent im Internet statt. Eine Fünfzehnjährige, die wir ›des-indoktrinieren‹ konnten, wurde durch fünfzig Anwerber bearbeitet, im Netz und per Telefon!« Und wenn die Opfer sich in einen der Anwerber – und sei es nur eine imaginierte Fernbeziehung – verliebt haben, ist alles zu spät. Der deutsche Verfassungsschutz warnte ausdrücklich vor »romantischen Dschihad-Ehen«. Interpol fahndete beispielsweise 2014 nach den beiden jugendlichen Österreicherinnen Sabina Selimovic und Samra Kesinovic, die freiwillig nach Syrien aufgebrochen waren, um dort Kämpfer zu ehelichen. Eine der beiden ist inzwischen tot. Auch der schwedische Terrorismus-Experte Magnus Ranstorp hält den Begriff des »Dschihad-Romantizismus« für angebracht: »Wie in *Herr der Ringe* werden hier Heldenrollen angeboten und durchgespielt – und wer sich hauptsächlich auf entsprechenden Internetseiten aufhält, wird wie in einer Echokammer permanent manipuliert, bis aus dem Rollenspiel die Überzeugung wird, dieser Held wirklich zu sein.« So mischen sich die widersprüchlichsten Motive zum Aufbruch in den Krieg: unglückliches Verliebtsein, Versprechungen auf ein neues, aufregendes, erfülltes Leben und Sehnsucht nach dem Tod. Eine Parallele zum romantischen Lebensgefühl ist gerade in der Todes-Obsession jugendlicher Dschihadisten erkennbar, die als Selbstmordattentäter eingesetzt werden. Auffällig war bei einigen aktuellen Fällen, dass zwischen ihrer Einreise ins Kriegsgebiet und ihrem tödlichen Einsatz nur wenige Tage lagen. Joseph von Eichendorffs berühmtes Lied – manch ein Dschihadist könnte es bestimmt auch anstimmen:

In einem kühlen Grunde
Da geht ein Mühlenrad,
Mein' Liebste ist verschwunden,
　　Die dort gewohnet hat.

Sie hat mir Treu versprochen,
Gab mir ein'n Ring dabei,
Sie hat die Treu' gebrochen,
　　Mein Ringlein sprang entzwei.

Ich möcht' als Spielmann reisen
Weit in die Welt hinaus,
Und singen meine Weisen,
　　Und geh'n von Haus zu Haus.

Ich möcht' als Reiter fliegen
Wohl in die blut'ge Schlacht,
Um stille Feuer liegen
　　Im Feld bei dunkler Nacht.

Hör' ich das Mühlrad gehen:
Ich weiß nicht, was ich will –
Ich möcht' am liebsten sterben,
　　Da wär's auf einmal still!

Radikalisierung kann auch Folge einer narzisstischen Kränkung sein, Resultat des Scheiterns im bürgerlichen Leben oder des Scheiterns als Künstler. Die Diagnose eines »destruktiven Narzissmus« oder einer »narzisstischen Persönlichkeitsstörung« ist in der Fachwelt mittlerweile umstritten, weil der Begriff Narzissmus zu schwammig und umgangssprachlich verwässert ist. Vielleicht muss man ihn aber dennoch als Arbeitsbegriff, als Hilfskonstruktion beibehalten, um die Taten von Selbstmordattentätern, Terroristen und Amokläufern zu verstehen – ganz unabhängig von ihrer ideologischen Prägung, die oftmals austauschbar erscheint. Interessanter ist hier die Verbindung zur Kunst. Nicht selten wird versucht, ein »Größenselbst« in der künstlerischen Tätigkeit zu verwirklichen; bleibt die Befriedigung aus (weil man nicht wie gewünscht zum Star wurde), greift man zu härteren Mitteln, zu weltverbessernden Ideologien in Kombination mit Gewalt. Der einstige Berliner Gangsta-Rapper Denis Cuspert wurde 2014 als Führungskader des IS gehandelt, sein Kollege »L Jinny« alias »Lyricist Jinn«, bürgerlich: Abdel-Majed Abdel Bary, aus dem Londoner Stadtteil Maida Vale war der Hauptverdächtige bei der Ermordung des US-Journalisten James Foley. Im Frühjahr 2015 bekannte sich der tunesische Rapper Maurouane Douiri aka »Emino« zum IS. Auch einer der Angreifer der Satirezeitschrift *Charlie Hebdo*, Chérif Kouachi, wollte Rapper werden, bevor er sich Al-Qaida anschloss.

> *»In dieser Stadt für Westberlin*
> *Brauchst du eine fette Knarre mit Bananenmagazin (…)*
> *Doch die Schlacht geht weiter*
> *Wie Saladin mit seinen mächtigen Reitern*
> *Ohh Gott, bitte, bitte, bitte, steh uns bei*
> *dass wir im Recht sind, bei jeder Schießerei«*

dichtete Deso Dogg einst im wilden Kreuzberg. Möglicherweise sind Figuren wie Cuspert alias Deso Dogg alias Abu Talha al-Almani oder Lyricist Jinn enger mit den Artekraten des 20. Jahrhunderts und den Romantikern des 19. Jahrhunderts verwandt, als man zunächst glauben mag. Der jugendliche Ernst Jünger übrigens ähnelte in seinem Verhalten durchaus manchem Teeny-Dschihadisten von heute: Im Alter von dreizehn Jahren riss er von zu Hause aus, um bei der französischen Fremdenlegion in Nordafrika anzuheuern. So scheinen die Dschihad-Romantiker mit ihren historischen europäischen Vorläufern einiges gemein zu haben: Ähnlich ist der Charakter einer Jugendbewegung, der Hang zur Ästhetisierung, das Faible für »starke Bilder«, die Sehnsucht nach der Aufhebung aller gesellschaftlichen Widersprüche, nach der Einheit von Politik, Staat und Glauben, nach der Befreiung aus der sozialen Vereinzelung durch die revolutionäre Tat – auch und gerade, wenn diese zum (Helden-)Tod führt.

Vielleicht kämpfen und sterben die Dschihad-Romantiker im Namen Gottes, werden mit kleiner Beute im Diesseits und großen Versprechungen für das Jenseits abgespeist, doch sollte man nicht vergessen: Die wirkliche Rendite streichen höchst irdische Gestalten ein – Generäle und Geschäftemacher, Scheichs und Shareholder. Höhere Ziele, höhere Wesen, höhere Spesen und Renditen – das alles scheint sich durchaus zu vertragen. Die Dschihadisten sind vielleicht nur die Bauernopfer in diesem neuen Great Game des 21. Jahrhunderts, dem großen Spiel um Einflussgebiete, Länder und Ressourcen. Das heutige Great Game im Nahen und Mittleren Osten dreht sich aber nicht nur um Bodenschätze, sondern auch um spirituelle Schätze, um die Frage: Wer wird die Hand über Mekka halten? Manche Mächte glauben vielleicht, den IS und ähnliche Milizen als verlängerten Arm für ihre eigenen Interessen benutzen zu können. Bei der traditionellen Jahresfeier zur Eroberung Konstantinopels im Mai 2015 zog der türkische Präsident Recep T. Erdogan vor seinen Anhängern eine Linie von der Eroberung Mekkas bis in die Gegenwart: »Eroberung heißt Mekka, Eroberung heißt, in Jerusalem wieder die Fahne des Islam wehen zu lassen.« Bei den Tiraden Erdogans, der im Alter immer böser und größenwahnsinniger wird (man fühlt sich hier an den Cäsarenwahn römischer Kaiser erinnert), weiß man nicht genau: Ist es neoosmanischer Geschichtskitsch oder politisches Programm?

Noch brisanter ist die Situation in Saudi-Arabien, wo altersschwache Könige und ehrgeizige junge Prinzen aufeinandertreffen, wo fundamentalistische Kleriker das Sagen haben: Im September 2014 hatte eine Gruppe renommierter Islamgelehrter den selbsternannten Kalifen Abu Bakr al-Baghdadi in einem theologischen Protestbrief kritisiert. Unter den hundertsechsundzwanzig Unterzeichnern befand sich kein Vertreter des wahabitischen Establishments Saudi-Arabiens. Entweder wagten sie also keinen Widerspruch – oder sie sind mit al-Baghdadis Auslegung des Korans einverstanden. Im Land wachsen Langeweile und Überdruss. Ausländer machen die Arbeit, es fehlen echte Aufgaben und Herausforderungen. Es wimmelt vor lauter reichen, gelangweilten, »überflüssigen Menschen«; hohe Arbeitslosigkeit trifft auf eine religiös verbrämte Herrenmensch-Mentalität. Der IS bietet diesen Herren eine Alternative, ein Abenteuer vor der Haustür. Manche Mächte glauben vielleicht, sie könnten den IS und ähnliche Milizen für ihre Interessen nutzen. Doch die Dschihad-Romantiker und todesbesessenen Endzeitkämpfer folgen keiner Logik, außer einer entfesselten apokalyptischen Gewalt. Es ist ein gefährliches Spiel, und die großen Strategen in Ankara, Doha und Riad glauben vielleicht, es zu beherrschen. Doch auch sie können nicht sicher sein, dass es nicht ihre Köpfe sind, die eines Tages auf den Zaunpfählen stecken.

Abschied

Was tun, wohin aufbrechen, wohin ausbrechen? Für Neoromantiker kann diese Welt nur Enttäuschungen bieten, wo man auch hinschaut, was man auch unternimmt: Die selbstgemachte Marmelade aus dem eigenen Garten – schmeckt schal. Die neue Freundin flirtet parallel schon wieder online. Sonnenuntergänge sind auch nicht mehr das, was sie mal waren. Die schönsten Plätze der Welt sind schon bebaut, mit Romantik-Hotels und Golfplätzen. Die Kunst ist tot, nun aber endgültig, mit einem Pflock durchs Herz in den Sarg genagelt. Die heiße Liebe zum Fußball – erkaltet im Kommerz. Das Vaterland? Eine Ansammlung von Schnäppchenjägern und Jammerlappen, angeführt von den Betrügern, die sie verdienen. Und selbst wer als romantischer Dschihadist in irgendein frommes Kalifat zieht, wird dort zum miesen Mörder und bigotten Sklavenhalter. Was tun?

Vielleicht liegt der Fehler darin, diese Welt immer noch romantisieren zu wollen. Reichen nicht zweihundertfünfzig Jahre dieses Wahnsinns? Der Zwang zur Verzauberung der Welt, der ewige Wunsch nach Verschmelzung mit allem und jedem, die ständige Abwertung dessen, was man hat, und dessen, was ist, zugunsten dessen, was man »eigentlich« sein und haben möchte und verdient hätte? Doch der Ausstieg ist nicht so leicht. Die Romantik ist ein Zombie – schon hundertmal für tot erklärt von enttäuschten Romantikern, klugen Wissenschaftlern und zynischen Intellektuellen. Und auch wenn wir sie jetzt noch einmal für tot erklären, hat das nicht viel zu bedeuten. Morgen ist sie wieder da. Das Bedürfnis nach Romantik entsteht immer wieder aufs Neue – in jeder Generation, in jeder Epoche, in jedem Land der Welt. Die kommerzgetränkte Neoromantik unserer Zeit stellt Echtheitszertifikate für dieses Leben in Aussicht und in Rechnung – in Gestalt unzähliger Konsumangebote und hinzubuchbarer Erlebnisoptionen. So wird die Sehnsucht nach dem echten, intensiven Leben kurzfristig befriedigt, aber gleichzeitig immer weiter angeheizt. Wie Junkies gieren wir nach dem nächsten Schuss Authentizität, egal, wie gestreckt der Stoff mittlerweile ist. Diesen Kreislauf gilt es zu durchbrechen. Kalter Entzug ist angesagt. Pfeifen wir auf die vermarktete Ganzheitlichkeit der Romantikindustrie! Beugen wir uns nicht mehr dem Authentizitätsterror! Was ist mein wahres Ich? Ist doch eigentlich völlig wurscht! Wer bin ich? Wen interessiert's?

Es lebe die Neue Wurschtigkeit! Das Manifest der Neuen Wurschtigkeit zielt auf unser ruheloses Innenleben, auf die freudlose Jagd nach unserem authentischen Wesen. In unseren sozialen Beziehungen geht es aber sehr wohl darum, Aufmerksamkeit und Empathie zu rekultivieren, ganz ohne romantische Überzuckerung und religiösen Schwulst. Wobei uns klar sein muss: Ein Leben ohne Lügen gibt es nicht. Wir spielen Rollen im sozialen Gefüge, erfüllen Erwartungen, tragen Masken – nur so kann ein Miteinander funktionieren. Es funktioniert eben nicht, wenn hundertprozentig »authentische«, d. h. völlig mit sich selbst beschäftigte und in jeder Minute sich selbst verwirklichende Individuen aufeinanderprallen, gerade mal lose zusammengehalten durch Konsumkultur und staatliche Alimentierung. Davon abgesehen, dass es ohne gesellschaftliche Konventionen, die eine gewisse Verstellung erfordern, nicht geht – es wird eine ebenso unromantisch-bescheidene wie monumentale Aufgabe sein, zwischenmenschliche Beziehungen aus der frostigen Kolonialisierung durch kalten Kommerz und aseptische Algorithmen zu befreien. Und wenn dann eine Prise Neoromantik als soziales Enteisungsmittel nützlich ist, dann eben her damit! Aber bitte nicht zu viel davon! Und bitte nicht zu ernst nehmen – auch wenn die Augen mächtig triefen, beim trauten gemeinsamen Blick in den Sonnenuntergang, beim Schwelgen in Erinnerungen an den ersten Kuss, damals, auf der Klassenfahrt nach Sylt …

Ohhh, ich hab solche Sehnsucht,
ich verliere den Verstand!
Ich will wieder an die Nordsee, ohoho,
ich will zurück nach Westerland!

Dank

Der Autor dankt allen, die im Gespräch oder in persönlicher Korrespondenz O-Töne für dieses Buch geliefert haben:

Daniela Bär (*Schweiz Tourismus*, Zürich)
Sabrina Berndt (*ElitePartner*, Hamburg)
Rainer Böhme (Zeppelin Universität, Friedrichshafen)
Amy Concannon (Tate Gallery, London)
Prof. Norbert Fischer (Universität Hamburg)
Dr. Mischa Gabowitsch (Einstein Forum, Potsdam)
Margo Gontar (*stopfake*, Kiew)
Prof. Gasan Gusejnov (Russische Akademie für
    Volkswirtschaft und öffentliche Verwaltung, Moskau)
Tilman Höffken (*Auticon*, Berlin)
Angela Hörschelmann (Deutscher Hospiz-
    und PalliativVerband e. V., Berlin)
Prof. Fredric Jameson (Duke University, Durham, NC)
Prof. Charlotte Klonk (Humboldt-Universität
    zu Berlin)
Nikola Krasemann (*LoveLi Hochzeitsplanung
    Hamburg*)
Ekaterina Makhotina (Ludwig-Maximilians-
    Universität München)
Marta Kos Marko (Botschafterin der Republik
    Slowenien, Berlin)

Prof. Konrad Paul Liessmann (Universität Wien)

Friederike Mauritz (Bund deutscher Hochzeitsplaner, Frankfurt)

Lars Mehlhorn (*Fashion Noir,* Chemnitz)

Prof. Ding Ning (Peking University School of Arts)

Carsten Pohle (Verband Deutscher Bestattungsunternehmen e. V., Berlin)

Matthias Prössl (*Specialisterne Deutschland*, München)

Dr. Magnus Ranstorp (Royal Swedish Academy of War Sciences, Stockholm)

Lucy Redler (DIE LINKE, Berlin)

Dana Rösiger (*SAP*, Walldorf)

Dr. Thomas Röske (Sammlung Prinzhorn, Heidelberg)

Benjamin Schäfer (Deutsche Märchenstraße e. V., Kassel)

Dr. Jörg Scheller (Zürcher Hochschule der Künste)

Prof. Andi Schoon (Hochschule der Künste Bern)

Prof. Peter Sloterdijk (Staatliche Hochschule für Gestaltung Karlsruhe)

Prof. Reiner Sörries (Friedrich-Alexander-Universität Erlangen-Nürnberg)

Lara Stjepanovic (Boxgirls Berlin e. V.)

Dr. Aline Vater (Freie Universität Berlin)

Prof. Michael Wagner (Universität zu Köln)

Milena Zoro (*Zoro Sposa | Whitelounge*, Zürich)